JN321574

難病医療専門員による
難病患者のための

難病相談ガイドブック

改訂 2 版

九州大学神経内科教授
吉良 潤一［編］

九州大学出版会

研究代表者挨拶
発刊に際して

　現在，日本の医療が大きく変わりつつあります。再生医療や遺伝子医療などの高度先進医療の導入，医療費の高騰，医師の偏在や不足等々ありますが，多くの国民にとってこれらの変化がより良い方向に向かうよう願わざるを得ません。

　そうした我が国の医療においていくつかの世界に誇るべきことがありますが，その一つは難病への医療対策と考えます。病気の原因がわからず，深刻な病状が進行しても治療法もないいわゆる難病は，患者さんとご家族を大変苦しい境遇に立たせています。その難病に対して国は調査研究，病因・病態研究，治療法の研究の推進に力を入れています。その甲斐あって日本では多くの難病の調査や研究ならびに医療支援は飛躍的に進んでおり，世界に誇るべきことと考えます。それに加えて，厚生労働省は難病に悩んでいる患者さんやご家族に対して，医療提供と在宅医療の支援体制を全国的に整備し広めるために「重症難病患者の地域医療体制の構築に関する研究」班を立ち上げてきました。その役割は各種医療機関，行政機関，医療機関，各種の介護施設，それに関わる方々のご努力で行なわれていますが，なかでも難病医療専門員が実際の様々な役割を担っているのが現状です。すなわち難病医療専門員の活動そのものが難病患者さんへの医療提供および在宅支援のバロメーターであるとも言えます。

　その難病医療専門員の活動マニュアルが平成20年に「重症難病患者の地域医療体制の構築に関する研究」班の吉良潤一先生のプロジェクトで『難病医療専門員による難病患者のための難病相談ガイドブック』として作成されました。このマニュアルの内容は実際的であり，難病医療専門員が日常遭遇する難病の病態や治療に関する相談，入退院に関する相談，在宅医療における相談そして遺伝相談への対応が具体的に解説してあり，全国の難病医療専門員または相談員に対して大きな恩恵を与えてきています。

　この度，この難病相談ガイドブック改訂版がまとまり，それぞれの項目における内容の更なる充実が図られています。特に今日的関心事である遺伝相談の対応はより具体的で重要な項目が追加されています。その他にも難病医療専門員のアンケートの再調査がなされ，本マニュアルが有効活用されている実態が明らかにされ，また全国の難病医療専門員の間での情報交換の必要性が指摘されています。また，事例検討もケースが増え更に内容が充実してきています。

　この改訂されたガイドブックが多くの難病医療専門員や関係の皆様のお役に立ち，ひいては難病患者さんの療養やご家族の方々のケアに益することを心から期待します。末尾になり

ましたが，本ガイドブックの改訂版作成についてご尽力いただきましたプロジェクトリーダーの吉良潤一先生はじめ多くの執筆者の方々に心から感謝申し上げます。

平成23年1月1日
厚生労働科学研究費補助金　難治性疾患克服研究事業
重症難病患者の地域医療体制の構築に関する研究班

研究代表者　糸山泰人

緒　言

　このたび，『難病医療専門員による難病患者のための難病相談ガイドブック』の改訂第2版を出版する運びとなりました。本改訂第2版の刊行にあたりましては，重症難病患者の地域医療体制の構築に関する研究班（研究代表者　糸山泰人国立精神・神経医療研究センター病院長）で，本ガイドブックの有効な活用と改訂作業がそのプロジェクト（難病医療専門員の難病患者への医療サポートの検討）の一つとしてとりあげられ，3年間の班研究活動を通じて改訂が行なわれました。難病をめぐる医療，介護，福祉の状況は，年々制度が変わります。本ガイドブックも数年単位で新しい制度に対応したものに改訂していく必要があります。その意味でも，今回，班研究として本ガイドブックの改訂と普及がとりあげられましたのは，大変意義のあることと考えます。

　重症難病患者入院施設確保等事業が開始されて10年以上経ちますが，難病医療専門員は資格も必ずしも明確でなく身分も不安定なままであるため，短期間で交替することが多いのが現状です。初めて難病医療専門員となって，一人きりで手探りで各種相談事業にあたっている方も少なくありません。本ガイドブックは，そのような初めて難病医療専門員の職に就く方にとり，手元において参考になるものをめざしています。ガイドブックは活用されてこそ意義があります。プロジェクトチームでは実際的で使い勝手のいいものにするよう心がけました。具体的な対応を記載し，事例を多く書き入れるようにしました。難病医療専門員のみならず，難病患者さん・ご家族をめぐる相談事業に関わっておられる全ての方にとって広く参照できる内容と信じています。難病患者さん・ご家族のため，本ガイドブックをご活用いただければ幸いです。

　本ガイドブックの改訂にあたりましては，多くの関係者の皆様から貴重なご意見，ご助言をいただきました。また，改訂第2版の出版に際しましては，九州大学出版会に大変お世話になりました。ここに執筆者一同感謝の意を表します。

　難病を抱えて生活しておられる患者さん・ご家族のために，本ガイドブックが少しでも役に立つことを，プロジェクトチーム一同願ってやみません。

平成23年1月1日
難病医療専門員の難病患者への医療サポートの
検討プロジェクトチーム一同

執筆者一覧

1. 厚生労働科学研究費補助金　難治性疾患克服研究事業
   重症難病患者の地域医療体制の構築に関する研究班
   研究代表者
   糸山泰人（国立精神・神経医療研究センター病院　院長）……………………………研究代表者挨拶

2. 難病医療専門員の難病患者への医療サポートの検討プロジェクトチームメンバー
   分担研究者（チームリーダー）
   吉良潤一（九州大学大学院医学研究院神経内科学　教授）
   ………………………緒言，第1章，第3章，第9章，第12章，第13.3章，第13.4章，あとがき

   研究協力者
   岩木三保（福岡県難病医療連絡協議会　難病医療専門員）
   ……………………第1章，第2章，第3章，第9章，第10章，第12章，第13章
   上原みな子（大分県難病医療連絡協議会　難病医療専門員）………………………………第8章
   遠藤久美子（宮城県神経難病医療連絡協議会　難病医療専門員）………………第4章，第7章
   上三垣かずえ（福岡県難病医療連絡協議会　難病医療専門員）………………第13.1章，第13.3章
   柊中智恵子（熊本大学大学院生命科学研究部環境社会医学部門看護学講座　助教）
   ……………………………………………………………………………………第6章，第13.3章
   久保裕男（国立病院機構南九州病院　医療社会事業専門員）………………………………第11章
   関本聖子（宮城県神経難病医療連絡協議会　難病医療専門員）……………………第4章，第7章
   蛸島八重子（北海道難病医療ネットワーク連絡協議会　難病医療専門員）………………第4章
   立石貴久（九州大学大学院医学研究院神経内科学　助教）
   ……………………………………第3章，第9章，第12章，第13.3章，第13.4章
   中井三智子（三重県難病医療連絡協議会　難病医療専門員）………………………………第5章
   成田有吾（三重大学医学部看護学科基礎看護学講座　教授）……………………第5章，第13.4章
   武藤香織（東京大学医科学研究所公共政策研究分野　准教授）……………………第6章，第13.3章

3. **コラム寄稿者**
   木村　格（厚生労働省社会保険審査会　委員，全国難病センター研究会　名誉会長）………コラム1

橋本　操（NPO法人ALS/MNDサポートセンターさくら会　理事長，日本ALS協会　副会長）
.... コラム2
石坂昌子（九州大学大学院人間環境学研究院　学術協力研究員（臨床心理士））............... コラム3
福永秀敏（国立病院機構南九州病院　院長）.. コラム4
澤田甚一（大阪府立急性期・総合医療センター　神経内科副部長，大阪難病医療情報センター）
.... コラム5
海野幸太郎（日本ALS協会　理事）... コラム6
菊池仁志（医療法人財団華林会　村上華林堂病院　副院長）................................. コラム7
堀田みゆき（岐阜県難病医療連絡協議会　難病医療専門員）................................. コラム8
蛸島八重子（北海道難病医療ネットワーク連絡協議会　難病医療専門員）................... コラム9

4．事例紹介

林　久（前　北海道難病医療ネットワーク　難病医療専門員）

関本聖子（宮城県神経難病医療連絡協議会　難病医療専門員）

遠藤久美子（宮城県神経難病医療連絡協議会　難病医療専門員）

小笠原眞佐子（山形県難病医療等連絡協議会　難病医療専門員）

友松幸子（前　群馬県神経難病医療連絡ネットワーク　難病医療専門員）

堀田みゆき（岐阜県難病医療連絡協議会　難病医療専門員）

深井千恵子（前　静岡県難病医療連絡協議会　難病医療専門員）

中井三智子（三重県難病医療連絡協議会　難病医療専門員）

西嶋和代（和歌山神経難病医療ネットワーク連絡協議会　難病医療専門員）

神野智紗（前　大阪難病医療情報センター　難病医療専門員）

野正佳余（大阪難病医療情報センター　難病医療専門員）

市場千尋（前　島根県難病医療連絡協議会　難病医療専門員）

高本雅子（島根県難病医療連絡協議会　難病医療専門員）

浦　明美（前　山口県難病医療連絡協議会　難病医療専門員）

岩木三保（福岡県難病医療連絡協議会　難病医療専門員）

中井玉緒（前　福岡県難病医療連絡協議会　難病医療専門員）

上三垣かずえ（福岡県難病医療連絡協議会　難病医療専門員）

上原みな子（大分県難病医療連絡協議会　難病医療専門員）

吉川恵子（前　長崎県難病医療連絡協議会　難病医療専門員）

清川博子（熊本県難病医療連絡協議会　難病医療相談員）

中迫貴美子（前　宮崎県難病医療連絡協議会　難病医療専門員）

目　　次

研究代表者挨拶……………………………………………………………………… i

緒　　言……………………………………………………………………………… iii

執筆者一覧…………………………………………………………………………… v

第1章　重症難病患者入院施設確保事業における難病医療専門員の現状 ……… 1
　1.1　はじめに ……………………………………………………………………… 1
　1.2　重症難病患者入院施設確保事業 …………………………………………… 1
　1.3　難病医療専門員の資格・職種 ……………………………………………… 3
　1.4　難病医療専門員の配置・人員 ……………………………………………… 4
　1.5　難病医療専門員の業務内容 ………………………………………………… 4
　1.6　難病医療専門員の行なう医療相談の概要 ………………………………… 6
　1.7　おわりに ……………………………………………………………………… 7
　資料1-1　厚生労働科学研究難治性疾患克服研究事業対象疾患 ……………… 8

第2章　入転院紹介に関する相談への対応 ……………………………………… 12
　2.1　はじめに ……………………………………………………………………… 12
　2.2　入転院施設の確保が困難な事例が登録された場合の最初の対応 ……… 13
　2.3　入転院に際した患者情報の収集 …………………………………………… 13
　2.4　入転院の検討 ………………………………………………………………… 16
　2.5　交渉の実際 …………………………………………………………………… 17
　2.6　候補病院決定後の調整事項 ………………………………………………… 17
　2.7　入転院後のフォロー ………………………………………………………… 18
　2.8　レスパイト入院の調整 ……………………………………………………… 18
　2.9　県を越えての入転院紹介 …………………………………………………… 19
　2.10　事例紹介 …………………………………………………………………… 20

第3章　入転院紹介以外の相談への対応 ………………………………………… 22
　3.1　はじめに ……………………………………………………………………… 22
　3.2　入転院紹介以外の相談 ……………………………………………………… 22

3.3 告知や疾患理解，医療処置，社会資源の利用，メンタルサポートに関する相談……22
3.4 在宅療養に関する相談……23
3.5 遺伝に関する相談……25
3.6 患者交流会・就労などに関する相談・情報提供……25
3.7 おわりに……25

第4章 在宅療養環境に関する相談への対応……29

4.1 はじめに……29
4.2 在宅療養生活相談と対応……30
4.3 支援チーム形成のポイント……34
4.4 ケアコーディネーション……34
4.5 緊急時医療体制の整備……39
4.6 在宅療養破綻時の支援……40
4.7 災害時の支援……42
4.8 在宅療養中の患者・家族への心理的サポートのあり方について……44
4.9 事例紹介……44
4.10 おわりに……44

　資料4-1　障害ごとの対応……47

第5章 ALSに特有な対応の難しい医療相談とその対応……51

5.1 はじめに……51
5.2 本章での用語……51
5.3 難病の告知……52
5.4 病名告知と疾患理解に関する情報提供：
　　患者および家族等のメンタルサポートの実際……54
5.5 難病医療専門員の告知に関わる支援……57
5.6 患者・家族のメンタルサポート……57
5.7 療養の選択に関する情報提供……58
5.8 事前指示について……62
5.9 おわりに……64

第6章 遺伝に関する相談への対応……71

6.1 はじめに……71
6.2 難病相談と遺伝相談の接点——基本的な心構え……72

6.3　遺伝子診療部門との連携方法……………………………………………………74
　6.4　相談内容に基づく留意点…………………………………………………………77
　6.5　主治医，当事者団体への照会について…………………………………………81
　6.6　相談の締めくくり方………………………………………………………………82
　6.7　倫理的側面への配慮………………………………………………………………83
　6.8　おわりに……………………………………………………………………………83
　資料6-1　平成21年度　難病医療専門員実態調査………………………………85
　　　　　　──遺伝に関するアンケートより抜粋──
　資料6-2　遺伝学的検査に関するガイドラインより一部抜粋……………………86
　資料6-3　遺伝子診療について参考になるウェブサイト・文献・当事者団体リスト……89

第7章　難病相談・支援センターとの連携………………………………………97
　7.1　はじめに……………………………………………………………………………97
　7.2　難病相談・支援センターとは……………………………………………………97
　7.3　難病相談・支援センターとの連携のあり方……………………………………101
　7.4　おわりに……………………………………………………………………………107

第8章　当事者団体への患者・家族の紹介および連携……………………………109
　8.1　はじめに……………………………………………………………………………109
　8.2　当事者団体（患者会）の把握……………………………………………………109
　8.3　当事者団体への紹介………………………………………………………………110
　8.4　当事者団体との日ごろからの交流・連携………………………………………112
　8.5　当事者団体がない場合の支援……………………………………………………112
　8.6　事例紹介……………………………………………………………………………113
　8.7　おわりに……………………………………………………………………………114

第9章　ネットワークの拡充………………………………………………………117
　9.1　はじめに……………………………………………………………………………117
　9.2　医療福祉制度に関して把握しておくべきこと…………………………………117
　9.3　協力病院に関する情報収集の方法………………………………………………118
　9.4　協力病院の特色や入院患者の動向把握…………………………………………118
　9.5　施設について………………………………………………………………………120
　9.6　協力病院確保（拡充）に向けての活動…………………………………………120
　9.7　長期入院の新規開拓事例…………………………………………………………122

資料9-1　協力病院へのアンケート調査の例(1)〜(3) ……………………… 124
　　　資料9-2　病床区分に応じた活用 ……………………………………………… 127

第 *10* 章　難病医療専門員への支援体制 …………………………………… 132
　10.1　はじめに ……………………………………………………………………… 132
　10.2　相談相手やスーパーバイザーの確保 ……………………………………… 132
　10.3　自己を知ること ……………………………………………………………… 133
　10.4　ストレス自己チェック ……………………………………………………… 133
　10.5　自分なりの対処方法を持つこと（ストレス・マネジメント） ………… 134
　10.6　メーリングリストや研究会などの活用 …………………………………… 134
　10.7　お わ り に …………………………………………………………………… 135

第 *11* 章　社会資源の活用 …………………………………………………… 141
　11.1　はじめに ……………………………………………………………………… 141
　11.2　具体的相談内容と対応 ……………………………………………………… 144
　11.3　お わ り に …………………………………………………………………… 152

第 *12* 章　事例紹介 …………………………………………………………… 154
　12.1　はじめに ……………………………………………………………………… 154
　12.2　告知・受容・意思決定 ……………………………………………………… 156
　12.3　疾患特有の困難さ …………………………………………………………… 162
　12.4　療養環境の整備 ……………………………………………………………… 169
　12.5　ネットワークの拡充 ………………………………………………………… 177
　12.6　社会資源の活用 ……………………………………………………………… 181
　12.7　お わ り に …………………………………………………………………… 185

第 *13* 章　参 考 資 料 ………………………………………………………… 186
　13.1　全国の難病患者入院施設確保事業を実施している機関一覧
　　　　（平成22年7月現在） ………………………………………………………… 186
　13.2　難病医療専門員の自己評価シート ………………………………………… 189
　13.3　平成21年度実施難病医療専門員アンケート調査結果 …………………… 191
　13.4　重症難病患者入院施設確保等事業報告書の全国調査と
　　　　ネットワーク拡充に向けたマニュアル作成の検討 ……………………… 195
　13.5　用 語 解 説 …………………………………………………………………… 200

あとがき……………………………………………………………………………205
索　引………………………………………………………………………………207

〈コラム1〉 優れた難病医療専門員を育てるために……………………………10
〈コラム2〉 難病相談ガイドブックに寄せて……………………………………27
〈コラム3〉 難病患者の心理的サポート：臨床心理士の立場から……………48
〈コラム4〉 丁寧で納得のいく説明を……………………………………………66
〈コラム5〉 遺伝性神経難病への支援活動と私の想い…………………………91
〈コラム6〉 思考とコミュニケーション………………………………………115
〈コラム7〉 難病医療専門員の重要性（拠点病院から協力病院へ）………129
〈コラム8〉 難病医療専門員としての"しあわせ"…………………………137
〈コラム9〉 北海道難病医療ネットワーク活動，あれこれ…………………138

第1章
重症難病患者入院施設確保事業における難病医療専門員の現状

九州大学神経内科　吉良潤一
福岡県難病医療連絡協議会　岩木三保

1.1 はじめに

　難病は原因不明の病気で根治的な治療法がなく，経過が長く進行性のものをいう。とりわけ神経系を侵す神経難病では，全身の運動機能が障害されるため，食事・排泄・会話・移動・呼吸などの日常生活の障害が高度で，本人・家族の精神的・経済的負担が大きい。障害度の悪化とともに生活および医療面での援助の必要性が著しく増加する。病状が悪化したり在宅療養が困難となったりした場合に，速やかに適切な医療支援がなされることは社会的義務といえる。しかし，特に筋萎縮性側索硬化症（ALS）[13]などの神経難病では，在宅療養時の家族の負担が極めて大きい一方で，長期入院あるいはレスパイト[11]入院の受け入れ施設が著しく少ない状況にある。このような難病患者・家族の支援体制の確立が大きな問題となったため，平成9年に難病対策専門委員会により，「入院入所施設の確保や療養環境の整備」が提言された。これを受けて，平成10年度より国の施策として重症難病患者入院施設確保事業を含む難病特別対策推進事業がスタートし，都道府県単位で推進されることとなった。本事業では，各都道府県に難病医療連絡協議会[5]を設置して，都道府県単位で事業を推進することとされている。協議会が難病ネットワークなどの呼称で活動している場合もある。

　本章では本事業とその中に位置づけられている難病医療専門員の現状を概説する。

1.2　重症難病患者入院施設確保事業

　重症難病患者入院施設確保事業では，重症難病患者のための身近な入院施設の確保を図るため，各都道府県において概ね二次医療圏[6]ごとに1ヵ所の協力病院を指定し，そのうちの1ヵ所を拠点病院とし地域の医療機関との連携による難病医療体制の整備を行なう。本事業では，各都道府県に難病医療連絡協議会を設置し，都道府県単位で事業を推進することに

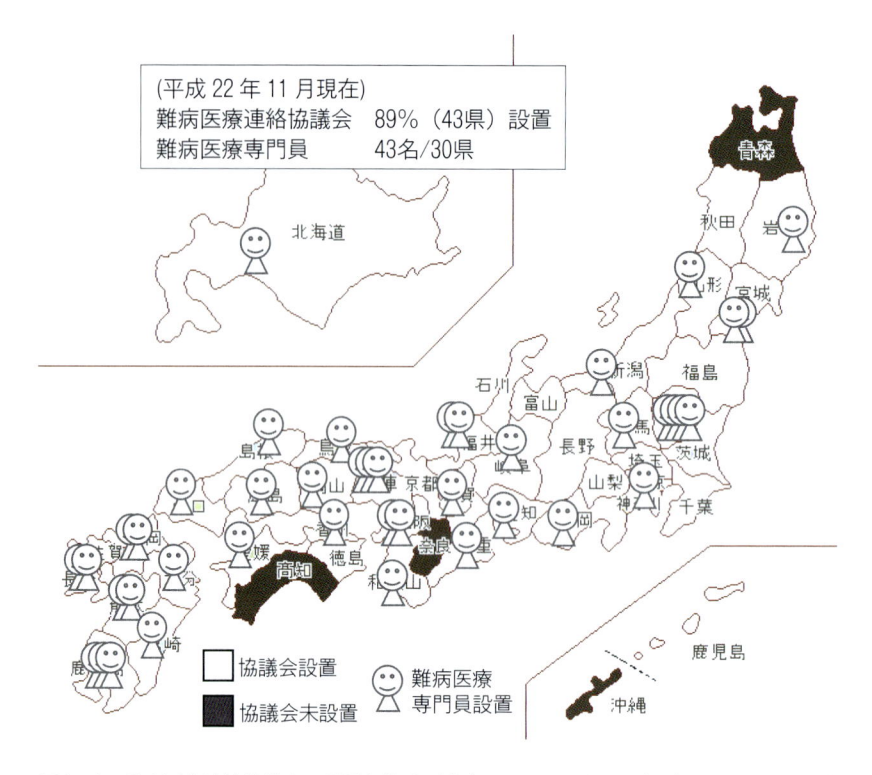

図 1-1　難病医療連絡協議会の設置と難病医療専門員の配置状況（平成 22 年 11 月時点）

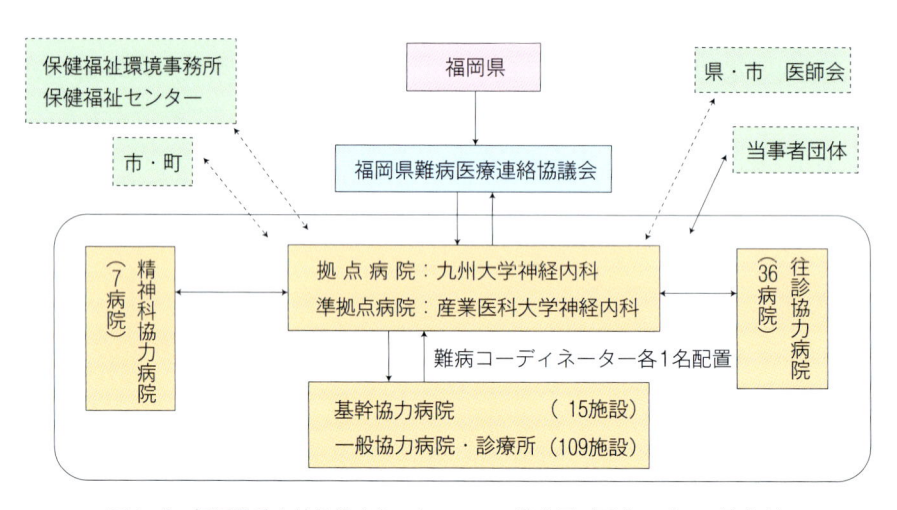

図 1-2　福岡県重症神経難病ネットワークの構成図（平成 22 年 11 月時点）

なっている。図 1-1 に平成 22 年 11 月時点での難病医療連絡協議会の設置と難病医療専門員の配置状況を示す。また難病医療ネットワークの構成の一例を図 1-2 に示す。本事業の対象は、難病患者となっており、各自治体により対象疾患の範囲は種々様々である（本章の資料 1-1，pp. 8-9 に難治性疾患克服研究事業の対象 130 疾患を示す）。これら全てを対象として

いるところもあれば，重症神経難病として神経系の特定疾患 56 疾患に絞っているところもある。

平成 18 年度版難病対策提要（p. 191）では，以下のように記載されている。

「入院治療が必要となった重症難病患者（病状の悪化等の理由により，居宅での療養が極めて困難な状況となった難病患者をいう。以下，重症難病患者入院施設確保事業において同じ。）に対し，適時に適切な入院施設の確保等が行なえるよう，地域の医療機関の連携による難病医療体制の整備を図るものとする。」
【平成 10 年 4 月 9 日健医発第 635 号，各都道府県知事，政令市長，特別区長宛保健医療局長通知】

本書でいう難病ネットワーク（重症難病患者入院施設確保事業）は，難病相談・支援センター事業とは別個の事業である。難病相談・支援センターの概要や連携については，「第 7 章 難病相談・支援センターとの連携」を参照いただきたい。

1.3 難病医療専門員の資格・職種

難病医療専門員の資格に関しては下記のように定められている。

「難病医療連絡協議会に配置する難病医療専門員は，保健師，看護師，社会福祉士，介護福祉士等の資格を有するものの中から，地域の実情を勘案して適切と思われる有資格者を，選任するものとすること。」

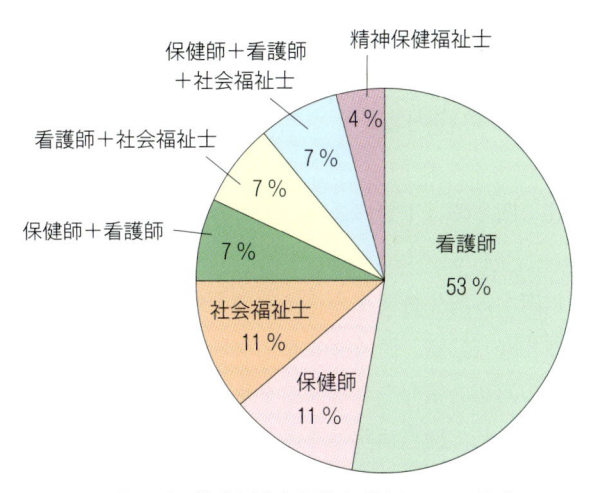

図 1-3 難病医療専門員が所有している資格
（平成 21 年 9 月調査）

【平成10年4月9日健医疾発第28号，各都道府県，政令市，特別区，衛生主管部（局）長宛エイズ疾病対策課長通知2-(2)：平成18年度版難病対策提要，p.211 より】

平成21年度に難病医療専門員40名に対して実施したアンケート調査結果（13.3章参照）（28名，70％の回収率）によれば，看護師53％，保健師11％，社会福祉士11％となっている（図1-3）。さらに重複して資格を持つものもいた。

1.4 難病医療専門員の配置・人員

難病医療専門員の配置場所についての規定はないが，上記のアンケート調査結果によれば，大学病院に約半数が配置され，次いで大学病院以外の病院が約30％で，県庁は10％未満と少ない（図1-4）。また配置人員も1名のところが約80％を占める。

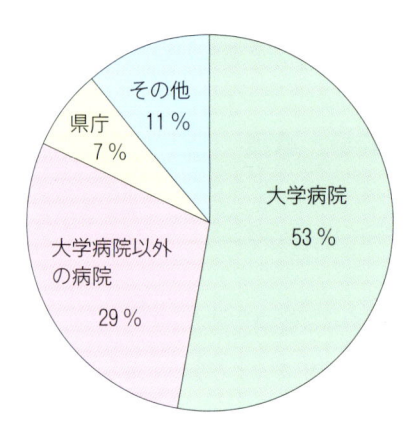

図1-4　難病医療専門員の配置場所
（平成21年9月調査）

1.5 難病医療専門員の業務内容

難病医療専門員の業務に関しては下記のように定められている。

ア．難病医療の確保に関する関係機関との連絡調整を行なうこと
イ．患者等からの各種相談（診療，医療費，在宅ケア，心理ケア等）に応じると共に，必要に応じて保健所への適切な紹介や支援要請を行なうこと
ウ．患者等からの要請に応じて拠点病院及び協力病院へ入院患者の紹介を行なうなど，難病医療確保のための連絡調整を行なうこと
エ．拠点病院および協力病院等の医療従事者向けに難病研修会を開催すること

【平成 10 年 4 月 9 日健医発第 635 号,各都道府県知事,政令市長,特別区長宛保健医療局長通知第 3-(2):平成 18 年度版難病対策提要,p.192 より】

実際に行なっている業務内容について,平成 18 年度と 21 年度のアンケート調査結果を比

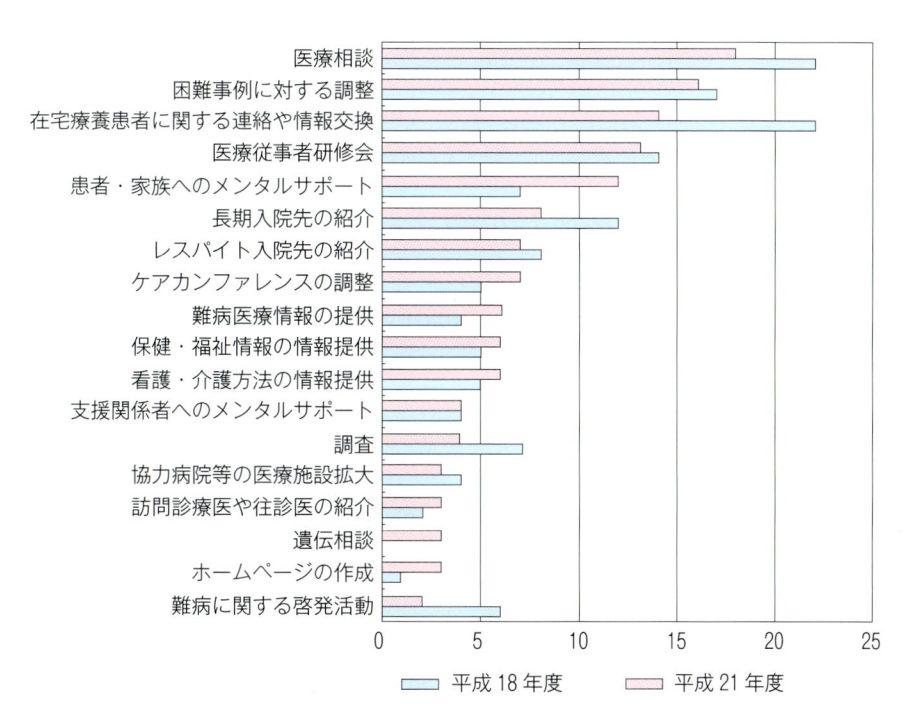

図 1-5 難病医療専門員が実際に行なっている業務

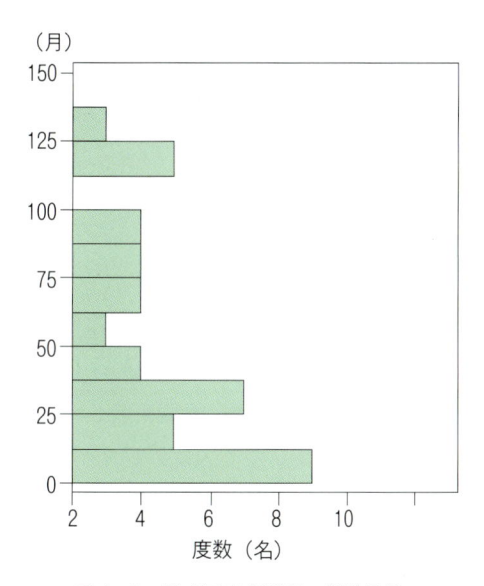

図 1-6 難病医療専門員の勤務月数

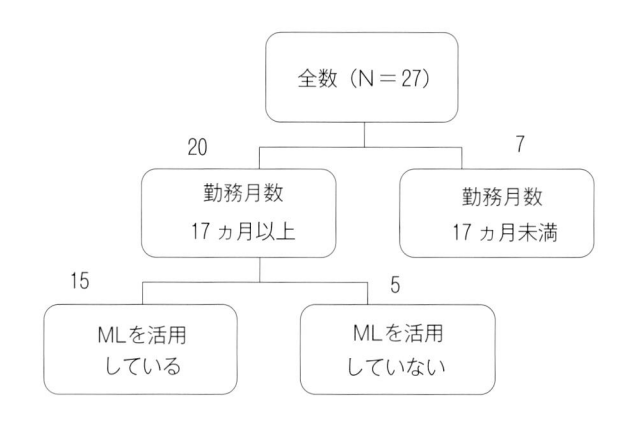

```
                    全数（N＝27）
                   ／         ＼
                 20            7
          勤務月数          勤務月数
         17ヵ月以上        17ヵ月未満
         ／      ＼
        15        5
    MLを活用    MLを活用
    している    していない
```

図1-7　難病医療専門員のやりがいと関連していた項目（n = 27）

較してみると，いずれの調査でも医療相談，困難事例に対する調整，在宅療養患者に関する連絡や情報交換に多くの時間を費やしていることが分かる（図1-5）。平成21年度では，これら3項目以外の様々な業務への対応が増えていることがみてとれる。

難病医療専門員は数年毎に交代しており，平均勤務月数は47ヵ月（SD 40，1～130ヵ月）で，経験年数は二峰性の分布を示していた（図1-6）。

この業務についてやりがいや達成感を感じたことがある者は，ある57％，ない7％，わからない32％であった。やりがいを目的変数として決定木分析を実施した結果では，勤務月数17ヵ月以上（20名）で，難病医療専門員メーリングリストを活用している（15名）ことがやりがいと関連していた（図1-7）。難病医療専門員がこの業務にやりがいを見出すまでには，1年半程度の継続が必要と考えられ，それを支援する体制も課題のひとつである。

平成18年度の調査では，ストレスが多く，多岐にわたる業務をこなしているにもかかわらず，不安定な雇用状況におかれていることが示されている。ネットワーク事業の要の立場にあるので，適正な評価と業務内容に見合った待遇の改善が望まれる（第13章に評価シートを参考資料として添付している）。

1.6　難病医療専門員の行なう医療相談の概要

難病医療専門員が行なう相談は，入転院先紹介に関連した相談とそれ以外の相談に大別される（表1-1）。

重症難病患者入院施設確保事業は，在宅療養の継続が難しい患者のための入院先の確保が主たる目的である。入院先の確保には長期療養入院，レスパイト[*11]入院，在宅療養評価調整入院，緊急入院などがある。しかし，同時に入院の必要性や在宅療養の可能性を検討し，必要に応じて在宅療養の調整に関わることが期待されており，自治体によっては在宅療養相談への対応が主な任務となっている場合もある。また，ALSなどの神経難病に特有な医療

表1-1 難病医療専門員が行なう相談

(A) 入転院先紹介に関連した相談
　① 長期療養入院
　② レスパイト入院
　③ 在宅療養評価調整入院
　④ 緊急入院
　⑤ 介護福祉施設等の紹介
(B) 上記以外の相談
　① 告知や疾患理解に関する相談
　② 医療処置に関する相談
　③ 社会資源の利用に関する相談
　④ 在宅療養に関する相談・在宅往診医の紹介など
　⑤ 遺伝に関する相談
　⑥ メンタルサポートに関する相談
　⑦ その他（患者交流会・就労などに関する相談）

相談や遺伝に関する相談も寄せられ，それらにも対応している現状である．本ガイドブックでは，これらの相談の内容別に各章で難病医療専門員の対応について概説している．

また，各種関係機関との連携のとり方，当事者団体との連携のあり方，ネットワークの拡充に向けた活動も，難病医療専門員による円滑な相談事業の推進に欠かせない．このため，これらの事項についても各章で紹介している．

1.7 おわりに

難病医療専門員の現状について述べた．難病医療専門員の業務は特定の病院に所属する医療ソーシャルワーカー[*1]と異なり，複数の医療機関，保健所，介護福祉施設をまたいでの連絡を推進する点に特徴がある．難病医療ネットワークにとって扇の要ともいえる立場にある．それだけに医療者側，患者・家族側の板ばさみになりやすいストレスの多い職種である．人と人とをつなぐ仕事なので本来同じ人物が長く勤めるのが望ましいが，身分が不安定なこともあり数年で離職することが多い．したがって，初めて難病医療専門員につく人は絶えず存在する．本ガイドブックが，このような方の指針，座右の参考書となることを期待している．本事業が定着し，さらに発展していくためには，難病医療専門員業務の重要性が広く認知され，その身分が安定し待遇が改善されることが不可欠である．

引用文献

1) 厚生労働省健康局疾病対策課. 平成18年度版難病対策提要. 2007.
2) 吉良潤一, 岩木三保, 立石貴久, 武藤香織, 柊中智恵子. 難病医療専門員による難病相談ガイドブックの改訂に向けて～平成21年度　難病医療専門員実態調査～. 重症難病患者の地域医療体制の構築に関する研究班. 平成21年度総括・分担研究報告書. 2010年3月.

資料1-1　厚生労働科学研究難治性疾患克服研究事業対象疾患

番号	疾患名	番号	疾患名
1	再生不良性貧血	37	先端巨大症
2	溶血性貧血	38	脊髄小脳変性症
3	不応性貧血（骨髄異形成症候群）	39	シャイ・ドレーガー症候群
4	骨髄線維症	40	線条体黒質変性症
5	特発性血栓症	41	ウィリス動脈輪閉塞症（モヤモヤ病）
6	血栓性血小板減少性紫斑病（TTP）	42	正常圧水頭症
7	特発性血小板減少性紫斑病（ITP）	43	多発性硬化症（MS）
8	原発性免疫不全症候群	44	重症筋無力症（MG）
9	ベーチェット病	45	ギラン・バレー症候群
10	全身性エリテマトーデス（SLE）	46	フィッシャー症候群
11	多発性筋炎及び皮膚筋炎	47	慢性炎症性脱髄性多発神経炎（CIDP）
12	シェーグレン症候群	48	多巣性運動ニューロパチー（ルイス・サムナー症候群）
13	成人スチル病	49	単クローン抗体を伴う末梢神経炎（クロウ・フカセ症候群）
14	大動脈炎症候群（高安病）	50	筋萎縮性側索硬化症（ALS）
15	ビュルガー病（バージャー病）	51	脊髄性進行性筋萎縮症
16	結節性動脈周囲炎（結節性多発動脈炎・顕微鏡的多発血管炎）	52	球脊髄性筋萎縮症（Kennedy-Alter-Sung病）
17	ウェゲナー肉芽腫症	53	脊髄空洞症
18	アレルギー性肉芽腫性血管炎（チャーグ・ストラウス症候群）	54	パーキンソン病
19	悪性関節リウマチ	55	進行性核上性麻痺
20	側頭動脈炎	56	大脳皮質基底核変性症
21	抗リン脂質抗体症候群	57	ハンチントン病
22	PRL分泌異常症	58	ペルオキシソーム病（この疾患のうち副腎白質ジストロフィーのみ公費負担対象）
23	ゴナドトロピン分泌異常症	59	ライソゾーム病
24	ADH分泌異常症	60	クロイツフェルト・ヤコブ病（CJD）（プリオン病として）
25	中枢性摂食異常症	61	ゲルストマン・ストロイスラー・シャインカー病（プリオン病として）
26	原発性アルドステロン症	62	致死性家族性不眠症（プリオン病として）
27	偽性低アルドステロン症	63	亜急性硬化性全脳炎（SSPE）
28	グルココルチコイド抵抗症	64	進行性多巣性白質脳症（PML）
29	副腎酵素欠損症	65	原発性側索硬化症
30	副腎低形成（アジソン病）	66	有棘赤血球を伴う舞踏病
31	偽性副甲状腺機能低下症	67	HTLV-1関連脊髄症（HAM）
32	ビタミンD受容機構異常症	68	原発性高脂血症
33	TSH受容体異常症	69	アミロイドーシス
34	甲状腺ホルモン不応症	70	網膜色素変性症
35	下垂体機能低下症	71	加齢黄斑変性
36	クッシング病	72	難治性視神経症

番号	疾患名	番号	疾患名
73	突発性難聴	102	特発性門脈圧亢進症
74	特発性両側性感音難聴	103	肝外門脈閉塞症
75	メニエール病	104	バット・キアリ症候群
76	遅発性内リンパ水腫	105	肝内結石症
77	肥大型心筋症	106	肝内胆管障害
78	拡張型心筋症（特発性拡張型心筋症）	107	膵嚢胞線維症
79	拘束型心筋症	108	重症急性膵炎
80	ミトコンドリア病	109	慢性膵炎
81	ファブリー病（ライソゾーム病として）	110	強皮症
82	家族性突然死症候群	111	好酸球性筋膜炎
83	特発性間質性肺炎	112	硬化性萎縮性苔癬
84	サルコイドーシス	113	混合性結合組織病
85	びまん性汎細気管支炎	114	神経線維腫症Ⅰ型（レックリングハウゼン病）
86	若年性肺気腫	115	神経線維腫症Ⅱ型
87	肺胞低換気症候群	116	結節性硬化症（プリングル病）
88	ランゲルハンス細胞組織球症（ヒスチオサイトーシスX）	117	表皮水疱症
89	肥満低換気症候群	118	膿疱性乾癬
90	原発性肺高血圧症	119	天疱瘡
91	特発性慢性肺血栓塞栓症（肺高血圧型のみ）	120	重症多形滲出性紅斑（急性期）
92	肺リンパ脈管筋腫症（LAM）	121	色素性乾皮症（XP）
93	IgA腎症	122	先天性魚鱗癬様紅皮症
94	急速進行性糸球体腎炎	123	後縦靱帯骨化症（OPLL）
95	難治性ネフローゼ症候群	124	黄色靱帯骨化症
96	多発性嚢胞腎	125	前縦靱帯骨化症
97	潰瘍性大腸炎	126	広範脊柱管狭窄症
98	クローン病	127	特発性大腿骨頭壊死症
99	自己免疫性肝炎	128	特発性ステロイド性骨壊死症
100	原発性胆汁性肝硬変	129	進行性骨化性線維異形成症（FOP）
101	難治性肝炎のうち劇症肝炎	130	スモン

〈コラム1〉 優れた難病医療専門員を育てるために

全国難病センター研究会　名誉会長
厚生労働省社会保険審査会　委員　木村　格

(1) これまでの経緯

　各都道府県で粛々と体制が整えられ，地域難病医療の中核をなす「重症難病患者入院施設確保事業」も事業開始から既に13年を超えるようになった。この事業は当時の難病医療に対する国民の意識の低さ，医療関係者の難病に対する理解の不足，専門情報の共有不足に対する緊急の問題提起によって実施された。筋萎縮性側索硬化症など『重症の難病の方が入院を拒否される，人工呼吸器をつけて生きたいが病院で対応ができない，難病についての相談をするところがない』など難病を持つ人の切実な叫びはマスコミを刺激し，国会でも超党派議員から提起され，実例を持って議論された。

　その結果『難病の人が入院できる病院を確保する』の明快な目的を持った事業が都道府県に通達された。その中で研究班の提言に基づいた4つの具体的な作業が明記されていた。1つは各都道府県の医療背景を尊重した難病医療連絡協議会を開催すること。2つには難病医療の中心となる拠点病院，拠点病院を支援する協力病院の指定と公表。両者の連携によってその地域で必要な難病医療の需要を賄う難病医療ネットワークを構築する。3つには，円滑に入院ができない場合には専任のコーディネーター（難病医療専門員）を置き，調整を図ること。4つには都道府県に1ヵ所どのような相談にも応じられる相談窓口を開設することであった。

　この4つの中でも人の採用を伴う難病医療専門員の配置が一番困難であった。内容のつかめない新しい部署であり，どの専門資格を持った人を採用すべきか。この事業はいつまで継続するものか。国の経済が下降し始め，どこの都道府県でも新事業は難しく，常勤の資格で採用されることは少なかった。

　しかしその後の難病医療専門員たちの活動は誠に素晴らしいものであった。難病医療全体のコーディネーターとして，単に入院施設確保だけではなく難病医療ネットワークを構成する病院間や専門医師を調整し，個々の難病の方の生活支援体制を創り，文字通りその地域の難病支援体制のキーパーソンとしての役割を果たしてきた。優れた人材が選ばれたこともあったが，全国横断的な研究班会議，研修会，研究会を通してパイオニア精神と努力，自己研鑽によってそれぞれの資質を高め，難病医療専門員という新しい地位を確立してきた。今後は国の政策として統一的な研修会や学習会による資質の維持

が望まれる。

(2) 難病医療ネットワークの中で活動する

　難病はある一定期間の外来や入院治療によって完結することはできず，多くの場合生涯にわたって専門医療が介在しなければならない。一方，難病専門医は疾患希少性から数が限られており，地域遍在も加味して，患者が自分に最も適した専門医に巡り会うことが難しい。都道府県では難病医療ネットワークを構築することによって限られた専門医療施設と専門医師を有効に活用し，できるだけ多くの難病の方が平等に恩恵を受ける工夫をしなければならない。

　難病医療専門員は入院確保や専門医師への紹介など，その背景にしっかりした難病医療ネットワークとの連携が必要である。難病医療拠点病院や協力病院以外にも地域医師会や病院の医療スタッフに参加を依頼し，地域毎の難病医療需要を確実に網羅するネットワークを形成し，活用しなければならない。1人の難病を持つ人に対して専門医と地域受け持ち医2人の主治医を持つシステムが必要である。

(3) 難病相談・支援センターと連携する

　難病は特殊な病気という認識から，病気について，医療について，生活支援についての情報が不足している。支援政策や制度も未成熟な状態にある。患者や家族，介護，医療スタッフが情報を共有するために，いかなる相談，支援要請でも受け止めることのできる相談・支援センターが開設されている。重症難病患者入院施設確保事業の難病医療専門員はより医療に重きを置いた支援，難病相談・支援センターの相談支援員はより生活自体を支援する役割があるが，両者は相互に重複した役割があり，今後なお一層の連携が期待される。

(4) 難病を持っていても仕事ができる

　就労は誰にとっても人生での大きな生き甲斐である。全国の難病患者9,000人からの調査からは，約半分の人が実際に仕事をしており，現在仕事についていない半分では就労環境さえ整えば仕事ができると考えている。どんな病気を持っていても働くことができるという基本理念を大切に，能力を持ちながらも就労できない人，安定して就労を継続することの困難な人に対する更なる支援を望みたい。

　この『難病医療専門員による難病患者のための難病相談ガイドブック』は会得すべきことが分りやすく具体的に記載されており，優れた難病医療専門員を育てるための最も良い指針になると確信する。

第2章
入転院紹介に関する相談への対応

福岡県難病医療連絡協議会　岩木三保

2.1　はじめに

　入転院紹介フローチャート（図2-1）にそって具体的に解説する。なお，入転院紹介に際しての難病医療専門員による調整は，各都道府県によってその役割や方法が多様であり，あくまでも一例であることを強調しておく。いずれにせよ患者・家族にとって最善の方策で適切な入転院施設を確保することが求められる。

　以下，入転院紹介のポイントを挙げた。

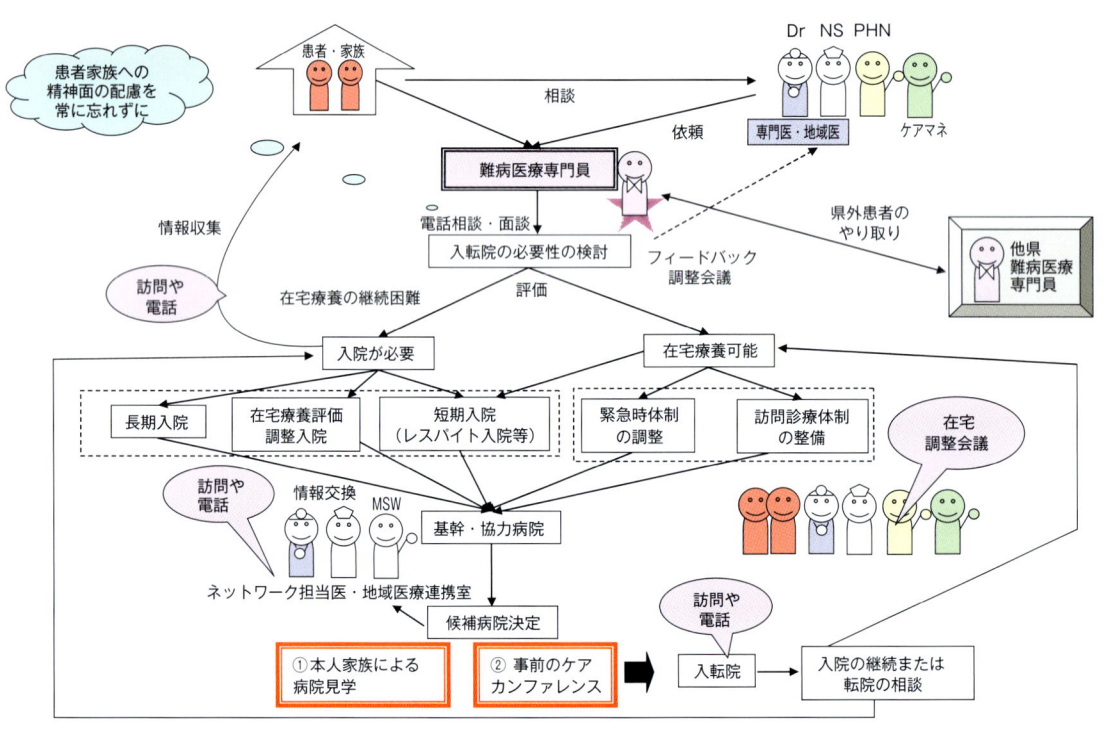

図2-1　入転院紹介フローチャート

① 依頼者の確認と，主治医への連絡調整
② 詳細な情報収集
③ 入転院紹介における問題点の抽出
④ 日頃からの各協力病院の機能と特性の把握
⑤ 候補病院への確実な情報伝達
⑥ 入転院後の継続的な支援

2.2 入転院施設の確保が困難な事例が登録された場合の最初の対応

入転院施設の確保の依頼は，患者・家族や，主治医，コメディカルなど多方面から寄せられることが想定される。依頼者によって，以下のような注意点が挙げられる。

1）全ての事例で確認すべきこと：最初に，**入転院について患者・家族の同意が得られているか**という点を確認する。調整の過程で，実は患者・家族には知らされていなかったということが判明する場合もある。患者・家族の意向を常に確認しながら，事務的な調整に終わらないように留意する。

2）主治医以外（保健師・看護師など）からの依頼の場合：必ず**依頼者に了解を得たうえで主治医に連絡**を入れる。患者の状態についての詳細かつ正確な情報を得てから入院調整を開始することで，その後のトラブルを回避できる。診療している主治医の方針に合わせて，相談しながら調整を進めることが必要である。

3）患者・家族からの依頼の場合：
① 疾患や現在の状態についての情報に偏りのある場合もある。この場合も必ず**依頼者に了解を得たうえで主治医に連絡**を行ない，詳細かつ正確な情報を得てから調整を行なうことが必要である。
② 患者・家族の話から，主治医との関係に問題があると思われる場合もある。その場合は，患者・家族からの情報だけでなく，コメディカルの話を聞くことが有用である。入院中の場合は医療ソーシャルワーカー（MSW）[1]や病棟看護師，在宅の場合はケアマネジャーや訪問看護師に確認するとよい。問題点がどこにあるのかを把握した上で，どのように主治医に連絡を取るか検討する。

2.3 入転院に際した患者情報の収集

患者の全体像と現在の問題点を十分に把握し適切な入転院施設の確保を行なう。

(1) 情報収集の対象と収集すべき情報の要点

主治医,コメディカル,患者・家族など多方面から以下の点に留意して情報収集する。

表2-1

主治医	診断と治療方針,現在の投薬内容,患者・家族への説明状況等の医療情報を収集する。
看護師などのコメディカル	日頃ケアを提供しているコメディカルからは,患者の詳しい要求の内容や,コミュニケーションの手段,その他看護や介護上の問題点などの情報を得ることが重要である。
患者・家族	状況によっては,電話や書類上の情報だけでなく面談も必要とされる。医師やコメディカルから収集した内容との相違はないかを確認したり,実際の身体状況,コミュニケーションの方法,呼吸器装着の意思,入院する病院に対する条件や希望(交通手段・家族が通える範囲など)を聞く。直接話し合うことで,患者の個別性が把握でき,適切な病院を選択することができるので有用である。

(2) 入転院施設の確保に際し,必要な情報

入転院施設の確保に必要な情報として,下記項目が挙げられる。得られた情報は,連絡票などにまとめて候補病院へ提示し,交渉を行なう。患者情報は,最新のものであることが大切である。

また連絡票のテンプレート(見本)を作っておくことが望ましい(表2-2)。

- 氏名,年齢(生年月日),性別
- 住所,連絡先,家族背景(キーパーソン,マンパワーなど)
- 疾患名,既往歴,内服薬
- ADL[*12](日常生活動作)や移動の状況
- 意思伝達の方法
- 摂食・嚥下の状況,経管栄養(経鼻・胃ろう)の有無
- 呼吸状態(気管切開・人工呼吸器装着の有無,呼吸機能等の検査結果)
- 経過,病状の進行状況
- 本人家族の疾患に対する理解状況
- 人工呼吸器装着に対する意思確認
- 現在の問題点
- 入院目的および希望する入院期間
- その他
    保険種別
    身体障害者手帳の等級
    特定疾患医療受給者証(重症認定)の有無
    要介護度
    関係機関と在宅での支援体制状況

表2-2 神経難病患者連絡票

名　　前		疾患名	
年　　齢	歳（　　年　　月　　日生）	性　別	
住　　所		電話番号	
家族背景			

現在の ADL	移　　動 四肢の動き	
	食　　事	
	排　　泄	
	清　　潔	
	意思伝達	

呼吸状態	① 気管切開の有無： ② 人工呼吸器装着の有無： 　　人工呼吸器の機種と設定： ③ 備考（肺活量，動脈血ガス分析などの検査項目）
経過・本人家族の疾患に対する理解状況	※人工呼吸装着に対する意思確認を含む
その他	■保険種別： ■特定疾患医療受給者証の有無： ■重症認定の有無： ■身体障害者手帳の等級： （内訳　　　　　　　　　　　　　） 　　　　■介護保険の要介護度： ■ケアマネージャーの所属・連絡先： ■訪問看護ステーション： ■その他
備　　考	

2.4 入転院の検討

(1) 入転院の必要性と在宅療養の可能性を再評価

依頼されたケースの中には，在宅療養可能な場合も含まれている。得られた情報から，**「何が問題で入転院をしようとしているのか」を明確化することにより，調整すべき事項が浮き彫りとなる**（図2-2）。関係機関を調整することで在宅療養が可能となる事例もある。

入院が必要な場合も，問題点を明確化することで候補病院の適切な選定につながる。**まずは転院と在宅療養の双方の可能性を検討する。**

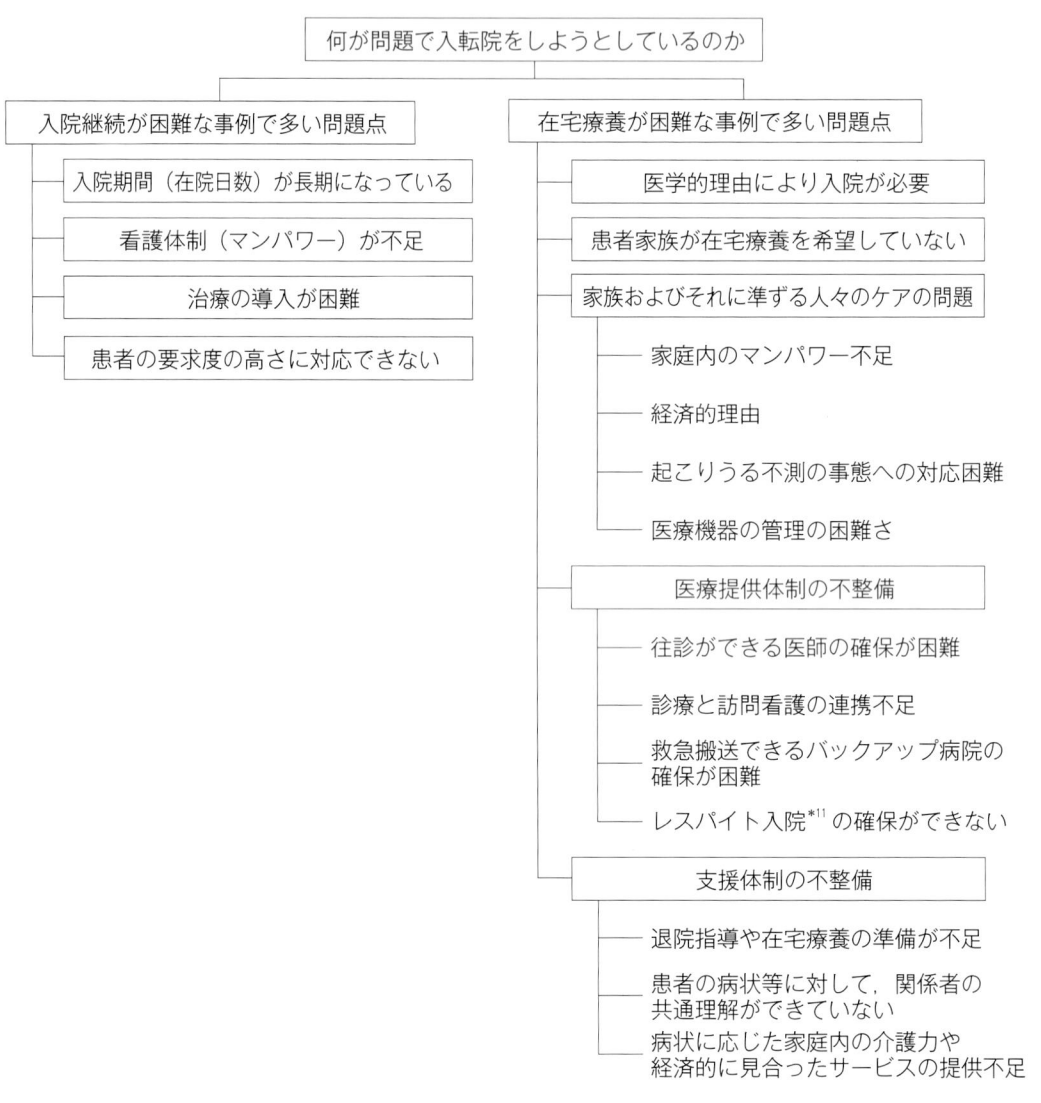

```
何が問題で入転院をしようとしているのか
├─ 入院継続が困難な事例で多い問題点
│   ├─ 入院期間（在院日数）が長期になっている
│   ├─ 看護体制（マンパワー）が不足
│   ├─ 治療の導入が困難
│   └─ 患者の要求度の高さに対応できない
└─ 在宅療養が困難な事例で多い問題点
    ├─ 医学的理由により入院が必要
    ├─ 患者家族が在宅療養を希望していない
    ├─ 家族およびそれに準ずる人々のケアの問題
    │   ├─ 家庭内のマンパワー不足
    │   ├─ 経済的理由
    │   ├─ 起こりうる不測の事態への対応困難
    │   └─ 医療機器の管理の困難さ
    ├─ 医療提供体制の不整備
    │   ├─ 往診ができる医師の確保が困難
    │   ├─ 診療と訪問看護の連携不足
    │   ├─ 救急搬送できるバックアップ病院の確保が困難
    │   └─ レスパイト入院[*11]の確保ができない
    └─ 支援体制の不整備
        ├─ 退院指導や在宅療養の準備が不足
        ├─ 患者の病状等に対して，関係者の共通理解ができていない
        └─ 病状に応じた家庭内の介護力や経済的に見合ったサービスの提供不足
```

図2-2　入院継続・在宅療養継続上の問題点

(2) 入院が必要と判断した場合

候補病院の選定は，入院目的（長期入院・在宅療養評価調整入院・レスパイト入院等）や家族が通院可能な条件などを勘案して，患者に適切な候補病院を選定する。そのためには，**各協力病院の機能や特性**を日ごろから十分に把握しておくよう情報収集が不可欠である。

2.5 交渉の実際

(1) 情報を確実に伝える技術

まずは文書で情報共有してから，詳しい電話交渉を行なう。病院により入院相談窓口の職種が異なることがあり，注意する必要がある。窓口は病院長，担当医師，看護師長，医療ソーシャルワーカーなど様々である。それぞれの患者家族が抱える問題点によって，問題を伝えたり相談する相手を変えると解決につながりやすい。**受け入れ病院側が，より患者の姿をイメージでき，検討しやすいよう配慮すべき**である。情報提供の内容は，具体的であればあるほどよい。

(2) 情報交換で注意しておくべきこと

入転院後に予想されることを事前に伝えておき，共に解決する姿勢は大切である。例えばナースコールが多い，要求度が高いなどの問題については，事前に十分な情報提供がない場合も多い。このような問題点の多い患者の入転院先病院の確保に際して，難病医療専門員が第三者的立場でより客観的に正確な情報提供を行ない，ともに問題点の解決にあたることが大切である。

(3) 訪問交渉について

入院患者が一つの病院に集中することは，看護ケアの質低下につながりかねない。そのためにも，協力病院のネットワークを拡大させていくことが望まれる。機能や特性を十分に把握できていない病院に入転院を交渉する場合は，事前に病院訪問を行ない，院内を見学するなどして患者に適切な候補病院であるかを検討する。実際には，院内の設備や患者構成，ケアの質などから判断する。

2.6 候補病院決定後の調整事項

(1) 主治医と候補病院医師が直接情報交換できるよう調整

担当医師間で電話等により最終的な受け入れ確認をしていただく。あくまでも難病医療専門員は仲介役であるので，**内諾確認は主治医に依頼する**。

(2) **本人家族による病院見学の調整**

家族（状態が許せば本人も）が候補病院を訪問見学し，医師や看護師と面談できるよう調整する。医療ソーシャルワーカーから，入院費についてなど経済面の話があると，より安心される場合が多い。本人家族の意向をうかがい，最終的に入転院先の決定を行なう。

(3) **病院看護師同士の事前のケアカンファレンスを調整**

現在入院している病院看護師あるいは訪問看護師やケアマネジャーと，入転院先病院の看護師との間での入院前カンファレンスは，大変有用である。具体的な意思伝達の方法，ナースコールの工夫など，患者・家族にとっての不安材料や，患者から要求の多いケア内容や問題点などを伝達する。入院前カンファレンスで，事前に情報を把握しておくことは，継続看護が可能となるほか，患者・家族の大きな安心感につながる。

2.7 入転院後のフォロー

(1) **入転院後の満足度評価**

調整後は，可能な限り入転院先病院を訪問することが望ましい。患者・家族と病院双方の話を聞くことで，不足情報はなかったか，自己評価にもつながる。

(2) **将来の方向性の検討**

さらに今後の転院先確保依頼，在宅療養への移行など，入転院後も患者家族の療養は継続していることを忘れないようにする。

(3) **協力病院との信頼関係**

入転院紹介をした後の継続的な支援は，それ以降の当該協力病院による入院患者受け入れにつながるので大事である。

2.8 レスパイト入院の調整

在宅で人工呼吸器を装着している難病患者さんでは，ご家族などの介護者が一時的に休息をとるためのレスパイト入院が必要になることも多い。在宅療養が推進されている一方で，さまざまな支援制度を組み合わせてもご家族をはじめとする介護者の負担は大きいと言わざるを得ない。福岡県では人工呼吸器を装着した在宅ALS患者さんが約40名おられるが，レスパイト入院の依頼が年々増えてきている。

ご家族の健康問題は，在宅療養継続困難の要因となることもある。そのためご家族の介護負担軽減の方策の1つとして，レスパイト入院を整備する必要性が指摘されてきたが，十分

に進んでいるとはいえない。ここでの課題は単に入院を受け入れる病院がないということにとどまらない。入院前に看護職が在宅でのケア方法等の引き継ぎを十分に行ない，入院環境の調整が事前に行なわれることで療養者の入院に対する不安が軽減すると報告されている。初回のレスパイト入院時に患者さんの不安が解消できることが，次回からの利用につながる。

（事例1）事例はALSで在宅療養中で，主たる介護者は妻である。訪問看護ステーションより相談があり，患者の主治医と連携してレスパイト入院の調整を難病医療専門員が行なった。

① 入院の目的として，**ご家族の休息のためだけではなく**，入院を行なって医療評価を行なうこと，現在利用しているサービスの評価調整を行なうことなど，**患者さん自身にとってもメリットが大きい**ことを説明した。
② 入院する病院に対しては，訪問看護ステーションから細かいケア内容を書面で情報提供していただいた。
③ さらに病院側の医師・看護師・医療ソーシャルワーカーと訪問看護師，ご家族で，事前にケアカンファレンスを持っていただいた。訪問看護師からは看護ケア上の問題点が提示された。病院側からは，病院で可能なこと，不可能なことなどが示された。
④ ご家族から患者さんに病院に関する情報提供をされたことで，不安の軽減につながったと思われ，当初入院を拒んでいた患者さんも納得して入院した。特に不安材料であったのは，病院で使用しているナースコールを押せるかどうか，コミュニケーションの手段として使用しているパソコンの持ち込みができるか，インターネットの利用は可能か，ということであったがすべて解決できた。
⑤ 2回目からは定期的なレスパイト入院の利用につながっている。

看護ケアの引き継ぎ，情報交換をいかにうまく行なうかが，継続利用の重要ポイントである。特に人工呼吸器を装着している患者さんにとっては，**意思疎通の手段と方法を確実に**しておくことが大きな安心材料のようだ。患者さん・ご家族側の要望と，病院側のニーズのずれを的確に捉え，調整していくことが求められている。

2.9 県を越えての入転院紹介

家族の転勤や地元での療養を希望する患者に対しては，他県における通院先や入転院先を確保する必要がある。また他県から移動してくる患者に対しても支援していくことが不可欠である。現在30都道府県に難病医療専門員が配置されているので，他県の難病医療専門員と連携して調整することが可能である。

他県に転出する場合には，転出先都道府県の難病医療専門員に対して，電話，メール，連

絡票（表2-2，p.15）による詳細な情報提供を行ない，通院先や入転院先を確保していただくようにする。スムーズに対応していただけるよう，必要に応じて転出先都道府県の難病医療専門員と患者家族が連絡が取れるように調整を行なう。

他県から転入する場合はその逆で，詳細な情報提供を受けるようにし，不明な点については確認を取ることが必要である。また可能であれば，本人家族に連絡を取り，情報の確認をしながら通院先や入転院先の確保を行なう。

2.10 事例紹介

難病医療専門員が経験した困難事例を提示して，起こりやすいトラブルや問題点を紹介する。

（事例2） 患者は，ALSの40歳代男性で，気管切開，人工呼吸器装着，胃ろう造設をされ，パソコンによるコミュニケーションを行なっていた。

(1) 調整の経緯
① G病院神経内科医師より，Z県難病ネットワークに長期入院先確保の依頼がきた。患者は，X市の自宅より遠方のG病院に入院中のため，自宅近くの病院に長期入院したいと希望しているということであった。
② 自宅近隣で，神経内科医が常勤している病院が入院の受け入れをしてくれることになった。しかしすぐにはベッドが空かないということで，2ヵ月程度の待機期間があった。この間に患者が待てないということで，G病院より再度探してほしいと連絡があった。
③ X市内の病院16病院より断られるも，Y病院に転院できることが決定した。Y病院はALS患者の受け入れを初めて行なう病院であった。
④ 事前に患者の母親と兄弟がY病院に行き，医師，看護師との面談を行ない，院内見学をした。
⑤ 転院後1週間で，Y病院からまた再転院先を探してほしいと連絡が来た。結局転院先を確保できず，元のG病院へ戻ることとなった。

(2) 入転院紹介の問題点
① 患者側が感じた不満への対応

患者は待機時間が長いことを不満に思った。難病医療専門員は，候補病院へ転院日の調整を急いだが困難であったため，すぐに別の病院に交渉を行なった。気管切開して人工呼吸器を装着している患者の長期入院先の確保は難渋することが予測される。入転院紹介を始める段階で，病院の確保にはある程度の時間が必要であること，空床が発生するまでにも待機期

間のある可能性が高いことなどについて事前に了解を得ておく必要がある．また今回のように患者からクレームが出た場合は，依頼されたG病院神経内科医師だけに説明をするのではなく，患者本人に対しても直接説明する機会を設けるべきであった．患者本人にX市内で長期入院病院を確保することが難しい中で，入院受け入れが決定できたことを伝え，待機期間が長くても入院できることの意義について説明する必要があった．

　② Y病院（転院先）側が感じた問題点への対応

　Y病院の病棟カンファレンスに参加し，入院の継続が不可能な理由について検討した．看護師からは，「こんなに重症な患者だとは思っていなかった」，「ナースコールが頻回で対応できない」などが入院の継続困難の主な理由だった．

　このことから，まず**患者の状態がイメージできるような事前の情報提供ができていなかった**ことがわかる．患者の全身状態は安定し，コミュニケーションの手段も確立できていたが，転院という事態は患者にとって不安も強く，そのためナースコール数も増加していたようである．その後もナースコールへの対応や看護師の対応に関して，医療ソーシャルワーカーも含めて話し合いも行なったが，一度嫌悪感を抱いてしまったことで，その後の良好なケアへつながらずに転院を余儀なくされた．このように**ALS患者の入院が初めての経験である病院に対しては，医師とのやり取りだけでなく，看護師を含めた事前の調整と，転院後の継続的な対応が大切である**．書面や電話による情報提供のみならず，病院看護師同士の事前ケアカンファレンスを調整するなどして，患者，看護師双方の不安を軽減することが，スムーズにケアできる体制の構築につながる．

参考文献

1) 在宅人工呼吸における療養マニュアル作成委員会，厚生省健康政策局編集．在宅人工呼吸における療養マニュアル．2000年3月31日．
2) 田城孝雄編著．坪井栄孝監修．入院医療から在宅医療へ．在宅医療ハンドブック．中外医学社．2001年10月．
3) 大内尉義，村嶋幸代．退院支援．東大病院医療社会福祉部の実践から．杏林書院．2002年7月1日．
4) 川村佐和子監修．実践看護技術学習支援テキスト．在宅看護論．㈱日本看護協会出版会．2003年4月22日．
5) 平成15年度看護政策立案のための基盤整備推進事業報告書．人工呼吸器装着中の在宅ALS患者の療養支援訪問看護従事者マニュアル．社団法人日本看護協会．2004年3月31日．http://www.nurse.or.jp/home/publication/pdf/jyuujisya.pdf
6) 山崎摩耶．患者とともに創る退院調整ガイドブック．クリニカルパスから看看連携へ．中央法規出版．2005年4月10日．
7) 川口有美子，小長谷百絵．在宅人工呼吸器ポケットマニュアル．医歯薬出版株式会社．2009年．
8) 新井明子：在宅人工呼吸療法を実施している筋萎縮性側索硬化症療養者の介護者休養目的の初回入院導入における看護支援．日本難病看護学会第9巻第3号，194-199，2005．

第3章
入転院紹介以外の相談への対応

福岡県難病医療連絡協議会　岩木三保
九州大学神経内科　立石貴久・吉良潤一

3.1　はじめに

　第2章では，入転院紹介に際しての難病医療専門員による調整について述べた。難病医療専門員のもとには，入転院紹介以外にも多岐にわたる相談が寄せられ，時間をかけて対応を行なっている。そこで本章では総論として，入転院紹介以外の相談に対し，難病医療専門員は一般的にどのような対応を行なったらよいかについて述べる。

3.2　入転院紹介以外の相談

　入転院紹介以外の相談は，以下のようなものに分類される。第4章から第8章では，各論としてそれぞれの相談に対しての具体的な対応方法が述べられている。①〜⑦は，一部を除いて入転院紹介以外の相談対応フローチャート（図3-1）に示した。

① 告知や疾患理解に関する相談　　　　　　　　　　　→ 第5章
② 医療処置に関する相談　　　　　　　　　　　　　　→ 第5章
③ 社会資源の利用に関する相談　　　　　　　　　　　→ 第4章
④ 在宅療養に関する相談・在宅往診医の紹介など　　　→ 第4章
⑤ 遺伝に関する相談　　　　　　　　　　　　　　　　→ 第6章
⑥ メンタルサポートに関する相談　　　　　　　　　　→ 第5章
⑦ その他（患者交流会・就労などに関する相談・情報提供）→ 第7・8章

3.3　告知や疾患理解，医療処置，社会資源の利用，メンタルサポートに関する相談

　告知の場面に難病医療専門員が同席するか否かについては，その場の状況や必要性に応じて判断されているのが現状である。都道府県により，同席を求められる状況にあれば，同席

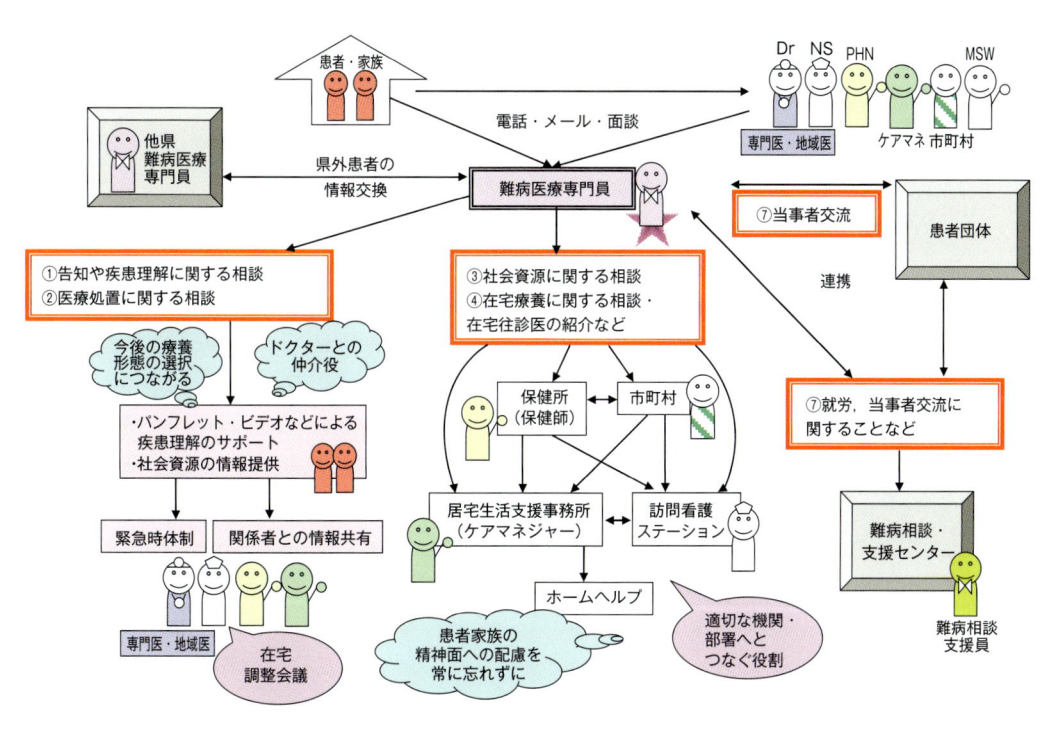

図3-1 入転院紹介以外の相談対応フローチャート

するところもある。

　難病医療専門員は告知に立ち会う場合，自身の位置づけや注意点について十分に認識しておくことが必要である。また告知に立ち会わない場合も，その後の患者家族の反応や，疾患への理解などについて知ることが不可欠であるため，関係機関との情報共有に努める。さらに，患者と家族が適切な医療処置を判断決定したり，療養環境を選択したりするために，必要に応じて情報提供を行なう。また医療関係者が情報提供するうえで必要な支援を行なう。患者家族が医療処置を決定した場合には，医療機関と連携して支援体制を整備する。一方で難病患者は，症状の進行とともに様々な生活上の支障をきたすことが多く，社会資源の利用についての相談を受けることもある。難病患者が利用できる社会資源にはどのようなものがあるか，どこに相談に行けば対応してもらえるのかなど，適切な情報提供を行なう。メンタルサポートにおいては，特に患者家族の気持ちの表出を支援することが大切である。

3.4 在宅療養に関する相談

(1) HMV[*15]患者の在宅療養条件について

　在宅療養環境整備は，初めていろいろなサービスを導入して在宅療養を行なう事例と，在宅療養がうまくいかなくなり調整が必要になった事例に大別される。難病医療専門員は，い

表 3-1 HMV（Home Mechanical Ventilation）が可能な条件

---
(1) 患者・家族・介護者の条件
　① 病状が安定していること
　② 患者・家族が在宅療養を希望していること
　③ 家庭内でのマンパワーが確保できること
　④ 家族等が人工呼吸器による呼吸管理についてかかりつけ医の指示のもとで的確に実施できること
　⑤ 家族等が基礎疾患や人工呼吸器に関し，起こり得る事態に対応ができるように教育を受けていること
　⑥ 家族等が人工呼吸器や吸引器等の扱いに慣れていること
　⑦ 在宅療養のための部屋が整備されていること
(2) 地域援助者の条件
　① 患者の病状や人工呼吸管理について理解ができ，情報共有できていること
　② 患者の病状や家庭内でのマンパワーに見合ったサービスの提供が可能であること
　③ かかりつけ医，訪問看護師，ホームヘルパー等，緊急時（医療的・社会的・医療機器）の体制が整備されていること
　④ 緊急時に入院する医療機関が確保されていること

厚生省健康政策局　在宅人工呼吸における療養マニュアル作成委員会編集．在宅人工呼吸における療養マニュアル．p. 18より一部改変掲載[1]

ずれの事例からも相談を受ける可能性がある。

　調整の対象となるのは，ALS患者のように人工呼吸器を装着しての在宅療養など，医療依存度の高い例が多い。その場合には，まず在宅人工呼吸療法（HMV: Home Mechanical Ventilation）[*15] が可能であるか否かの判断を求められる。HMVが可能な条件を表3-1に列挙する。さらにHMVの継続を困難にする要因としては，第2章図2-2（p. 16）において，「在宅療養が困難な事例で多い問題点」として示した。第4章においては，具体的な問題に対する対応方法が述べられている。

(2) 在宅療養環境整備における難病医療専門員の役割について

　在宅療養環境整備における難病医療専門員の役割は定まっておらず，必要に応じて関係機関に対して問題点を指摘したり，提案を行なったりして解決へと導く。複数医療機関が介在する場合には，調整が必要なこともあるし，新たな社会資源の発掘を行なうこともある。さらに家庭内や，関係機関の人間関係調整まで行なうこともある。市町村窓口，保健所保健師，ケアマネジャー，訪問看護師ら関係職種と十分な連携を行なって整備していく必要がある。

　相談を受けた場合は，一般的な対応としては，まず患者・家族や，各機関から収集した情報を統合することから始める。そして問題点がどこにあるのかを分析し，適切な機関・部署へとつなぐ役割を担う。患者の居住する地域によっては，社会資源が不足していたり，地域関係者の経験が乏しい場合もある。そのようなときには，難病医療専門員は支援チームを主導していく役割を担うこともある。この点に関しては，第4章に具体的な対応方法が述べら

れている。

　このように難病医療専門員は，在宅療養環境整備における役割が明確でないために，何でも屋と化してしまう可能性もあることを認識しておく。しかし一方で，特定の医療機関や行政機関に属していないからこそ，他職種が介入困難な問題が生じた場合に唯一対応できる可能性のある職種であることも忘れてはならない。

3.5　遺伝に関する相談

　神経難病には遺伝性のものが少なくない。頻度としては多くはないが，入院紹介の相談や他の療養相談を行なっていく中で，ラポール[*10]が形成されていくと，遺伝に関する不安や悩みについて相談される場合がある。遺伝の問題は対応困難な事例として挙げられることも多い。このため，難病医療専門員は患者や家族から遺伝に関して相談されうる立場であることも意識しておく必要がある。相談の窓口として適切な対応をするにはどうしたらよいかを熟知して対応に臨むことが大切である。

3.6　患者交流会・就労などに関する相談・情報提供

　2010年7月現在，全国のすべての都道府県に難病相談・支援センター（第7章「難病相談・支援センターとの連携」参照）が設置されており，難病患者・家族等の療養上，生活上の悩みや不安等の解消を図る目的で相談活動を行なっている。難病医療ネットワーク（難病医療連絡協議会[*5]）と難病相談・支援センターが，相乗効果を発揮できるように，業務分担や連携のあり方について各都道府県で工夫が必要である。

　患者同士の交流や情報交換は，ピアサポート[*8]として非常に有効である。難病相談・支援センターが当事者団体に業務委託されている都道府県が約半数を占めていることからも，ピアサポート機能が期待されていることがうかがえる。難病医療専門員は相談内容に応じて，難病相談・支援センターや当事者団体への橋渡しを行なう。

3.7　おわりに

　入転院紹介以外の相談でもっとも時間をかけて対応しているのが，在宅療養に関する相談である。このことに対しての難病医療専門員の対応は，各都道府県の実情により様々である。地域の特性を勘案して対応していく必要がある。難病医療専門員の第三者的な立場を生かして支援することが望まれる。

引用文献

1) 厚生省健康政策局在宅人工呼吸における療養マニュアル作成委員会編集．在宅人工呼吸における療養マニュアル．平成12年3月31日発行．p. 18.

〈コラム2〉 難病相談ガイドブックに寄せて

NPO 法人 ALS/MND サポートセンターさくら会　理事長
日本 ALS 協会　副会長　橋本　操

　日本 ALS 協会が設立された，1986 年までの ALS 患者の療養環境は「悲惨」の一言といえましょう。告知をされず，ただ死を待つだけの難病・奇病と言われて，人工呼吸器を付けて生きるためには自己負担で購入しなければなりませんでした。そのような状況の中で，ひとりひとりの患者さんと家族，支援者，専門職が，声をかけあい出会いを求めての本 ALS 協会＝「ALS と共に闘い歩む会」を設立できたことは多くの方に勇気を与えました。ALS 患者が生きるための闘いは，医療・保健・福祉の制度とその活用についての改革はもちろんのこと，患者さん・家族同士の交流の輪がひろがり，支部が誕生して互いに励ましあい生き抜くための地域療養環境を構築するための原動力となりました。

　医療保険による在宅人工呼吸器のレンタル，重症難病患者入院施設確保事業，身体障害者療護施設 ALS 等居室整備事業，重度障害者意思伝達装置の給付，家族以外の介護者による吸引の容認など，患者さんの声を反映した施策が実施されてきました。そして，これらの施策は ALS 患者に限らず，他の難病患者さんや重度障害者の方々の生活を支える共通の財産として，社会の中に位置付けられてきたと考えられます。

　しかし，患者さんは制度のみによって，その生活が成り立っているわけではありません。日々の生きている実感と，明日の人生に希望を抱くことができるための，ひとりひとりの"生きる糧"があれば幸いです。同病者や家族や友人・知人などとの交流と，支援者や専門職の有形・無形の援助活動が十重二十重に患者さんを囲むことで，はじめて生活が成り立つことを体験した方は多いと思います。また，その輪の中で自分自身の人生も充実したと感じている，支援者・専門職がいることも事実です。

　これら，多くの方々のちからによって，難病患者への相談支援に特化した「難病医療専門員」が設置されたことは，大変喜ばしいことです。協会の前会長，松本茂氏は「保健所に行くと，身体障害のことは福祉に言ってくれと言われ，福祉事務所に行くと，病気のことは分からないと言われて，"たらいまわし"にされ，どれだけ悔しい思いをしたことか。在宅療養が困難になっても，入院先を確保できずに医療からも見捨てられて，ただ泣くしかなかった。」と嘆いていました。「難病医療専門員」には，このような嘆きが解消されて難病患者の QOL[*18] の向上をめざして，患者の相談に応じ難病医療の

確保のために積極的に活動してくださるようお願いしたいと思います。また，介護保険法と障害者自立支援法の改訂がすすめられるなか，再び"たらいまわし"になることがないように，医療・保健・福祉の連携を確固とした形につくりあげて，難病患者の診断・告知から，就労の可能性までを含めた社会復帰にいたるまでの支援体制の構築を，患者とともにめざしてくださいますよう，こころからお願いいたします。

　このガイドブックが，全国の難病患者を孤立させることなく，ひとりひとりの生活を充実させるために，有効に活用されることをお祈りいたします。

第4章
在宅療養環境に関する相談への対応

宮城県神経難病医療連絡協議会　関本聖子・遠藤久美子
北海道難病医療ネットワーク連絡協議会　蛸島八重子

4.1 はじめに

　患者・家族が長期的に安定した在宅療養生活を送るために，難病医療専門員はどのような支援が可能か，患者を主体とした支援のあり方を中心に述べる。進行性の難病を抱えた患者・家族の安定した在宅療養は，患者の障害程度と介護力とのバランスが保たれることにより成り立つ。介護力よりも障害程度が大きくなったときバランスが崩れ易くなる。たとえば，「ADL[*12]の低下によりトイレの利用が困難となる」，「コミュニケーション能力低下により会話や筆談が困難となる」，「嚥下機能の低下により食事が取れなくなり胃ろう造設となる」，「呼吸機能の低下により気管切開を受ける」などの状況に陥ったときにバランスが崩れ易い。図4-1はALS[*13]患者の症状経過と療養生活支援の相関図を示したものだが，ALS

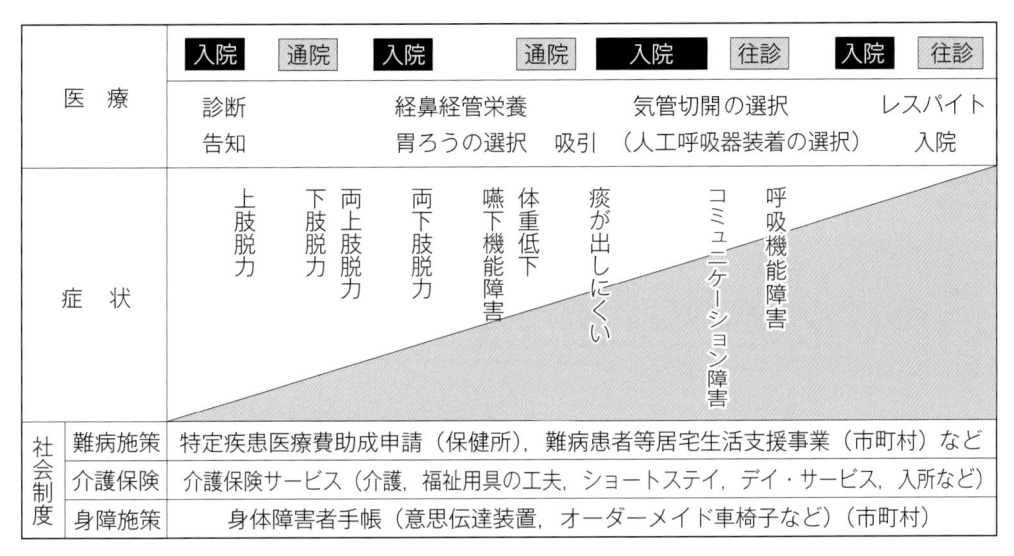

医療	入院	通院	入院	通院	入院	往診	入院	往診
	診断 告知		経鼻経管栄養 胃ろうの選択		気管切開の選択 吸引　（人工呼吸器装着の選択）		レスパイト 入院	
症状	上肢脱力	両上肢脱力	両下肢脱力	嚥下機能障害	体重低下	痰が出しにくい	コミュニケーション障害	呼吸機能障害
社会制度	難病施策	特定疾患医療費助成申請（保健所），難病患者等居宅生活支援事業（市町村）など
	介護保険	介護保険サービス（介護，福祉用具の工夫，ショートステイ，デイ・サービス，入所など）
	身障施策	身体障害者手帳（意思伝達装置，オーダーメイド車椅子など）（市町村）

図4-1　ALS患者の症状経過と療養生活支援の相関図の一例

以外の難病も多くは進行性でありADLが低下してくる時期がある。療養環境を整備する場合には障害程度に応じたサービス調整が必要であり，疾患の経過と障害程度，介護力を把握して支援する必要がある。

進行性の難病を抱えて生活する患者・家族が，自らの症状の進行に伴う身体変化，生活変化に応じた生活を工夫し，暮らしやすい環境を整えることができることが支援の目標となる。

4.2 在宅療養生活相談と対応

難病医療専門員が相談を受けた際に，介護の方法などを注意深く傾聴することで表面化していない療養上の問題点を把握することができる。その際に注意すべき患者・家族の背景の確認項目を表4-1にまとめた。相談者は，患者・家族に限らずケアマネジャーや訪問看護師，保健師など様々である。患者以外の相談者であっても相談を受けた際には，患者・家族の背景を確認するとともに，身体状況について，どの病期にあるかを把握することが重要である。ここでは次の3段階に大きく分けて考える。①病初期（告知からまもなくの混乱している時期，症状の軽い時期），②進行期（ADLが低下していっている時期），③進行期で医療処置を受けた後の状態。相談を受けたときに，相談内容の中で問題点は何かを把握する必要があるが，その場で判断ができない場合は相談を一時預かり，回答までの時間をもらうことも有用である。誰に相談すると回答を得ることができるか考える。誰も思い浮かばないときは近隣の難病医療専門員や難病相談・支援センターの難病相談・支援員（第7章 p.101）に相談するのもよい。

表4-1 患者・家族の背景の確認項目

- □ 相談者と患者との関係
- □ 患者の年齢
- □ 性別
- □ 病名
- □ 本人が疾患のことを知っているか否かについて
- □ 本人はどのように疾患を理解しているか
- □ 家族背景
- □ 本人の生活の様子
- □ 本人以外の相談者の場合，本人の承諾は得ているか

(1)-1 病初期（告知からまもなくの混乱している時期）
特にALS患者の場合には，患者・家族への支援が開始される時（特定疾患申請時期）から難病医療専門員に在宅療養支援の依頼が入ることが望ましい。告知後の支援については「第5章 ALSに特有な対応の難しい医療相談とその対応」を参照願いたい。相談を受けた

第4章　在宅療養環境に関する相談への対応

表4-2　現在利用している社会資源のチェックリスト

□　特定疾患治療研究事業に申請しているか否か
□　専門医療機関はどこか
□　訪問看護ステーションを利用しているか否か
□　介護保険は使っているか否か
□　介護保険利用の場合，要介護区分を確認する
□　ケアマネージャーがいるか否か
□　身体障害者手帳を持っているか否か
□　身体障害者手帳の等級を確認する
□　その他，利用している制度がないか否か

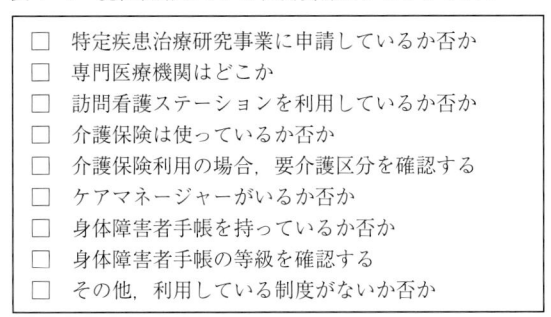

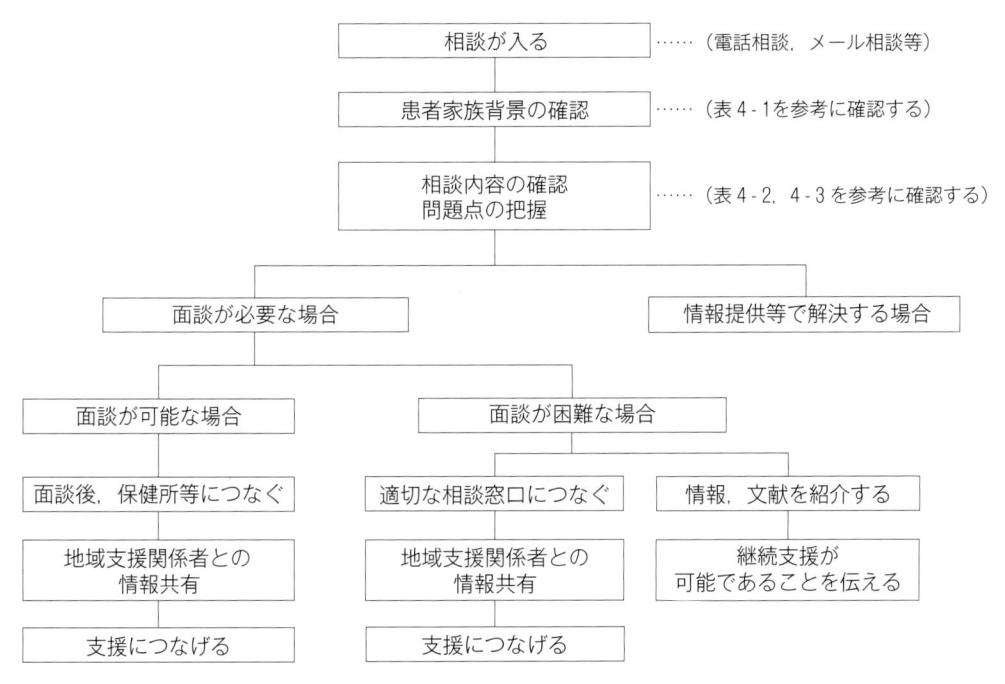

```
相談が入る ……（電話相談，メール相談等）
    ↓
患者家族背景の確認 ……（表4-1を参考に確認する）
    ↓
相談内容の確認
問題点の把握 ……（表4-2, 4-3を参考に確認する）
    ↓
┌─面談が必要な場合─┐    情報提供等で解決する場合
↓            ↓
面談が可能な場合  面談が困難な場合
↓         ↓         ↓
面談後，保健所等  適切な相談窓口   情報，文献を
につなぐ     につなぐ     紹介する
↓         ↓         ↓
地域支援関係者との  地域支援関係者との  継続支援が
情報共有      情報共有      可能であることを伝える
↓         ↓
支援につなげる   支援につなげる
```

図4-2　療養環境に関する相談の流れ

際，相談者が混乱していて相談内容を把握できない場合は，面談につなげ話を聞くように努める。また，現在利用している社会資源について表4-2の項目を参考に確認するとよい。表4-1により得た「患者・家族の背景」と合わせて，患者の状態を把握し，他職種による継続支援を図るため必要な社会資源についての情報を提供する。地域における支援チーム形成を目的として，患者・家族と面談を行ない，面談時に保健所やケアマネジャーと情報を共有することについて承諾を得ておくことが望ましい（図4-2）。

(1)-2　病初期（症状の軽い時期）

進行性の疾患であることから疾患について患者・家族に正しく理解していただく必要があ

表4-3 保健所・市町村で申請できる制度

〈保健所〉	〈市町村〉
☐ 特定疾患治療研究事業の公費 ☐ 特定疾患重症認定 ☐ 特定疾患通院介護費用交付事業 ☐ 特定疾患訪問看護治療研究事業 ☐ 小児慢性特定疾患治療研究事業	☐ 障害年金 ☐ 老齢年金 ☐ 介護保険 ☐ 特別障害者手当 ☐ 身体障害者手帳 ☐ 心身障害者医療費助成 ☐ 障害者自立支援法 ☐ 難病患者等居宅生活支援事業 ☐ 小児慢性特定疾患日常生活用具給付

る。疾患の症状に応じた生活の工夫が必要である。症状の比較的軽い段階から症状の進行を見据えた生活環境の調整支援が望まれる。自宅で「安全」で「安楽」で「継続」した生活を送るためには，障害程度に合わせた生活環境の調整と介護方法の工夫が重要であることを説明する。社会保障制度と並行して療養環境整備，介護方法について紹介する。社会保障制度の利用については「第11章 社会資源の活用」を参照願いたい。ここでは，利用できる代表的な制度について紹介したい。これらには①介護保険制度，②身体障害者福祉法，③障害者自立支援法（自立支援給付，地域生活支援事業），④難病患者等居宅生活支援事業がある。制度を利用する場合は身体障害の程度により制度の利用に優先順位が生じることもあるので，初めに「利用したいサービスは何か」について明確にする。次に利用したいサービスメニューがどの制度にあるか調べる。他に，⑤都道府県の単独事業や⑥市町村の単独事業があるが，⑤の事業については所属する都道府県庁の難病担当者に確認すると制度の詳細がわかる。⑥の事業については患者の居住する市町村保健師，または，管轄保健所保健師に相談するとよい。

① 介護保険制度は，サービス内容にも幅があり区分変更も容易であることから，身体障害が軽い時期であってもいつでもサービスが利用できるよう申請を行なっておくとよい。申請窓口は市町村にある。

② 身体者障害者手帳の交付は，身体の障害程度によって等級が決定される。身体の機能障害が軽度のうちに「身体障害者手帳」を申請した場合でも，経済面でのメリット（NHK放送受信料（一部が対象）や公共交通機関・携帯電話の障害者割引サービス，身体障害者向け市営住宅（一部が対象）の減免など）がある[1]。意思伝達装置を利用したい場合については，身体障害者手帳を所持している場合，「重度の両上下肢機能障害，音声機能障害」が認められないと支給されない[1]。診断書作成は有料であること，等級変更のためには再度，診断書作成代がかかることなども説明する。

● 申請窓口は市町村。
● 相談窓口は医療機関の医療相談室，または，市町村障害福祉課，保健所など[2]。

③ 「難病患者等居宅生活支援事業」は市町村が事業実施主体となっている。全国の詳細なデータは少ない。宮城県においては仙台市が実施している。事業の内容の一部（難病患者等日常生活用具給付事業）を実施する市町もある。介護保険の対象者，身体障害者手帳を所持している者は「難病患者等居宅生活支援事業」の利用が困難となる場合がある。

(2) 進行期（ADL が低下していっている時期）

相談者の訴えをよく聴き情報を収集する。話の中から生活動作の情報が得られない場合は，適宜に質問して情報収集し生活上の何が問題かを明らかにする。相談者の話の中から患者の生活動作を一つひとつ確認していくと，潜んでいる問題点が明らかになる場合がある。特に「トイレ」，「食事」，「コミュニケーション」，「移動」，「入浴」の方法については具体的に確認することが大切である。介護を必要とする場合，介護の方法により介護者の疲労が生じている場合がある。そのまま経過すると介護者は身体的にも精神的にも疲労が蓄積していく。身体状態に応じて適宜，介護の方法についての見直しが必要となることを患者，家族に理解していただくことが重要である。

具体的対応の一例を資料 4-1（p.47）に記す。

(3) 医療処置（胃ろう・気管切開・人工呼吸器装着）を受けた後の状態

相談者によって相談内容も違ってくる。また，医療処置（気切，人工呼吸管理，胃ろう造設など）を受けて混乱している状態か否かによっても対応が異なるため，相談者の訴えをよく聴き問題点を把握することが必要となる。医療処置を受けることを意思決定した患者・家族では，医療処置を受ける前に既に処置後のケア方法やケアの態勢などについて相談を受けていることも多いため，医療処置を受けた後の相談は精神的な面での相談が少なくない。具体的な対応は傾聴，同意であるが，詳細については「第 5 章　ALS に特有な対応の難しい医療相談への対応」を参照願いたい。また，患者家族からの相談で「今後の療養の方向性が見えない」との相談や「家族介護力が少なく在宅療養への不安がある」などの相談が入った場合は，精神的に動揺していることが多いので，その場では傾聴にとどめることも有用である。また，解決のためにこれまでにかかわっている支援関係者と相談してもよいかの同意を

表 4-4　患者・家族が在宅療養への不安を訴えてきたときの対応

① 傾聴し，相談が終了した後に問題点を整理する。
② 問題点がみえない場合は，患者の居住地の所轄保健所の保健師やケアマネージャーから情報を得てこれまでの療養の問題点について整理することも有用である。
③ 今後の療養について患者自身と家族の意思の確認を行なう。この場合，ケアマネージャーや保健所保健師と役割分担し確認することも役に立つ。
④ 患者・家族が希望する療養をどう支援できるか検討し可能な療養についての情報を提示する。
⑤ 家族でなければ解決できないこともあるということを念頭に置く。
⑥ 患者・家族が選択・決定した療養を支援の目標としチームで支援を行なう。

得ておくとよい。同意を得たうえで支援関係者と役割分担し，継続的に話が聴けるよう支援を行ない，患者・家族の状況をみながら対応をしていく。具体的対応の要点を表4-4に記す。

4.3 支援チーム形成のポイント

　診断，告知と同時にチーム作りを始め，**疾病の進行状況に応じてタイムリーに再構築されることが望ましい**。診断時から進行するにつれて必要となる医療処置についての情報を正確に提供し，どのような生活を送ることができるかを理解してもらう。生活の方向性について，患者・家族一人ひとりの思いやその変化を確認し，長期にわたるチーム援助を行なっていく。病状の進行にしたがって支援者は増えていく。ADL低下時期であれば介護保険利用率が高いことからケアマネジャーにつなげる場合が多い。介護保険利用者の場合は，ケアマネジャーを中心にして在宅療養環境（物理的環境，人材的環境）の調整が開始される。球麻痺のみの進行であれば，状態観察の目的等で医療保険制度を利用して訪問看護師につなぐ場合もある。新たなスタッフが導入される時期には，患者・家族に対し導入目的や職種の役割を明確に伝える必要がある。

4.4 ケアコーディネーション

　ケアを必要とする人にどのようなサービスがどの程度提供されるのが適切かを判断し，各種サービスや制度を組み合わせて提供することをいう[3]。

(1) 関係者間の調整

　難病患者の療養支援では疾患そのものの問題のほか，生活上の問題，家族の問題が療養上の問題に直結している場合もある。家族が抱える問題点を把握・整理し，**患者・家族で解決できる方法をよく検討することが大事である。患者を含む家族で解決できるよう，難病医療専門員は，図4-3に示す保健所保健師，市町村保健師，ケアマネジャー，拠点・協力病院，かかりつけ医，患者会，ボランティアと連携し役割分担しながら支援を行なう**。難病医療専門員は，保健所保健師等と密接に連携し，総合相談窓口として患者，家族および関係者からの相談に応じると共に，患者，家族の目指す療養のあり様を確認しチーム全体で共有できるよう支援する（関連事例：事例番号29, 30, 36）。

　以下に職種ごとの役割と難病医療専門員がとるべき連携のあり方について述べる。

保健師：保健所では「特定疾患治療研究事業」への申請を通じて患者，家族の存在を把握している。保健所保健師が申請書受理の場面で，患者，家族等から直接これまでの生活状況や

病状，病気の理解度などの情報を収集し，在宅療養支援が開始されている場合もある。保健所保健師は「難病患者訪問相談事業」を通じて家庭内の問題を把握していることがあるため，難病医療専門員が療養，生活相談の支援を行なう場合は，患者の居住管轄保健所の難病担当保健師と相談することが望ましい。また，難病患者の支援に介入する以前に，身体や精神の障害を持っている方や，高齢者，妊婦，乳幼児などがいる場合など，既に何らかの形で市町村保健師が家庭に介入していることもある。難病医療専門員は，これらの保健師と連携すると相談支援が円滑に進む場合がある。

介護支援専門員（ケアマネジャー）：「介護保険法」に基づき，利用者ができる限り在宅で自立した日常生活を営むことができるよう，①利用者・家族に対する適正な情報提供，②利用者の抱える生活上の課題の把握・分析（アセスメント），③ケアプランの作成，④サービス利用の手続きの支援，⑤ケアプランの実施状況の把握[4]等の業務を行なう。難病医療専門員は保健所保健師や市町村保健師と連携して在宅療養上の問題点を見出し，必要に応じてケアカンファレンスなどの関係者間の調整を行なう。また，ケアマネジャーが抱える問題について話を聞き必要な情報提供を行なう。なお，必要に応じて主治医との連絡調整や保健所保健師，市町村保健師と相談しながらケアマネジャーのバックアップを行なう。

医師：神経内科医は，専門医としての立場から病状の進行に応じて，次にどのような医療上・療養上の問題が生じるか評価し，患者・家族にそれらを適切な時期に説明する。かかりつけ医（往診医）は，日ごろの患者の診療を担う。難病医療専門員は，患者・家族が疾病から生じる問題に対し正確な医療情報を適切な時期に得る機会が失われないよう，往診医との連携を図る一方で，患者・家族が専門医から離れることがないよう支援する（関連事例：事例番号11，14）。

看護師：病院看護師は在宅での療養を安全に送ることができるよう，患者，家族への生活指導と訪問看護師への看護連絡票などを利用した継続看護の支援を行なう。難病医療専門員は病院と訪問看護ステーションが相互に連絡が取れているかを確認する。訪問看護師の役割は，病状，介護力，ニーズ等を的確にアセスメントし，必要な看護を提供し，療養者の苦痛緩和に努めることである[5]。看護の中で見出された在宅療養上の課題をタイムリーにケアマネージャーや保健師に連絡し，ケア会議の開催や相談等により解決策を検討する。

（事例3）以下にサービス活用事例を提供する。平成14年に「ALS在宅療養患者支援サービス活用事例集」として，宮城県大崎保健福祉事務所健康対策班保健師が中心となり県保健所保健師により作成されたものであるが，一事例について保健所の許可をいただき掲載させていただいた。

●介護保険法・身体障害者福祉法・難病事業等，各サービスを利用しているAさんについて（「ALS在宅療養患者支援サービス活用事例集」[6]より引用，一部改変）

　Aさんは38歳のときに左手のしびれが現れ，専門医を受診し，ALSと診断されました。医師より「特定疾患治療研究事業①」の手続きをすすめられ，保健所へ出向きました。また役場の保健福祉課で，「身体障害者福祉手帳②」の申請手続きをし，後日5級の判定がでました。「家庭訪問③」で保健師と療養生活についての相談をしました。また，「障害者年金④」の受給も開始しました。

　Aさんは自分で通院することが難しくなってから，受診しませんでした。「難病患者訪問支援事業⑤」で自宅へ専門医の訪問指導を受け，その後の受診方法の相談をしたり，在宅療養に関わるスタッフから今後の支援に関する助言を受けました。

　Aさんは徐々に日常生活は介助が必要な状況になり，1日をベッド上で過ごすことが多くなり，身体障害者手帳の等級変更で1級の判定となりました。この時39歳だったAさんは，身体障害者福祉法による「日常生活用具の給付⑥」で電動ベッドの給付を受けました。通院も難しくなったので「訪問看護⑦」や往診を受けながら療養を続けました。

　40歳になり「介護保険制度⑧」第2号被保険者となったAさんは，入浴サービスやホームヘルプを利用しはじめました。この頃に，将来人工呼吸器をつけて生活していくことを決めたので，外出時に利用する車椅子は身体障害者福祉法による「補装具の給付⑨」にて，人工呼吸器を装着した状態でも利用しやすいオーダーメイドの車椅子の給付を受けました。また，装着後にもパソコンを用いて意思伝達ができるよう身体障害者福祉法による「補装具の給付⑨」で意思伝達装置の給付を受けました。

　自宅で人工呼吸療法ができるよう，「神経難病患者療養手帳⑩」の申請をしたり，在宅療養に関わる多数の関係者が集まり「スタッフ会議⑪」を行ない，関係機関での調整を行なった後，自宅での人工呼吸療法をはじめました。

① 「特定疾患治療研究事業」
窓口：県保健所
　医療保険や介護保険の一部の医療サービスに係る費用で，決められた自己負担限度額を超える分について県が助成する制度です。

② 「身体障害者福祉手帳」
窓口：市町村役場の福祉担当課
　身体障害者福祉法による「日常生活用具の給付」や「補装具の給付」など，障害に関するいろいろな制度の適用を受けるためには原則として身体障害者福祉手帳を所持する必要があります。

③ 「家庭訪問」
窓口：県保健所

訪問相談として，保健婦（現在は保健師）が家庭にお伺いしています。必要に応じて，理学療法士，作業療法士，栄養士等もお伺いしています。

④ 「障害者年金」

窓口：各社会保険事務所

障害基礎年金と，障害厚生年金があります。

⑤ 「難病患者訪問支援事業」

窓口：県保健所

寝たきり等で通院が困難な難病患者を，専門医，主治医等で構成する訪問班を編制の上，訪問し，医療及び日常生活等総合的な在宅療養指導を行ないます。

⑥ 「日常生活用具の給付」

窓口：市町村役場の福祉担当課

家庭生活を営む上での不便を解消し，自立した生活を送れるよう，電動ベッドのような特殊寝台や電気式たん吸引器などの日常生活用具の給付または貸与を受けられる制度です。日常生活用具の給付を受けることができるのは，身体障害者手帳の交付を受けている方に限ります。

⑦ 「訪問看護」

窓口：特定疾患のなかでもALSを含む以下の疾患の方は，介護保険で要介護認定されても，訪問看護については医療保険での適用となります。

多発性硬化症，重症筋無力症，スモン，筋萎縮性側索硬化症，脊髄小脳変性症，ハンチントン病，進行性筋ジストロフィー症，パーキンソン病（ヤール3度以上で生活機能障害度がⅡ度またはⅢ度のものに限る），多系統萎縮症，プリオン病，亜急性硬化性全脳炎，後天性免疫不全症候群，頸髄損傷，人工呼吸器を使用している状態，末期の悪性腫瘍。

⑧ 「介護保険制度」

窓口：市町村役場の介護保険担当課

介護保険制度，障害者施策，難病対策事業とで重複するサービスは，介護保険制度＞障害者施策＞難病対策の優先順位となります。

⑨ 「補装具の給付」

窓口：市町村役場の福祉担当課

補装具とは，身体機能の失われた部分や思うように動かすことができないような障害の部分を補って日常生活や職業生活を容易にするために必要な用具をいいます。補装具の給付を受けることができるのは，身体障害者手帳の交付を受けている方に限ります。

⑩ 「神経難病患者療養手帳（さぽーと手帳）」

窓口：宮城県神経難病医療連絡協議会

人工呼吸器を装着している方，また装着予定の方に，療養介護に必要な情報をまとめ手帳として交付し，その情報をデータベース化することにより，保健・医療・介護関係者が情報

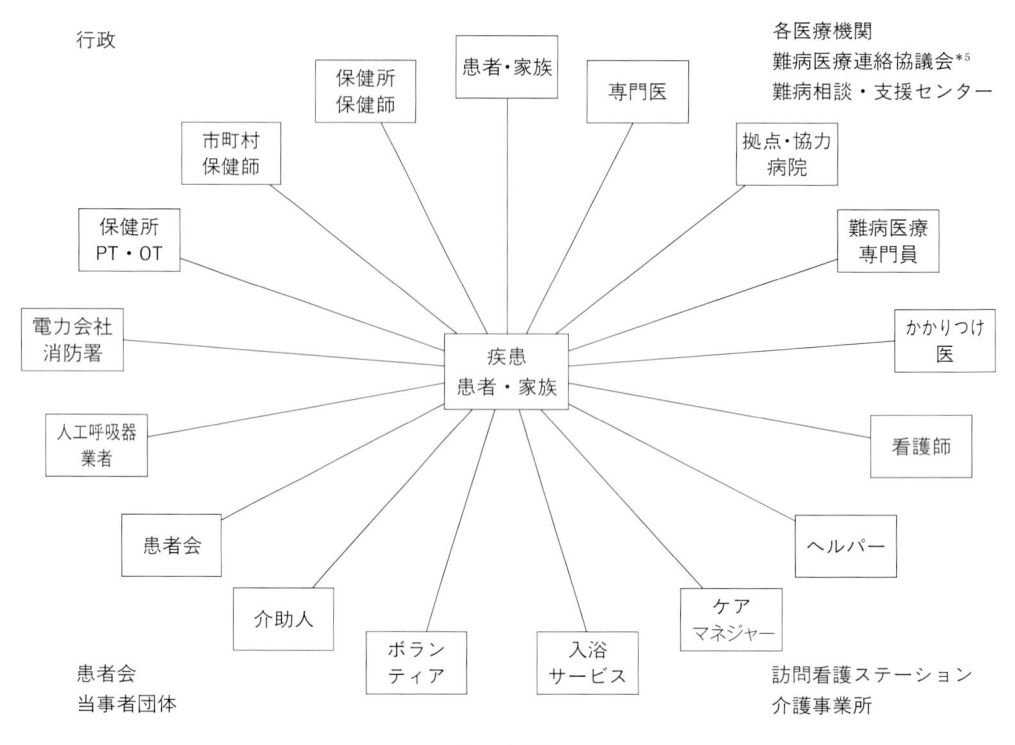

図4-3 個人支援ネットワーク

を共有し，緊急時の対応に活用するものです。同時に，消防署，電力会社にも登録され，消防署では災害弱者としての登録，電力会社では作業停電・停電事故に際し患者家庭に連絡を入れるサービスが提供されます。現在は，災害時支援として「災害時対応ハンドブック」を作成し災害時の対応等について，患者・家族が主体となり準備ができるよう支援しています。

⑪ 「スタッフ会議，ケアマネジャーによるケア会議」

窓口：保健所，担当ケアマネジャー

ALSの在宅療養を支えるスタッフは多くの機関・職種にわたります。保健所主催でスタッフ会議を実施したり，ケアマネジャーが招集するケア会議等を活用したりして，関わるスタッフが一堂に会して，患者本人のめざす在宅療養の方向性を確認し話し合う場面を随時持っています。

(2) **難病患者地域支援システムの形成**

ALS患者では診断時から人工呼吸器選択時や選択後の療養時までの全療養過程で看護支援が必要とされる。各地域の特性に応じた支援システムを構築することが望ましい。難病患者地域支援システムは，「神経難病医療ネットワーク」，「地域支援ネットワーク」，「個人支

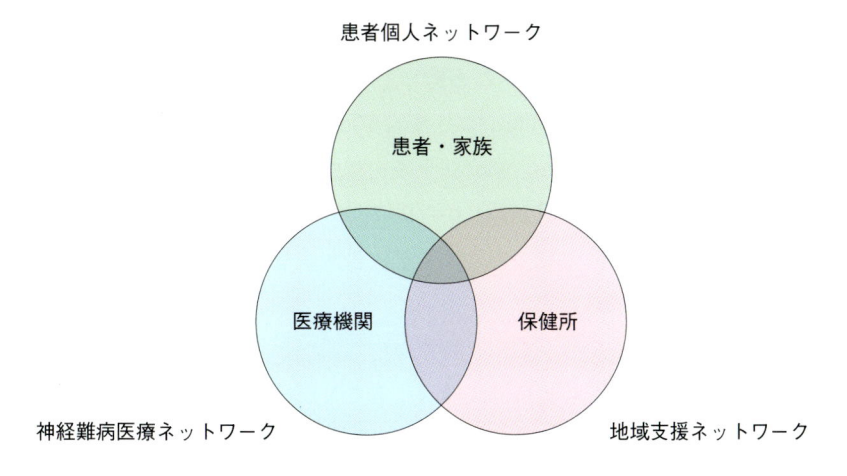

図4-4 難病患者地域支援システム

援ネットワーク」から成る（図4-4）。難病患者を長期的に支えていくためにも難病医療専門員は県・保健所等の協力を得て県内における支援システムを構築できるよう努める。

難病患者の地域支援について宮城県の活動を紹介する。各保健所の在宅難病患者支援には，「在宅難病地域支援事業」として，①難病患者医療相談事業，②在宅難病患者訪問指導事業，③在宅難病患者訪問相談事業がある。他に「難病患者地域支援対策推進事業」により，①難病患者地域支援システム会議の開催，②ケース検討会議の開催，③マンパワー確保事業，④ボランティア登録事業，⑤ALS患者・家族支援マニュアルの作成などを行なっている。地域の難病患者支援システムを構築するためには市町村との連携を緊密に図る必要がある。この他に，難病患者地域支援システム会議の委員として市町村保健師との連携のあり方についても検討している。政令指定都市である仙台市では，難病患者も障害者の一人として捉え，仙台市障害者自立支援協議会の中で支援を検討している。また，各保健福祉センターでも，①医療相談，②患者・家族交流会，③ケース検討会，④難病担当者会議が開催されている[1), 2)]。

4.5 緊急時医療体制の整備

(1) 医療の確保

各都道府県の難病医療ネットワークでは，患者の居住地域で医療支援がなされるよう入院医療と在宅医療の支援を実施している。都道府県によりネットワーク構築に違いがあるため，各地域独自の活動も必要になる場合がある。医療ネットワークの構築されている地域では，地域かかりつけ医と拠点・協力病院との役割分担と連携により緊急時入院の体制をつくる。一方，患者の居住地域内に医療ネットワークが構築されていない場合は，往診が可能な

地域かかりつけ医があるか否かを確認する必要がある。患者・家族から情報を得て，保健所保健師やケアマネジャー，訪問看護師等と連携し，地域かかりつけ医の確保に努める。患者・家族が相談にいく前に，電話や訪問により往診が可能か否かについて打診するとよい。多くの場合，神経内科医（主治医）から紹介状を書いてもらい，患者・家族が地域かかりつけ医を受診し相談・依頼をする。地域かかりつけ医に対しては，疾患の特性もあることから神経内科医との連携を支援する。可能であれば神経内科医より地域かかりつけ医に直接電話等で依頼を行なうと連携が円滑にいくことが多い。

　緊急時の入院受け入れについても，病床を持たない地域かかりつけ医への支援として，緊急時入院受け入れ可能な医療機関を地域内に確保することが必要となる。患者の居住地域内に拠点・協力病院がなく緊急時に入院の確保が困難な場合は，保健所や神経内科医の協力を得て地域内の救急病院に依頼しておく必要がある。救急搬送先の病院で継続した入院が困難な場合は，拠点・協力病院の協力を得て受け入れ可能な医療機関へ転院ができるよう調整することが望ましい（関連事例：事例番号28）。入院に際しての情報提供等については「第2章 入転院紹介に関する相談への対応」を参照されたい。また，入院時の移動手段についても事前に確認する必要がある。

(2) 緊急時対応の留意点

緊急時の対応について，難病医療専門員は前もって以下のような点に留意しておく。
- 緊急時の連絡方法，連絡の順番について患者・家族が理解しているか確認する。
- 苦しい状態や意識の低下した状態を発見した場合，医療関係者以外のものでは心理的に動揺し冷静に行動が取れなくなることがあるため，緊急時の連絡表をわかりやすく表示しておく。
- また，ある程度予想される患者の身体状態の変化についての情報も家族に提供されているか確認する。
- 患者・家族が疾患の理解が不十分な状況のなかで緊急的に気管切開や人工呼吸器装着の有無の選択を迫られるような状況は避けなければならない。人工呼吸器の装着の選択に際し，前もって患者・家族が生活設計しやすいよう情報提供がなされることが望ましい（関連事例：事例番号8，9，10）。
- 患者・家族が望む医療がどの医療機関においても提供されるよう関係者間の調整を心がける。そのためにも図4-5に示すような緊急連絡カードの携帯を患者，家族に勧め，医療機関等関係者へ提示できるように準備することが大切である。

4.6 在宅療養破綻時の支援

在宅療養が破綻する要因には，「介護力の低下」，「症状に見合った適切な介護ができない

表表紙

神経難病患者用

緊急時連絡カード

神経難病の患者さんが緊急時（災害, 停電など）, 救護や医療を受けるための重要なカードです.

受け取ったらすぐ, 左側のページに必要事項を記入し, 右側のページは主治医に記入してもらって下さい. 内容が大きく変わったら新しいカードに書き直してください.

裏表紙

災害用伝言ダイヤル
局番なしの
１７１

地震や豪雨などで災害が発生し, 電話がつながらない状況になった場合, 安否確認の伝言を録音します.
局番なしの171をダイヤル後, 音声の指示に従って利用してください（事前の契約は不要です）.
詳しくは電話帳（NTT営業のご案内）を見てください.

1枚目

患者家族控え

このページは患者家族の方が記入してください
災害時に備えてコピーをとっておきましょう
内容が大きく変わったら新しいカードに書き直してください

ふりがな
氏名＿＿＿＿ 生年月日 ＿年＿月＿日 男・女
住所＿＿＿＿
　　　　　　　電話(　)　－

緊急連絡先＿＿＿　電話(　)　－
　　　　　　　　　電話(　)　－

かかりつけ医＿＿　電話(　)　－

専門病院＿＿＿　　電話(　)　－

訪問看護ステーション＿＿＿
　　　　　　　　　電話(　)　－

呼吸器管理者＿＿　電話(　)　－

停電時の連絡先(電力会社)　電話(　)　－

このページはかかりつけの先生に記入してもらってください

病名

医療上の注意点

人工呼吸器　　なし ・ あり
喀痰吸引　　　不要 ・ 必要
酸素療法　　　なし ・ あり（　　L/分）
栄養　　　　　経口 ・ 経管
自力で移動　　できる ・ できない
会話　　　　　できる ・ 困難

血液型　[A・B・O・AB]　[Rh＋・－]
薬剤アレルギー　なし・あり（　　　）

緊急時の注意点
（中断できない薬等を記載してください）

図4-5　災害時の患者支援マニュアルによる緊急時連絡カード[7]

（介護者側の問題）」，「ケアへのこだわりがあり方法の変換が困難（患者側の問題）」，「経済的問題」などが考えられる。その要因がいくつか重なった時に破綻の危険がある。破綻理由のなかでも支援によっては在宅療養が継続できる場合もある。一方，理由によっては，在宅療養が継続困難となる場合もある。「在宅療養の継続が困難」と相談が入ったときの対応について，以下の項目を参考に支援について検討する。

1）問題点の整理と対応
- 相談者の訴えを聞き，問題点を整理する（第2章2.4(1)図2-2（p.16）を参照）。
- 主介護者が身体的・精神的に極度の疲労があり，早急に入院が必要と判断される場合には，緊急的な入院を拠点・協力病院内で調整する。

2）在宅療養の評価と対応
- 在宅療養破綻に陥った原因を明確にするために，患者の訴えと，家族の訴えを別々に確認する。ケアマネジャーや訪問看護師，保健所保健師と役割分担し確認を行なう。
- 問題点を整理し患者，家族，支援関係者とケア会議を開催する。
- 社会資源の追加調整により介護力を増やし在宅療養が継続可能になることもある。
- 家庭内に第三者が介入するときには，家族のプライバシーが尊重されるよう配慮する。

3）長期療養の場の確保
- 在宅療養の継続が困難な場合には，自宅以外に長期療養の場を調整することが必要となる。「第2章 入転院紹介に関する相談への対応」を参照に入院調整を行なう。
- 胃ろう管理の対応までは介護保険施設の入所も可能となってきていることからケアマネジャーと連携し施設入所の調整を行なう。施設に対しての支援として，患者が入所した後も難病に関する医療面の相談が継続可能であることを伝える。

4）長期療養が可能な施設がない場合
- 患者の居住地域内で入院と在宅療養を繰り返すことで療養が可能かについて検討する。具体的な入院調整の方法については，前項p.39の4.5(1)「医療の確保」を参照願いたい。
- 定期的に地域内でレスパイト[*11]入院ができるよう調整することも有用である。
- 医療機関等関係者へ提示できるように準備することが大切である。

4.7 災害時の支援

難病医療専門員としてどのように災害時の支援が可能なのか，各県の取り組みについて紹介する。

北海道では，災害時の患者支援マニュアルによる緊急時連絡カード（図4-5）を保健所の希望により患者に配布する準備をしている。稚内市では，災害対策講演に自治体・町内会も集まった。その中で個人情報保護が壁になり，どのような状況かの把握が困難との情報も

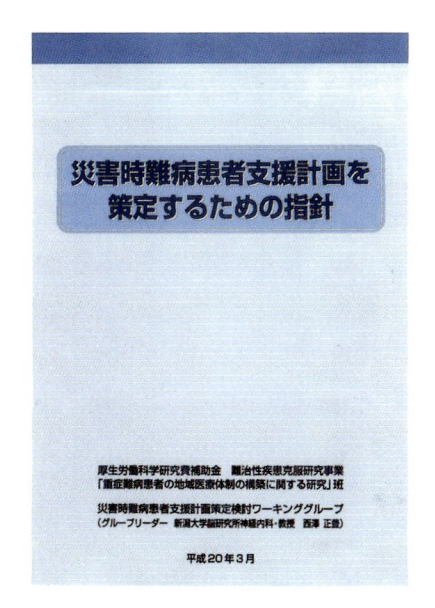

図4-6　災害時難病患者支援計画を策定するための指針[8]

あった。難病医療専門員としては，難病支援マニュアルなどの認識を広める活動を中心に行なっている。群馬県では，行政主体で保健所保健師が態勢作りについて事例検討会等を開催し検討を行なっている。宮城県では，県と神経難病医療連絡協議会で「災害時対応ハンドブック」を作成した。災害時は，想定外の状況変化が予想されるため，確実な入院受け入れの約束ができない場合や，自宅待機の可能な場合があることから，様々な状況を想定した準備が望ましい。そこで，患者・家族が普段から「停電になったら……」何に支障があるのか，呼吸器，吸引器，エアマット，パソコンなど……代替方法をある程度シミュレーションし，準備をしておくことが重要と考え，災害に備えた対応ハンドブックの作成に取り組んだ。

　糸山班（重症難病患者の地域医療体制の構築に関する研究）では，ワーキンググループにより「災害時難病患者支援計画を策定するための指針」[8]が作成された。冊子は難病情報センターのHP（http://www.nanbyou.or.jp/pdf/saigai.pdf　患者さん・ご家族の支援のための情報）[9]からダウンロードが可能となっている。

　各県の事情等により方法は異なるが，まず，難病医療専門員自身が災害時支援の必要性を十分認識することが重要である。次に「災害時難病患者支援計画を策定するための指針」等，既存のマニュアルなどを活用しながら災害時支援の必要性について認識を広めること，災害時に患者・家族が行動（対応）できるよう支援を行なうことが望ましい。

4.8 在宅療養中の患者・家族への心理的サポートのあり方について

　長期的に持続した心理的サポートを提供するためには，地域の中でより身近なところに患者・家族の思いや不安を受けとめる場があるとよい。また，その役割を担うのにふさわしいのは誰かについて，地域支援関係者と検討することである。患者・家族が別々に話せる場も必要であることから，それぞれ信頼関係のできている地域支援関係者が話を聞くように調整する。難病医療専門員は，地域関係支援者が患者・家族のフォローができるようにすることが役割と考える。患者・家族へのメンタルサポートの詳細については，「第5章5.6　患者・家族のメンタルサポート（p.57）」を参照願いたい。

4.9 事例紹介

(事例4) 長期に在宅療養を継続しているBさん

　Bさんは，宮城県の中でも，より自然豊かな地域に，妻，子，母，愛犬と暮らしている（図4-7）。38歳でALSを発症した。発症から人工呼吸器装着まで3年，現在10年目である。人工呼吸器を装着して生きると決心したのは40歳頃だった。保健所保健師やケアマネジャーから在宅で療養していくために必要なサービスや社会資源について説明を聞き，自らサービスを調整した。最近では，居住地域内にレスパイト入院を受けてくれる病院がないということを聞いた保健所と協力して保健所主催の研修会を地域の総合病院で開催した。医師，看護師を対象にBさんは意思伝達装置を利用して入院の協力を求めた（図4-8）。医師，看護師不足のため未だ入院はかなわないが，地域の総合病院の看護師が仙台にある拠点病院の協力を得て人工呼吸器の看護の研修を受けるなど，受け入れに対して前向きである。Bさんは障害者用の車をネットで購入しドライブや買い物に妻を連れ出す行動力がある。また，妻のためにとネットでハムスターや無線機を購入する愛妻家でもある。そのような話をしてくれる奥様も明るく元気だ。そして，2人の周りには友人や支援者が多く集まりいつも笑顔が絶えない。安定した在宅療養の継続は，患者本人が中心となり行動することで可能となることをBさんから学んだ。

4.10 おわりに

　難病患者が住み慣れた地域や希望する地域で安心して療養生活が送れるよう，患者・家族が自ら生活環境を整えていけるような支援をめざしたい。難病と共に生きていく患者・家族のためにも，抱える悩みをともに考え患者自ら解決に向けた行動ができるよう支援していくことが大切と考える。進行性の疾患であることを見据えた療養環境の整備が可能となるよう

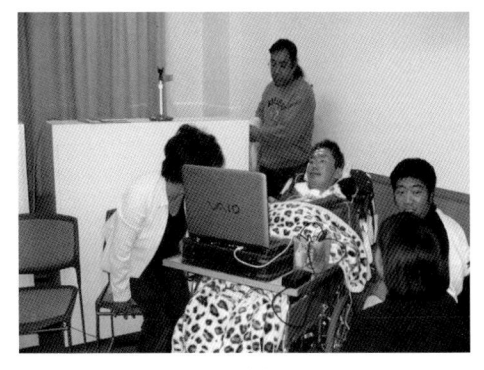

図4-7　Bさんのご自宅にて　　　　　　　　　図4-8　パソコンで協力を依頼するBさん

倫理的配慮：事例，写真の提供に関しては，患者，家族，保健所の承諾を得て掲載した。

生活支援していきたい。今後，多くの難病患者が在宅療養を継続していくためには，レスパイト入院に加えて地域の福祉施設の利用も必要となると思われる。この点については，同じ糸山班の重症難病患者の入院確保のためのプロジェクトチームで作成した入院施設確保マニュアルを参照願いたい。

引用文献

1) 仙台市．せんだいふれあいガイド．平成21年度版．pp. 6-7, pp. 36, 38-39.
2) 宮城県保健福祉部健康対策課，各保健福祉事務所．神経難病医療連絡協議会神経難病（ALS）患者・家族支援の手引き（保健所保健師用）．平成13年作成．平成15年3月改正．
3) 川村佐和子．放送大学教材．改訂版　在宅看護論．2007年3月20日．p. 185.
4) 大森武子，山内義廣．医歯薬出版株式会社．看護と法　人権・看護実践・現代医療．2004年5月20日．p. 45, pp. 125-126.
5) 平成15年度看護政策立案のための基盤整備推進事業報告書　人工呼吸器装着中の在宅ALS患者の療養支援訪問看護従事者マニュアル．社団法人日本看護協会．2004年3月31日．p. 20.
　　http://www.nurse.or.jp/home/publication/pdf/jyuujisya.pdf
6) 宮城県大崎保健福祉事務所健康対策班．ALS在宅療養患者支援サービス活用事例集．2002年3月31日．pp. 4-6.
7) 小野寺宏，溝口功一，林敬，今福恵子，越間マリ子，深井千恵子，楢崎信子，坂本浩志．災害時の患者支援マニュアル（緊急時連絡カード）の策定　厚生労働科学研究費補助金　重症難病患者の地域医療体制の構築に関する研究班．2006年度研究総括・分担報告書．2007年3月．pp. 93-96.
8) 西澤正豊．災害時難病患者支援計画を策定するための指針　災害時難病患者支援計画策定検討ワーキンググループ　グループリーダー新潟大学脳研究所神経内科・教授　厚生労働科学研究費補助金　難治性疾患克服研究事業　重症難病患者の地域医療体制の構築に関する研究班．
9) 難病情報センター．http://www.nanbyou.or.jp/pdf/saigai.pdf

参考文献・資料

1) 厚生省．特定疾患地域ケア・ガイドライン．特定疾患に関するQOL研究班難病の地域ケア・ガイドライン分科会．平成11年4月．
　　http://www.niigata-nh.go.jp/nanbyo/gl/glindex.htm
2) 厚生省．人工呼吸器を装着しているALS療養者の訪問看護ガイドライン．特定疾患患者の生活の質（QOL）の向上に関する研究班．人工呼吸器装着者の訪問看護研究分科会．平成11年度．

http://www.niigata-nh.go.jp/nanbyo/houmon/houmonindex.htm
3）川村佐和子．ALS 患者にかかる在宅療養環境の整備状況に関する調整研究．厚生労働科学研究費補助金厚生労働科学特別研究事業．平成 15 年度研究報告．
4）松田千春，小倉朗子，友松幸子，飯田早苗，牛込三和子．筋萎縮性側索硬化症（ALS）療養者の人工呼吸器装着の意思決定過程と支援のあり方に関する検討．日本難病看護学会誌．2007；3：209-218．
5）安藤　潔．柳澤厚生編著．難病患者を支えるコーチングサポートの実際．2002 年 9 月 20 日．真興交易㈱医書出版部．
6）宗像恒次監修．患者を感動させるコミュニケーション術．2005 年 11 月 10 日．ぱる出版．
7）日本 ALS 協会．http://www.alsjapan.org/index.html
8）社団法人全国保健センター連合会．http://www.zenporen.or.jp/
9）WAM　NET（独立行政法人福祉医療機構）．http://www.wam.go.jp/
10）e -Gov（イーガブ）総務省ポータルサイト．http://law.e-gov.go.jp/cgi-bin/idxsearch.cgi
11）宮城県神経難病医療連絡協議会ホームページ．http://www.miyagi-nanbyou.jp/zaitaku/index3.html

資料4−1 障害ごとの対応

確 認 項 目	対 応 方 法
上肢機能障害 **下肢機能障害** **体幹機能障害** ＊生活上の困難な出来事について具体的に確認する。 ＊食事・排泄・入浴・洗面・移動・寝返り・更衣について**本人の様子を確認する**。 ＊**いつ，どこで，どのようにしているのか。手助けは必要なのか。** ＊どのように介助しているのか。 ＊なぜそのように介助しているのか。 ＊本人はどのように考えているのか。 ＊家族はどのように考えているのか。 ＊工夫している点について確認し，潜在する問題点（方法の継続が困難となり家族負担が大きくなりそうな点）を把握する。	＊**症状や状態によっては主治医に報告・相談するよう伝える**（疾患特有の症状，薬の副作用を理解する）。 ＊**相談支援の継続** ・必要に応じて訪問や面談での相談へつなぐ。 ・本人，家族の承諾を得て保健所保健師につなぐ（難病患者訪問相談事業を紹介する）。 ＊**社会保障制度の紹介** ・ADL 低下に伴い，サービスがすぐに必要になる場合がある。 ・介護保険制度，身体障害者福祉法（身体障害者手帳など），障害者自立支援法，難病居宅生活支援事業を紹介する。 ・訪問看護，訪問リハビリテーションの利用について紹介する。
コミュニケーション障害 ＊困っていることの確認。 ＊将来への不安の有無。 ＊どのようにコミュニケーションを取っているか具体的に方法を確認する。 ＊意思伝達装置，会話補助装置，文字盤について知っているか否か確認する。	＊**方法の検討** ・疾患理解の程度により方法も異なってくる。 ・代替の方法についてアドバイスする。どのような工夫ができるか話し合い代替方法の検討を行なう。一方的に情報を提供するのではなく，どこが困っているか，どうすればよいと思うか患者自身の考えを聞き自身のアイディアを引き出していく。 ・参考書やパンフレット等を紹介する。 ・保健所保健師に相談し保健所に在籍する作業療法士，理学療法士の協力を得て ADL や住環境を評価する。 ・患者・家族が上記評価をもとにケアマネジャーと相談し福祉機器等の利用を行なう。 ・同病者によるピアサポート[8]（「第7章 難病相談・支援センターとの連携」を参照）を紹介し，同病者がどのように工夫して生活してきたか相談することを勧める。 ・医療処置に関する相談の場合は，できるだけ面談を行ない視覚的な教材（パンフレット等）を利用した説明を行なうことが望ましい。医療処置後の介護について，生活の場での具体的なイメージを持って今後の生活環境が考えられるようにする。
嚥下機能障害 ＊むせの確認（水分，食事）。 ＊発熱の有無。 ＊体重変化の確認。 ＊食事摂取時の姿勢の確認。 ＊食事時間，食事形態の確認。 ＊困っていることの確認。 ＊栄養管理の方法について知っているか確認。 ＊胃ろう，経鼻経管栄養を受けた後の生活イメージの確認。	
呼吸機能障害 ＊呼吸の問題について心配があるか否か。 ＊困っていることの確認。 ＊将来への不安の有無。 ＊管理の方法について知っているか確認。 ＊急変時の対応について確認。	

〈コラム3〉 難病患者の心理的サポート：臨床心理士の立場から

　　　　　　　　　　九州大学大学院人間環境学研究院　臨床心理士　石坂昌子

(1) はじめに

　難病は，「からだ」（身体面）のみならず「こころ」（心理面）にも負担の大きな疾病であることは言うまでもありません。これまで，医師や看護師，そして難病医療専門員などのスタッフが中心になって難病患者さんやそのご家族の心理面のケアを担ってきました。一方，心理の専門家である臨床心理士（以下，CP：Clinical Psychologist）による難病患者さんの「こころ」へのアプローチについての実践報告や研究はまだ多くありません。そこで，今回，CPの立場から難病患者さんの心理的サポートの実際について，心理アセスメントと心理面接を通して紹介したいと思います。

(2) CPとしての心理的サポートの実際

1）「こころを理解する」──心理アセスメント──

　まず，難病患者さんに心理的アプローチを行なう際，「こころ」という目にみえないものにやみくもにかかわっては危険です。その患者さんがどのような心理的問題をもっているのか，その程度や問題がどのように起こって，どんな経緯をたどって現在の状態になったのかという発生プロセスなどを判断し理解してゆく作業，つまり心理アセスメントが必要となります。心理アセスメントは，面接や行動観察，心理検査などを通して行なわれます。なかでも心理検査はつかみどころのない「こころ」を客観的に測定でき，他の専門職のスタッフとも共有しやすいためよく使われます。その一つである気分プロフィール検査（POMS: Profile of Mood States）は，精神科コンサルテーションが必要かどうかという判断をしたり，抑うつなどのネガティブな気持ちだけではなく，活気というポジティブな気分も測定し，「こころ」を多面的に理解したりすることができるのでお勧めです。また，最近ではSEIQoL-DW（The Schedule for the Evaluation of Individual Quality of Life-Direct Weighting：生活の質ドメインを直接的に重み付けする個人の生活の質評価法）という方法が注目されています。この方法は，神経難病をはじめ根治が困難な状況で，質的にも量的にもQOL[*18]を評価するものとしてケアへの活用が期待されています。ただし，心理アセスメントの結果については絶対視するのではなく，参考程度にとどめておく姿勢を心がけておきたいものです。

２）「こころにかかわる」――心理面接――

　難病は経過が慢性にわたるため長期入院を余儀なくされる場合も多く，入院生活での不満が当然出てきます。もちろん在宅療養においても同様です。心理面接で話を聴いていると，神経難病患者さんのなかからも「何もすることがない，退屈」，「あのスタッフ（家族）は呼んでもすぐに来てくれない」などの訴えが繰り返しきかれます。このようなときのCPのかかわり方としては，患者さんが不満を語ることで何を伝えようとしているのかという「こころ」の部分に焦点を当ててゆきます。現実面での改善が必要な場合もありますが，一般的にはその患者さんの話が本当かどうかや，スタッフやご家族の対応をどうにかしようという外的な側面に働きかけるというよりむしろ内的な側面「こころ」を取り扱うことが多いのです。たとえば，ある患者さんは病気と向き合うのがあまりにも重く辛いことなので別のものに苛立ちをぶつけるというスタイルをとっているかもしれません。つまり，病気というどうしようもない対象に向けられていた気持ちを，受け入れてくれそうなスタッフという違う対象に置き換えることで，気持ちのバランスをとり自分を守る作用が働いているのかもしれないと考えるのです。また，別の患者さんの不満の背後には，進行してゆく病気への不安や，家族が面会に来ずに寂しいという孤独感などのストレスを想定したりします。

　このようにCPは，その個々の難病患者さんのおかれた状況やパーソナリティなどに目を向けながら，患者さんが自由に語れる時と場所を提供したり，言葉にすることで溜め込んでいた気持ちを少し軽くしたり，言語・非言語の語りにこころを寄せて耳を傾ける相手となったりします。そうすることで，患者さんの孤独や不安を和らげたり，病気との付き合い方などを共に考えたりする役割も担っているのです。

⑶　おわりに

　以上のように，CPとして心理アセスメントと心理面接を通して難病患者さんの心理の理解と援助を行なっているのですが，その患者さんにかかわるご家族やスタッフへの心理的サポートも重要です。ご家族のメンタルサポートや難病医療専門員のメンタルヘルスについて詳しくは第5章と第10章に譲りたいと思いますが，筆者が難病医療専門員と共に働くなかで，難病医療専門員はパイオニアとして自由に活動している一方，不安定な雇用状況のなかで常に悩み迷いながら，ストレスを多く抱える業務であることが伝わってきます。難病医療専門員は，身体面，社会面，そして心理面に対して細やかな心配りと柔軟な対応，意欲が求められる対人援助職です。そうはいっても，難病医療専門員も患者さんやご家族と同じ人間です。難病医療専門員も聖人やスーパーマンである必要はありません。仲間と愚痴をこぼし合ったり，落ち込みながらも何とかなるさという気持ちを抱いたりしながらの心持ちの方が続けてゆきやすいのかもしれません。

参考文献

1) 後藤清恵. 難病患者の心理及び家族の理解. 難病患者の心理学的援助法. 難病患者等ホームヘルパー養成研修テキスト. 改定第 6 版. 厚生労働省特定疾患の生活の質（QOL）の向上に資するケアの在り方に関する研究班・疾病対策研究会監修. 第 4 章, 第 5 章. 社会保険出版社. 2004 年 3 月. pp. 44-59.
2) 石坂昌子, 村井浩之, 北山修. 神経内科における心理面接システム構築の試み——"場"に応じた"枠組み"の模索——. 九州大学心理臨床研究第 24 巻. 2005 年 3 月. pp. 13-23.
3) 川瀬正裕, 松本真理子, 川瀬三弥子. これからの心の援助——役に立つカウンセリングの基礎と技法——. ナカニシヤ出版. 2001 年 4 月.
4) 秋山（大西）美紀（訳），大生定義・中島孝（監訳）. SEIQoL-DW 日本語版（暫定版）. 2007 年 3 月.

第5章
ALSに特有な対応の難しい医療相談とその対応

三重県難病医療連絡協議会　中井三智子
三重大学医学部看護学科　成田有吾

5.1 はじめに

　難病医療専門員が，病名告知・疾患理解・人工呼吸器選択などに関する情報提供および患者・家族などへのメンタルサポート（精神面での支援）に関わる場面を本章ではまとめた。
　難病医療専門員に関しては，「難病医療拠点病院等に配置されている難病医療専門員が中心となって，難病患者の入院施設確保にとどまらず，難病医療等の支援チームの調整，病名告知への立会い，メンタルサポート，入退院の際の往診医や受持医の確保，ケアプラン会議の開催等多種多様な支援活動を行なっており，施策の目標は着実に実施されている」との政府報告があり[1]，難病医療専門員には極めて広範で，かついずれも容易でない対応が期待されていることがわかる。しかしながら，現実には難病医療専門員による支援形態は地域の状況に応じて異なる。難病の知識と経験を有する保健師や看護師などのコメディカルが地域にどれほど充足されているかによって支援形態が規定される。本章は難病医療専門員自らが直接あるいは間接的に支援する場合を想定している。

5.2 本章での用語

(1) 病名告知とインフォームド・コンセント
　「病名告知とは，患者の病名を医師が告げることで，インフォームド・コンセントでは病名，治療法とその副作用，代替療法，治療を行なわなかった場合などをわかりやすいことばで，患者が理解したかを確かめながら情報を提供する。病名告知はインフォームド・コンセントの一部をなす」という定義を本章では採用した[2]。

(2) 疾患理解
　難病患者の疾患理解とは，患者および家族が病名と疾患の見通しについて十分理解するこ

とと定義する．この理解が得られたうえで，療養生活の今後を前向きに描き，患者の意思を関係者・支援者と共有し支持していく体制（チームおよび個人支援ネットワーク）を創設することが，疾患理解の支援を行なう目的である．

(3) 情報提供

難病患者と家族に提供すべき情報には，対応する医療機関（病院，診療所，訪問看護ステーション，施設等とそれらの連携体制），患者会，利用できる社会資源，また病名の意味する内容や疾患の見通しなどに関する事項も含まれる．難病医療専門員はこれらの情報を前もって，あるいは必要に応じてネットワーク等から収集し，共有しやすい形に整えて提供する必要がある．

(4) メンタルサポート

患者および家族が病名と疾患の見通しについて十分な理解を得て支援体制を構築するまでの過程，また，その支援体制を維持していく上での，難病医療専門員を含む関係者による患者および家族への精神的な支援を意味する．患者が亡くなった後の家族等への支援（グリーフケア）も含まれる．

5.3 難病の告知

難病は原因が不明で治療法が確立していない疾患であることから，患者・家族への告知は非常な困難を伴う．ここでは難病の代表的疾患である筋萎縮性側索硬化症（ALS）での対応を述べる．

日本神経学会治療ガイドライン（2002）によれば，ALS患者への病名・病期の告知は以下のように記載されている[3]．

① 告知は最初から患者と家族に同時に行なう．
② 進行性の疾患で，リルゾールは病気の進行を若干抑えるが，治癒させるものではないことを正しく認識させる．
③ 専門医療機関が，予想される諸問題に対して，サービス，情報を提供できることを説明する．
④ 診断後早期からパソコンの使用を検討することが望ましい．
⑤ 嚥下障害には経鼻経管栄養や胃ろうなどを併用して，経口摂取を楽しみながら必要な水分・栄養を補うように援助することが望ましい．
⑥ 呼吸障害に関しては，気管切開し人工呼吸器を装着することの意味と人工呼吸器装着後の入院・在宅を含めた療養環境整備を十分に説明することが必要である．

(1) 神経内科医の難病告知の状況

ALS 患者の直接の意見を反映した難病告知に関する調査が 2001 年 10 月に初めて行なわれ，日本 ALS 協会（JALSA）会員 404 名に無記名調査票による調査が実施された。回収率は 60％ であったが「告知なくしては，その後の人生がない」，「隠すことは"患者の存在の否定"」という事実の認識が強調される一方で，病名告知の主体は医師であること，プライバシーの保護や告知後の対応などについての幅広い配慮の必要性が述べられた[4~6]。

また，日本神経学会の ALS 治療ガイドライン発表後，神経内科医の ALS 告知の現状については以下の報告がある。

告知に関する ALS 患者・家族への聞き取り調査（2003）では，病気・病態・各症状についての説明は受けているが，対処法・療養などの社会的問題については不十分であった[7]。神経内科医による告知が含まれるデータベース調査（2006）では，診断名は 87.6％ に告知されているが，延命処置に比し症状の緩和や対症療法についての説明は必ずしも十分ではなかった。また，ガイドラインにある項目をもれなく説明しているか，抜けがあるかによっての（項目数による）差はなく，説明の詳しさと満足度との関連はなかったという結果が示された[8]。米国神経学会の診療指標の改訂 2009 年版でも，エビデンスが得られる報告はなかったとしながらも，臨床医にとって難題であり，患者側からは「思いやりが感じられない，説明が不十分，どこに助言を求めるべきかの情報不足」などの報告の存在が指摘されている[9]。

(2) 病名告知と難病医療専門員

専門員の配置状況と支援形態は地域による差違があり，病名告知についても専門員がどのように関わるかという統一された見解はない。2006 年 11 月の調査では，専門員の告知場面同席の経験は 17/24（70.8％）で，心理的支援の経験は 22/24（91.7％）であった[10]。地域の状況により専門員の業務は様々に規定されているが，難病支援に関する人的資源の不足を専門員が補完していることが推察された。専門員に特徴的な業務としては病院，施設，社会資源，疾患および療養者等に関する情報の収集，提供，共有に集約された[10]。

(3) 重要な多職種連携

告知は医師にとって非常に重大な職務ではあるものの，告知が得意な医師はいない。経験を重ねても個々の事例に新たな難しさがある。多くの担当医師は告知の職責は理解していても，患者面接と告知に関する系統的な教育を受けたものは現時点では極めて稀で，告知にあたっては不安で落ち着かず，できることなら避けて通りたい，他の者にやってもらいたいという思いがあろう。各医師の考え方，経験，面接技術は一様ではない。**同席依頼にあたり専門員は他のコメディカル等との打ち合わせ，事前調査を行ない，医師が告知しやすい環境を整え，患者・家族の理解と心理的葛藤への配慮，継続的な告知／説明への準備を行なう必要がある。**

告知にあたって医療側から伝えておきたい内容は広範であるが，患者が一度に受け入れられる情報量は限られ，個人差や面接技術によって異なる。絶対的に大きな情報量の差がある中で「どのように患者と情報を分かち合うか」が非常に重要で，告知は医師と患者との双方向性の継続する対話のプロセスであり，医師から患者への一方的な宣告ではないことを認識しておく必要がある。広汎な内容は医師一人で全てに対応できるものではない。チームとして告知に取り組み，対処方法や社会資源情報の補完と支援継続には多職種の関与が必須である。米国神経学会の診療指標の改訂 2009 年版でもチーム医療の有益性が指摘されている[9]。なお，告知の主役は担当医であることをチームとして確認しなければならない。

告知後にセカンドオピニオンを希望する患者は少なくない。しかしセカンドオピニオンの希望があっても主治医に相談する事を躊躇し，難病医療専門員へ相談する場合がある。このような場合，難病医療専門員はセカンドオピニオンを受けることは患者・家族の持っている権利であることを伝え，患者―主治医―セカンドオピニオンを受ける医師間で良好な関係を保ちながら診察を受けられるよう調整する。必要時は当該医療機関の医療相談室や医療ソーシャルワーカーに協力を求める。

5.4 病名告知と疾患理解に関する情報提供：
患者および家族等のメンタルサポートの実際

まず情報提供のはじめの段階で，療養者（患者および家族等）に「医療としてできることは何もない」と受け取られることのないように配慮する必要がある。**支援者は個々の生命を価値あるものにするための援助を継続していくことを療養者に伝えたい。**

難病患者への告知には癌患者への告知と同様に，慎重にではあるが真実を伝えることと，コミュニケーションの技術が重要である。難病医療専門員の援助は，診断後最初の告知の場面からの同席であっても，それ以降の介入であっても，患者，家族，および医療者とのコミュニケーション継続にきめ細かい配慮が必要である。

告知に関する具体的なガイドラインがない中で，バックマンによる実際的な提案と理論は有用と思われる。以下に準備から告知後の対応に至る各段階（バックマン）を紹介する。（本書初版以降の関連資料においてもバックマンからの引用が多い）[11]

第1段階：面談に取りかかる前に（準備）
1）どこで行なうか……環境を整える
2）誰が同席するか……ともに告知を受け止め今後の療養を支えてくれる人は？
　患者のプライバシーに配慮が必要……誰が同席すべきかを事前に確認しておく。
　個人情報保護の観点からもチーム内で事前の打ち合わせ，情報共有が必要である。

第2段階：患者がどの程度理解しているかを知る（情報収集）。専門員は患者・家族との面

談を通してこれらを把握することができる。継続的な支援に向けて医師・看護師らと情報共有する。
1）医学的な病状に関する理解度
2）患者の話し方……どんな言葉を使用しているか，経過中の理解力，表現力から推察可能なこともある。
3）患者・家族の情報収集能力（文献・ITの利用，家族から，患者会，相談者・窓口があるか）
4）患者の言葉の背後にある感情内容……言語，非言語ともに留意が必要。たとえば，言語以外で表現される感情：「言葉で表現される感情」と「言葉以外で表現される感情」との差への配慮が欠かせない。例えば，「手には不安が表れているのに，言葉からは非常に落ち着いた様子がうかがえる場合，明らかに大きな不安がそこに潜んでいることに気づく必要がある」[11]。

第3段階：患者がどの程度理解したいかを知る（情報収集）。専門員は患者の知る権利・知らないでいる権利に配慮しつつ必要な支援ができるよう情報を収集する。
　「何が知りたいか」ではなく「今の状況についてどの程度知りたいか」を理解する。

第4段階：情報を共有する（整理と確実な伝達）
1）面談で何を達成するつもりか，目的を決定する。
2）情報の調整
　専門員は上記の第2，3段階で収集した情報から患者の理解度やニーズを把握し，適切に担当医師・保健師等関係者にフィードバックし情報の提供，補足や修正を促す。
　難病医療専門員は，患者が現在受けている治療以外の治療法（外科的治療や治験等）について問い合わせを受けることがある。まずは患者が直接，主治医に治療対象や効果・副作用等を聞くことのできる状況を作ることが望ましい。治療方法の情報は難病情報センター等のウェブサイトで見ることができる[3]。また，治験については当該製薬会社で治験コールセンターやホームページが設けられている。しかしながら，ウェブ上の情報には誤謬も少なくない。拠点病院の医師や専門員間のネットワークを通じて確認する必要がある。
3）確実な伝達（教育とも言える）……患者の認識を医学的事実に近づける。
　① 情報を少しずつ提供する。
　② 医療専門用語について患者・家族がどう解釈しているかを明確にする……運動障害・運動神経による麻痺，運動神経以外の症状，非侵襲的補助呼吸装置，気管切開，人工呼吸器，嚥下障害，経管栄養，胃ろう，緩和ケア，等「5.7　療養の選択に関する情報提供」を参照。
　③ 医療/福祉制度について理解し社会資源を活用できるよう支援する。

表5-1 確実な理解に結びつけるために活用できる資源・資料

> 難病相談・支援センター
> 各地域の難病患者支援事業など公的な情報源
> 患者会会報
> 新ALSケアブック
> ALSとともに生きる力（パンフレット・DVD・ウェブサイト）
> ……サノフィ・アベンティス株式会社制作
> 難病情報センター
> 日本神経学会治療ガイドライン
> 他

④ 身体的苦痛と対処方法について情報提供する。
⑤ どのように伝わっているか途中で適宜確認する。
⑥ 情報を繰り返して強調し明確にする（情報提供）。
　パンフレットや図・映像（DVD等）を活用する。
⑦ 心配事・不安なことを引き出す。

第5段階：患者の感情に応答する……（「5.6　患者・家族のメンタルサポート」の項参照）

患者の第1の権利：提案されたどのような治療/ケアに対しても，受けることも拒否することもできる。第2の権利：あらゆる知らせに対して患者が（法的に）問題のない範囲で，自由に感情を表現することができる。

患者は面談終了時にフラストレーションを残すことが多い。医療従事者は自分たちが提案した内容を患者は受け入れるのが当然と思ったり，知らせについて一定の反応を患者は示すはずだという思い込みを持ちやすい。

「患者の反応や感情に応答するということは，面談の中で最も集中力を必要とする部分である。一方，経験を積み重ねることによって大いに改善をもたらすことのできる部分でもある。したがって，患者の反応にびっくりさせられることは次第になくなり，自分なりの工夫を面談に取り入れることができるようになる」ことに留意したい[11]。

第6段階：今後の計画を立てて完了する

□患者の問題リストを理解し，優先順位を付け，何から取りかかるか決める。
□解決できることとできないことの違いを理解していることを示す。
□複数の選択肢を示すことや，緊急時の対応についても計画していくことを伝える。
□患者が自分自身の対処方法を見つけることを手伝う。
□他のサポート資源（家族・友人・社会資源など）を組み入れる。
□面談を要約し，今後の予定を立ててから終了する。

5.5 難病医療専門員の告知に関わる支援

上記は告知に臨む医師を念頭におき記載されている。しかし、告知担当者を支援し目的を達成するために、専門員はこの6段階すべてに関わる可能性がある。支援者は上記プロセスを理解し、医療者・患者間の関係に配慮しながら告知場面の設定、進行、および告知後の支援に関わる。第2、3、4の段階は必要に応じていったん前の段階に戻って情報収集（行きつ戻りつの情報収集）することもある。患者の理解度や受け止めかたの状況を確認して医療者・支援者間でその情報を共有することがチームとしての総合力を高める（関連事例：事例番号10, 11）。

なお、専門員が全ての事例の告知場面に対応することは現在の専門員設置状況では物理的に不可能である。医療機関の看護師や公的機関の保健師に上記支援が期待されることとなるが、専門員には告知に関わる支援に関してロールモデルとしての役割が大きい。

5.6 患者・家族のメンタルサポート

告知を受けて、患者・家族は様々な反応を示す。否認・怒り・非難・罪悪感・不信・ショック（精神活動の鈍化）・恐怖と不安・抑鬱・依存などが一般的に見られる。患者や家族が反応し始めた時が、支援者にとって（困難ではあるものの）今後の関係を築いていくために大切な時期である。

(1) **患者の反応を評価する**（「考え」を評価するのでなく、反応を評価する）。
① 社会的な許容範囲内での反応であるか。
　（攻撃性や暴力等に対し直接反応しない。落ち着いて、毅然として穏やかに）
② 適応性：患者の反応は問題に対処するのに役立っているか。
③ 解決の可能性：解決できること・できないことを見分ける。誰かの介入で患者の適応の助けになるかどうか。
④ 専門家への依頼：精神的支援として精神科医・心理療法士などの介入を依頼する試みがなされている（福岡県重症神経難病ネットワーク等）。

(2) **難病医療専門員は患者・家族のメンタルサポートのために以下のような態度で話を聞く。**
① 傾聴。
② 患者・家族の考えを評価しない。
③ コミュニケーションを継続させる。
④ 孤立させない……患者の承諾を得て、地域の保健師らと連携を取り、誰か支援者が継

続して関わりを続けられるよう準備する。また同居家族などキーパーソンを決め連絡を絶やさないようにする。公的な相談窓口（保健所，難病相談支援センター，患者会など）を明らかにしておく。
⑤ 支援チームの編成を念頭に→「3.4 在宅療養に関する相談」を参照

(3) 家族に対するメンタルサポート

家族への支援が患者本人への対応以上に重要な意味を持つことがある。家族内での率直な話し合いは非常に困難な場合がある。**難病医療専門員は，関係者（対医師，家族，関係者相互）間での調整，および緩衝役を期待されている。**家族に対するメンタルサポートでは次の各点への留意が必要である（後藤，2005）[13]。

1）予想される未来を生きる家族：慢性的な不安が続くことへの理解。
2）孤立感と親密性：滅私を家族に強いることによる反応としての理解。
3）家族を縛る3つの感情
 ● 無力感
 ● 責任感
 ● 怒り

家族は，関係変容や喪失・経済的な問題や介護負担など告知に伴い様々な問題を抱える。時には患者本人よりもシビアな告知内容を聞かされることや，患者への病状説明や治療・療養に関わる選択など重大な責任を突然負わされることもある。専門員は家族の思いをまず受け止めること，支える人たちがいることを伝えること，決して孤立させないことが必要である（関連事例：事例番号10，13，15，19，26）。

5.7 療養の選択に関する情報提供

(1) 呼吸障害に対する支援

呼吸障害はALSであれば経過中にいずれかの時点で生じる。生命の維持に直結する事態であるため療養の選択と意思決定は極めて重要である。呼吸障害に関わる療養の選択の流れが，ALS治療ガイドラインでは図5-1のように示されている[3]。

近い将来，呼吸障害が生じることを知らされた患者・家族の不安や，「呼吸障害がいつ頃起こってくるのか？」「苦痛があるのか？」「苦痛を楽にする方法はあるか？」等の疑問について，**難病医療専門員は医師をはじめとしたケアチーム内で情報共有し，患者・家族が具体的に理解できるように情報提供を行なう**（前項の第4段階）。呼吸筋障害による換気不全に対して，呼吸補助を導入する場合と導入しない場合がある。現在では，少なくとも非侵襲的補助呼吸装置の使用までは一般的となってきている。非侵襲的補助呼吸装置はこれまでマスクによる非侵襲的陽圧呼吸（NIPPV）[*16]が多く使用されてきた。マスクの材質や形状には多く

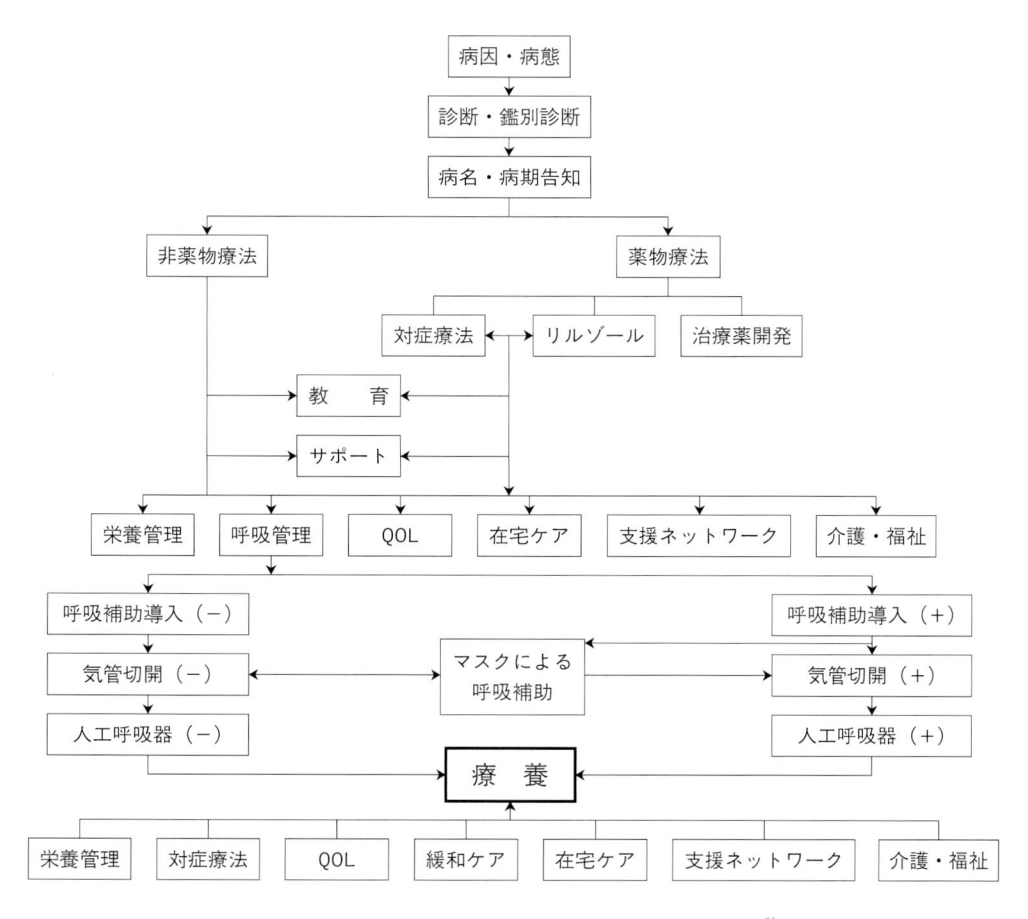

第5章 ALSに特有な対応の難しい医療相談とその対応

図5-1 呼吸障害に関わる療養の選択のフローチャート[3]

のものがあり，NIPPVとしての得失を考慮した上で，種々試みる価値がある[14]。マスクだけでは軽減されない呼吸困難感に対しては呼吸カフマシーン（カフアシスト）や肺内パーカッションベンチレーター（パーカッショネア）が有効な場合がある[15,16]。平成22年度診療報酬改訂にて「排痰補助装置」が（入院以外で使用した場合）保険収載された。この機器は呼吸苦の改善，合併症（無気肺等）予防に有効であることが以前から指摘されていたが，在宅でのNIPPV使用の拡大に伴って排痰補助装置が利用しやすくなると期待される[16]。また，マスクを用いない非侵襲的補助呼吸装置として体幹にキュイラス（胸当て）を巻きつける体外式陽陰圧式人工呼吸療法も試みられ，呼吸障害の改善に有効であるといわれているが，現在は保険点数上の問題等のため在宅療養での使用が困難である[17]。

非侵襲的補助呼吸装置，気管切開，気管切開と人工呼吸器装着に関する選択について主治医が経過中に早期から段階的に説明を進める。補助呼吸を行なわなければ死が迫ることを伝えた上で，開始時期，使用後の生活状況，使用後も進行する疾患，限界と必要な支援（コミュニケーション，吸痰などのケアとその頻度，装着したら外すことはできない現状，生命

予後等），患者および家族が知りたい内容を担当医から直接聞く機会の調整や，難病医療専門員等が代わって答えることが必要となる。

人工呼吸器の使用を選択することに関して，患者を取り巻く社会的な状況の理解と調整を支援する。**地域での保健・医療・福祉の連携，社会資源などの情報について，患者・家族と同時に医療者に対しても情報提供することが，具体的で実現可能な療養生活の設計に有用である**（関連事例：事例番号10，14，15，32）。

1）各選択肢に関して，療養生活，療養場所（レスパイト[*11]受け入れ機関，長期療養施設の有無と現状），地域で利用可能な社会資源，コミュニケーション方法あるいは介護者の負担などについて情報を伝える。

気管切開・人工呼吸器を装着した患者に対して，痰の吸引は24時間昼夜を分かたず，必要時に遅滞なく実施することが求められる。介護者は患者のそばを片時も離れられない，夜間十分に休息できないといった介護負担の重さにつながっている。介護負担を軽減し療養環境を向上させるための要件として〈家族以外の者による痰の吸引〉および〈気管カニューレからの痰の自動吸引装置〉の情報を取り上げる。難病医療専門員はこの両要件の現状を理解し，適切な情報提供や調整を行なうことが求められている。

参考1：〈家族以外の者による痰の吸引の現状〉

平成15年7月17日厚生労働省医政局長から各都道府県知事宛の通知（医政発第0717001号）において「ALS患者に限り家族以外の者による痰の吸引の実施も一定の条件の下では，〈家族以外の者による痰の吸引は〉当面のやむを得ない措置として許容される。」とされている。その後，平成17年3月24日厚生労働省医政局長からの都道府県知事宛の通知（医政発第0324006号）「在宅におけるALS以外の療養患者・障害者に対する痰の吸引の取り扱い」の中でALS以外の療養者に対しても家族以外の吸痰行為が許容されることとなった。一定の条件とは①療養環境の管理（病院と在宅療養支援者との連携体制），②在宅患者の適切な医学的管理，③家族以外の者に対する教育，④患者との関係（文書による同意書），⑤医師および看護職員との連携による痰の吸引の実施，⑥緊急時の連絡・支援体制の確保，の6点である。難病医療専門員は患者・家族の希望があれば関係各所と連携しこれらの条件を考慮し療養支援体制を調整する。ただ現状では家族以外の者（ヘルパーら）による吸痰行為は業務として位置づけされていないこと，万一の場合の責任の所在が明確にされていないこと等，実施者の負担感が大きく，ヘルパーや介護事業所が躊躇することもある[18]。

参考2：〈気管カニューレからの痰の自動吸痰装置の開発〉

山本真（大分協和病院），徳永修一（徳永装器研究所）らを中心に気管内喀痰自動吸引装置が10年余りの年月をかけ研究開発された。平成22年，定量低圧吸引器と専用の気管カニューレを厚生労働省が認可し，必要な患者が利用できるようになった[19]。

2）療養のイメージを明確にするために，患者の希望によっては在宅療養中の患者との面談を用意することもあるが，事前に双方の患者への十分な配慮が必要である。

3）意思決定にあたっては，**難病医療専門員自身は客観的な立場を維持しつつ，患者・家族それぞれが考えを表出できる環境を作る。**

4）人工呼吸器を付けるかどうかの意思決定に至るまでには，患者・家族・医療者が何度も話し合いをかさねることが最も重要である。ただし，重いテーマを家族の中で率直に話し合う機会を作ること自体，非常に困難な場合が多い。

家族内の葛藤への対応：まずは患者―家族（身近な信頼する人）間で，人工呼吸器装着に関して伝えたいことがあることを相互に理解できるよう支援する（関連事例：事例番号25）。

- どんな状態にあっても家族の一員であることの理解。
- 告知されて以来，患者は自分の人生を肯定的にとらえるべく内的作業を重ねていることへの理解。
- 医療者（専門員を含めて）は患者の選択・家族の選択を評価しないという原則。

専門員は，上記を留意し，家族間で十分話ができるように，参加者，日程，場所等を調整する。

(2) ALSの緩和ケア

ALS患者の苦痛対応と緩和ケアについてALS治療ガイドラインの記載から下記に示す[3]。

- ALS患者の疼痛の初期治療には，非麻薬性鎮痛薬，抗炎症薬，抗痙縮薬を用いる。
- 非麻薬性鎮痛薬が奏効しなかった場合には，WHOの指針に従ってオピオイドを適宜使用する。

人工呼吸器を選択しない患者の呼吸苦に対しては：

- 末期の呼吸困難の治療においては，安静時の呼吸困難に対しては，オピオイドを単独または酸素投与と組み合わせて使用する。高用量では呼吸抑制のリスクがあることを家族に了解してもらうことが必要である。
- 終末期の不安の治療に抗不安薬，抗うつ薬などを積極的に投与する。モルヒネの使用に際しては現段階では各施設の倫理委員会を通して対応すべきである。

現在，医療保険上，緩和ケア病棟での算定対象は悪性疾患と末期のAIDSに限定されており，難病患者は算定対象外であるため緩和ケア病棟への入所は困難である。

オピオイドを使っての呼吸困難の緩和は一部で開始されていて[15]，2002年のガイドラインでも「我が国ではモルヒネの保険適応はALSでは認められていない．今後適応承認へ向けての働きかけが必要である」とされているが[3]，現在でもALSの呼吸困難に対するオピオイドの保険適応はまだない。難病医療専門員には，現状認識とともに，神経内科専門医と療養施設やかかりつけ医との間で適切な情報交換や連携を行ない，患者の希望するケアを希望

の場所で受けられるよう調整することが期待されている（関連事例：事例番号25）。

(3) 嚥下障害に対する支援

嚥下障害が進むと栄養や水分の摂取量の不足，誤嚥による肺炎や窒息の危険など様々な問題が起こる。増粘剤の利用や食事の形態の工夫で経口摂取ができるよう支援するが，栄養管理については経口栄養摂取が困難になった時，経管栄養（経鼻経管栄養・胃ろう），中心静脈栄養，末梢輸液等の選択肢がある。長期間の経管栄養が見込まれるALSにおいては胃ろう造設が選択される場合が多い。経内視鏡的胃ろう造設（PEG）[*17]には呼吸機能が保たれていることが条件（通常％VCで50％以上）であるが，なかなか意思決定できずにタイミングを失することがある。PEG造設時にもNIVの利用が有効な場合がある[14]。人工呼吸器の選択と同様に医師から得失と限界などを十分説明された上で患者・家族が選択できるよう支援する。胃ろうの造設については侵襲の大きさや管理についての不安を抱きやすいため，映像（DVD等）資料を用いて理解できるように努める。

(4) コミュニケーション障害に対する支援

構音障害や気管切開などによりコミュニケーションの障害が予測されるため，早期から言語以外のコミュニケーション方法を紹介する必要がある。携帯用会話補助装置，意思伝達装置の購入に際しては障害者自立支援法や難病患者居宅生活支援事業などを利用することができる（第11章「社会資源の活用」を参照，地域によってサービス内容に差違があるため地方自治体福祉担当部署に確認が必要）。患者のIT利用経験や意欲，目的・残存機能や療養環境などに応じて，適切な方法や機種を選択できるよう情報を提供する。機器の展示や紹介・指導については，理学療法士，作業療法士，身体障害者総合福祉センター，テクノエイドセンター，機器取扱業者等に相談する。

地域によっては，意思伝達装置使用サポート事業としてのNPO活動が利用できる。難病医療専門員や患者会への相談が地域の人的資源発見に有用である。さらには地域を越えて先進的な人材育成や運営活動の工夫に関しての取り組みを共有する全国的なネットワークが必要とされ，難病医療専門員もこの構築に参画している。

5.8 事前指示について

患者によっては，家族や支援者・医療機関へ症状進行時の気管切開や人工呼吸器装着などに関する自らの意思を文書で表明しようとする場合がある。本邦には，まだこのような文書の取り扱いや書式に一般の合意はない。しかしながら，患者や家族の内的葛藤に対応するために，地域や医療機関によっては独自に「緊急時の対処方法カード」[15]や「私の意思表示」等が用いられる場合がある[20]。これらの文書の作成は「患者の意思や希望の尊重」，また患

者・家族が話し合い相互に理解する機会ともなる。2007年，厚生労働省から呈示された終末期医療の決定プロセスに関するガイドラインにおいても，患者の意思の確認ができる場合には「治療方針の決定に際し，患者と医療従事者とが十分な話し合いを行ない，患者が意思決定を行ない，その合意内容を文書にまとめておくものとする」と記載されている[21]。

一方，意思決定できない患者や，決定を迫られ困惑する患者の存在も忘れてはならない。少なくとも，①病気や予後について十分説明され患者の理解を得ている状況があること（十分なインフォームド・コンセント），②患者から意思表明の希望があること，③事前の意思表明の後でも随時変更，あるいは取り下げることが保証されなければならない。上記ガイドラインでは「時間の経過，病状の変化，医学的評価の変更に応じて，また患者の意思が変化するものであることに留意して，その都度説明し患者の意思の再確認を行なうことが必要」で，「合意内容を文書にまとめるにあたっては，医療従事者からの押しつけにならないように配慮し，患者の意思が十分に反映された内容を文書として残しておくことが大切」と強調している[19,22]。

事前指示書の作成を考慮する患者は，つらい療養生活の中で内的葛藤を有し，自身の現状を直視し真剣に考えている場合が多い。難病医療専門員は，患者あるいは家族から事前指示書についての相談を受けた場合，患者の意思や背景の理解に努めなければならない。事前指示を取り巻く本邦の現状を患者に伝えた上で，患者の文書作成意思を確認できたならば，対応する準備を整える。作成にあたっては，家族内だけでなく，かかりつけ医師をはじめとする在宅での支援者，療養先の医師やスタッフ，救急医療機関，救急搬送機関等，必要な関係者間でのカンファレンスを行なう。事前指示書作成後にも，患者は自身の意思が関係者間で理解され尊重されるかどうかについても懸念する。患者の意思の理解と共有に努め，対応方法などについて話し合うことが安心した療養につながる。また**事前指示書は随時変更が可能であることを医療者と患者・家族の双方に確実に伝え，作成後も，たとえば外来受診ごとなど期間を決めて見直す作業が望まれる。**

このような文書作成は，患者にとっても家族にとっても非常に苦しい作業であるが，難病医療専門員は，患者・家族それぞれの考えや感じ方に耳を傾け，患者からの一方的な通告ではなく家族の中で理解し合えるような機会の積み重ねとして，話し合いの経過の中でまとめられた文書となるよう力を尽くすべきである。事前指示書を作成した患者の最期をみとった家族からは「そのことで何回も何回も話をした。避けていたら最期に後悔したと思う」，「後に生きていく者にとっても事前指示書を作っていたことは良かった」と述懐されたことがある。

治療選択の「事前指示」の概念はまだ本邦の医療場面には定着しているとは言い難い[23]。指示内容に対する医師への法的な拘束力や，また，医師が事前指示に従った場合の違法性阻却（違法として推定される行為について，例外的に違法性を否定すること）等については法制度上の枠組みはない。患者団体からは強い不安が表明され，ALS患者の自己決定につい

ては慎重な対応が求められている[24]。また，ALS に造詣の深い研究者から事前指示の問題についての現況解説があり，ここでも文書自体ではなくプロセス重視の立場が表明されている[25]。

5.9 おわりに

「なぜ私がこんな病気に……」，「自分で何もできなくなるなんて死んだ方がマシ」，「延命処置は一切受けません」など，さまざまな言葉が，告知後には絶望や怒りとともに専門員に向けられます。告知への同席やその後の対応は何度経験しても息苦しく感じます。一方，患者さんやご家族から何もぶつけられない時には，「（ご理解は）だいじょうぶだろうか」とさらに落ち着きません。告知に同席した支援内容を共有する時には，そんな私自身の不安や感情を含めて，看護スタッフに伝えるようにしています。チーム内に専門員の気持ちを受け止めてくれる他のメンバーの存在が「よし，（専門員の仕事も）大変だけどやっていこう」と，私の気持ちの支えになっています。

かなり症状が進行したある患者さんは，今後の意思決定を前に困惑しながらも，「死ぬまでは生きていかなくちゃならないと思っています」と言われました。「死ぬまで」という言葉に心がざわざわしましたが，患者さんが真剣に今に向き合っていることを自分の言葉で伝えて下さったことは大事なことと受け止めました。死ぬまで生きるのは，誰にとっても当たり前のことかもしれません。しかし，このように思い至るには本当にいろいろなことを考えられてのことと思います。患者さんひとりひとりにとって「死ぬまで生きる」とはどういうことで，どう生きていくかについて，気持ちは大きく揺れ動きます。それぞれの問題解決に向けてスムーズに進んだことはこれまで一度としてありません。これからも簡単に答えは見つけられないと感じています。本稿は，書ききれない不確定要素が非常に多い領域です。マニュアル化して個々の思考停止を誘発することになっては困ります。場面ごとに予測し対応を考える感性を磨いていきたいと思っています。

引用文献

1) 厚生労働省　難病特別対策推進事業費　終期付き事業評価書．平成 16 年 6 月．
   http://www.mhlw.go.jp/wp/seisaku/jigyou/03syuki/dl/02.pdf
2) 高柳和江．病名告知．看護大辞典．和田　攻，南　裕子，小峰光博編．医学書院，2002；p. 2338.
3) 日本神経学会．ALS 治療ガイドライン．2002．臨床神経学 42(7)：678-719，2002．
4) 湯浅龍彦，水町真智子，若林祐子，吉本佳預子．病名告知はその後の人生の始まり．筋萎縮性側索硬化症のインフォームド・コンセント(2)　ALS と共に生きる人からのメッセージと病名告知憲章（草案）．日本 ALS 協会　近畿ブロック会報．2002；40：7-22.
5) 湯浅龍彦，水町真智子，若林祐子，川上純子，吉本佳預子．筋萎縮性側索硬化症のインフォームド・コンセント　ALS と共に生きる人からのメッセージと病名告知憲章（草案）．医療 2002；56：393-400.
6) 湯浅龍彦，水町真知子，若林祐子，川上純子，吉本佳預子．筋萎縮性側索硬化症のインフォームド・コンセント　ALS とともに生きる人から見た現状と告知のあり方．医療 2002；56：338-343.

7) 難波玲子. ALSのインフォームドコンセントの検証と課題——ALSガイドラインと対比して——. 厚生労働科学研究費補助金難治性疾患克服研究事業 特定疾患の生活の質（Quality of Life, QOL）の向上に資するケアの在り方に関する研究班 2003年度総括・分担研究報告書. 2004年3月, p. 44-46.
8) 大生定義, 山口拓洋, 斎藤真梨, 大橋靖雄, 森若文男, 田代邦雄, 鈴鴨よしみ, 福原俊一, 成田有吾, 葛原茂樹. ALSデータベース研究第4報：基礎研究と告知内容の検討および今後の方向性. 厚生労働科学研究費補助金難治性疾患克服研究事業 神経変性疾患に関する調査研究班 2006年度研究報告書. 2007年3月, p. 41-44.
9) Miller RG, Jackson CE, Kasarskis JD et al.. Practice Parameter update : The care of the patient with amyotrophic lateral sclerosis : Multidisciplinary care, symptom management, and cognitive/behavioral impairment (an evidence-based review). Report of the Quality Standards Subcommittee of the American Academy of Neurology. Neurol 2009 ; 73 : 1227-1233.
10) 成田有吾, 吉良潤一, 中井三智子, 葛原茂樹, 岩木三保. 難病医療専門員マニュアル作成に向けた医療相談（遺伝相談を除く）に関する検討. 厚生労働科学研究費補助金難治性疾患克服研究事業 重症難病患者の地域医療体制の構築に関する研究班 2006年度研究総括・分担報告書. 2007年3月, p. 121-123.
11) Robert Buckman. 悪い知らせの伝え方——6段階のアプローチ——. 恒藤 曉（監訳）. 真実を伝える コミュニケーション技術と精神的援助の指針. 診断と治療社, 2000, p. 65-97.
12) 難病情報センター. http://www.nanbyou.or.jp/
13) 後藤清恵. 告知における心理. 日本ALS協会編 新ALSケアブック 筋萎縮性側索硬化症療養の手引き. 川島書店. 2005, p. 40-50.
14) 筋萎縮性側索硬化症の包括的呼吸ケア指針——呼吸理学療法と非侵襲陽圧換気療法（NPPV）, 厚生労働省難治性疾患克服研究事業 平成17年度～19年度 特定疾患患者の生活の質（QOL）の向上に関する研究, 研究報告書分冊, 2008年3月. http://www.nanbyou.or.jp/pdf/2008als.pdf
15) 荻野美恵子. 神経難病（特にALS）の症状コントロール(1) 呼吸困難への対処. ターミナルケア 2004 ; 14 Suppl（非悪性疾患と緩和ケア）: 106-112.
16) 荻野美恵子. カフアシストの保険適応と導入時期. 難病と在宅ケア 16(3) : 4-6, 2010.
17) 荻野美恵子. 体外式陽陰圧式人工呼吸 筋萎縮性側索硬化症. 人工呼吸 2010 ; 27(1) : 30-33.
18) 川村佐和子. ALS（筋萎縮性側索硬化症）およびALS以外の療養患者・障害者における, 在宅医療の療養環境整備に関する研究 まとめ. 厚生労働科学研究費補助金 医療安全・医療技術評価総合研究事業「ALS（筋萎縮性側索硬化症）およびALS以外の療養患者・障害者における, 在宅医療の療養環境整備に関する研究」班（主任研究者 川村佐和子）平成18年度 研究報告書. 2007年3月, p. 91-105.
19) 山本 真. 痰の自動吸引が在宅でも可能になります. 難病と在宅ケア 2010 ; 16(4) : 63-65.
20) 関本聖子. 神経難病患者療養手帳作成の試み. 日本難病看護学会誌 2001 ; 5 : 193-197.
21) 厚生労働省. 終末期医療の決定プロセスに関するガイドライン. 平成19年5月. http://www.mhlw.go.jp/shingi/2007/05/dl/s0521-11a.pdf
22) 厚生労働省. 終末期医療の決定プロセスに関するガイドライン解説編. 平成19年5月. http://www.mhlw.go.jp/shingi/2007/05/dl/s0521-11b.pdf
23) 荻野美恵子. ALS医療と事前指示書. 医療 2005 ; 59 : 389-393.
24) 金沢公明. 終末期ガイドラインとALSについて. 日本ALS協会会報 2007 ; 71 : 38-39.
25) 伊藤博明, 中島 孝, 板井孝壱郎, 伊藤道哉, 今井 尚. 事前指示の原則をめぐって——事前指示の誤解・曲解を避けるために——. 癌と化学療法 2009 ; 36（supplement I）: 66-68.

〈コラム4〉 丁寧で納得のいく説明を

国立病院機構南九州病院　院長　福永秀敏

(1) 送還と挿管

　帰ろうと思って医事課の前を通ると，事務当直と白髪の女性が声高に話している。また「モメゴト」かも知れないと心配しながら近づいてみると（院長の業務にはモメゴトの仲裁も），白髪の女性は，神経内科に入院中の筋強直性ジストロフィーの患者さんのお母さんである。とりあえず聞いてみると「神経内科医長の自宅の電話番号を教えてくれない」というのである（事務当直が簡単に自宅の電話番号を教えないのは，それなりの見識である。勿論その理由を納得してもらってのことであるが）。興奮の収まらないお母さんの話では，「先ほど主治医の先生に，明日退院してはどうかと勧められた。先生もわかるでしょう，今帰れる状態でないことは（勿論本当は鹿児島弁でのとげとげしい対話）」。

　ちょうどその日は回診日で，患者さんの状況はよく把握できていた。名前が「克巳」だったので，「野村監督といい，最近克巳という名前の人には調子のいい人はいない」と，余計な訳のわからない論評を加えたばかりである。緩徐進行性のこの筋ジスでも，50歳を過ぎると筋力低下と共に飲み込みが悪くなり，誤嚥性の肺炎を起こすことは珍しくない。この患者さんも，肺炎を起こして入院していたのである。確かに退院できる状況でないことはよくわかる。そこでとりあえず（私の悪い癖であるが），「主治医の先生はそんな無茶なこと言うはずはないのだけどな……（ちょっと飛躍するとは思いながら）それとも最後は自宅に帰って，家族水入らずでとも考えたのかな」と言いながら，またとりあえず「医長に事情を聞いてみましょう（主治医には，このことは絶対に話してくれるなということだったので）」ということになってお母さんと別れ，階段を昇った。たまたま運良く医長が見つかり，顛末を話すと「僕もよくわからない」という。

　事情が事情だけに，翌日，お母さんとの約束を簡単に反古にして，主治医に直接聞いてみることにした。「私はそんなこと言った覚えはない。今日は救命のための挿管をしたんですけど」と茫然としている。しばらく経ってから「あの後よく考えてみたんですけど，ひょっとすると私が明日挿管しましょうと説明したのを，強制送還しましょう，と誤解されたのかもしれない」。

　案の定，そう「かん違い」であることが判明し，一件落着となった。お母さんは挿管

という説明を受けたとき強制送還と思い込み，頭は真っ白になり，その後の説明はほとんど記憶にないという。次の回診の時には，「早合点して誠にすみませんでした」と恐縮そのものの態であった。この克巳さん，病運も強く呼吸状態も改善され，またスヤスヤと眠られていることが多い。

　我々医療者は，内部では当然と思える医学用語（業界用語）を使ってお互いに意味が通じるが，外部の人には「外国語」かも知れないわけで，慎重な選択を要すると思うことだった。相手の顔色や表情，言葉の調子などから，感情や思いまで鋭く察知する能力も医療者には求められよう。

(2) 告知もいろいろ

　告知と言っても一般的な病名告知から，予後，そして気管切開をして呼吸器を付けるかどうかの判断などいろいろな状況が考えられる。

　もう数ヵ月前のことになるが，ALS患者さんの呼吸状態が悪くなったので，気管切開をし呼吸器を付けるかどうかの話し合いを持った。ALSの患者さんでは，いつかは訪れる実に深刻で出口の見つからない協議である。呼吸器を付けなければ，それ以上の延命は期待できない訳で直ちに死を意味する。

　患者さんは65歳の男性で，役場で定年までの数十年間，実直に働いてきた様子の感じられる物静かな方である。話し合いには奥さんと東京から帰ってきた長男，同居中の娘さん，そして叔父夫婦が同席した。まず我々医療サイドから今後の見通し，呼吸器を付けた時のメリット，デメリットなどを話した。奥さんは既に，同じ病棟で呼吸器を付けて5年近くになるALS患者（女性）の娘さんにもいろいろな話を伺ったという。「この病気になってからというものずっと看病してきましたけど，夜は眠れず大声で叫ぶ日も多いでした。今でも自分が席をはずすと一時も辛抱できません。私も心臓弁膜の手術をしており，また近いうちに再手術も受けなければなりません……いろいろ考えましたけど，自然経過に任せる以外にいい考えは思い浮かびません」と，涙ながらに出された結論だった。ご主人思いの心やさしい奥さんに，最も厳しい選択を迫ったわけで申し訳なく思う。本来，治療の選択にあたっては，患者さん自らの自己決定権を尊重すべきであるという考え方に賛成であるが，現実は非常に難しい局面が多い。家族は呼吸器を希望したにもかかわらず，従容として死を選んだ65歳の女性もいるし，家族は望まないのに「呼吸器を付けてください」と文字盤を示した80歳の女性もいた。命の選択は，年齢には余り関係がない。また患者さん自ら呼吸器を拒否した70歳の男性の妻は，後で親戚に「どうして呼吸器を付けてあげなかったのか」と責められたという話を聞いたこともある。いずれを選択しても，大きな心の傷を背負ってしまうという厳しい現実がある。

　この患者さんの場合，しばらく小康状態にあり，是非もう一度自宅を見たいという強

い願望があり，吸引器と酸素ボンベを積み込み最後の小旅行に出かけた。無事に病院に帰ってきた患者さんと奥さんの顔は，満足感に満ちた穏やかな表情だった。話し合いを持って約2ヵ月後，家族に見送られながら静かに永遠の旅路についた。

　さてALSの患者さんに呼吸器を付けるかどうかは，どちらが正しいかというような問題ではない。アメリカやイギリスでは，医療費の自己負担の問題もあり，多くの患者さんは呼吸器を付けないのが普通である。ただ最近では気管切開しなくても鼻から空気を送れるNIVの普及で，一時的には呼吸器を付ける人が多くなっていると聞く。日本では医療費の負担が少ないことなど，いろいろな条件から呼吸器を選択する人が増えている。医療関係者にとっても，呼吸器を選択する方が気分的にも楽であることは事実であるが，呼吸器を付けた後の生活や生きがいまで責任が持てないという現実もある。単に生かすことはできても，24時間天井を見ているだけの療養生活はいかがなものかと回診するたびに自問自答してしまう。現在の一般の病棟では，患者さんのQOLまで満足させられるようなマンパワーはとてもそろえられない。筋ジストロフィー病棟では少し人的余裕のあることや，単一の疾患で療養生活がパターン化しているので，パソコンなどの準備は可能である。そこで状態が安定しているときは，在宅の方が患者さんにとってはQOLの向上につながるものと考えて，平成6年より病院として組織的な在宅医療と取り組んできた。ただ介護者が健康でかつ明るく，諸条件の整備が可能な時には円滑に在宅へと移行できる。しかし介護者の負担は，当事者にしかわからない厳しいものがある。現段階では，介護保険制度を利用したり地域ケアサービスを活用して，より高度な地域ケアシステムを作り上げていくのが我々の仕事である。

(3) インフォームド・コンセントあれこれ

　日本看護協会の行なった「インフォームド・コンセント」に関する実態調査の結果が報告されている。手術の危険性について「説明を受けなかった」と答えた人が43％，手術後に「結果を知らされなかった」は16％，手術内容を具体的に聞かなかった人が7％，薬の飲み方や使い方の説明を受けたと回答した人が52％と，総じて患者さんは我々医療関係者が考えているより，医師や薬剤師の説明を理解していないことがわかった。

　ここで概念的にインフォームド・コンセント（IC）について整理すると，いうまでもなくアメリカから入ってきた外来語であり，基本的な思想の根底には「患者の権利と自己決定権の尊重」がある。すなわち「患者は医師から自分の病状，病名を知らされることはもちろん，必要な検査についての説明，治療法やその効果や危険性，予後の情報など真実を知る権利があり，医師には患者がそれらを十分理解できるよう説明する義務がある」とする（新版看護学全書8）。

　そこで実際の医療の現場で最も問題になることは，「十分理解できるよう説明する」

の中身であるような気がする。説明したと思っても聞く耳を持たなければ，また忘れてしまったら聞いたことにならない。ICに関しては，さまざまな場所で，さまざまな問題が取り上げられてきたが，ここでは次の3点について考えてみたい。

1) マニュアル的な説明でいいのか

ICが十分に行なわれていないという批判に答える形で，診療報酬面では「入院診療計画」の策定が義務付けられており，行なわれない場合には入院基本料より減額とする，と規定されている。計画の中身としては，病名，症状，検査内容，手術内容，入院期間などマニュアル化された書式になっており，看護協会の行なったアンケートの項目は全て網羅されているはずである。ただいつものことであるが，医療機関側は説明したと思っても，患者側は聞いていないという「乖離」が存在する。私の領域ではALSの告知が最も大きな問題となるが，同じように説明しても説明を受けた患者さんの受け取り方は千差万別である。一方通行で杓子定規なマニュアル化した説明では，患者には理解されないのは当然だろう。本当はそれぞれの患者に合わせたオーダーメイドで，信頼関係を基本にした「あうん」の呼吸も通じる説明こそ必要であると思う。わかってもらえるまで何度も繰り返し説明することである。ところが現実は，マニュアル化したよそよそしい，味も素っ気もない一方的な説明になりがちである。ただ「するべきことを行なった」ことが最優先される自己防衛のための現代の医療では，マニュアル化した一定の書式もやむを得ない措置だろうか。

2) 患者を「満足させる説明」とは

全て真実をそのまま説明することが，いいICかということも気になるところである。がん告知など特別な場合を除いても，病状を悪いなら悪いなりに正確に，そして予後に関しても，楽観的な話をせず最悪の場合も想定して話をするべきか迷うことも多い。ICからインフォームド・チョイスといわれる所以でもある。確かに最悪の事態を想定してICを行なっていた方が，昨今の訴訟社会を考えた時には無難ともいえる。しかし，「病は気から」ということわざにもあるように，希望をもたせ闘病への意欲を持っていただくためには，楽観的で希望的観測での説明の方が，病状にも好結果を与えることも多い。また，「満足させる説明」とは，患者が喜びおもねる説明がいいかというとこれも疑問が残る。

東京の産婦人科医の大村先生が，香港と日本の医師の対応について比較している（Medical ASAHI）。まず顔つきが，香港の医師は笑顔でにこやかであるのに比し，日本では渋い顔でこわくてむっつりである。言葉も香港では，beautifull, fine, very goodなど患者を賞賛する言葉で埋め尽くされるのに比し，日本では（運動を）控えなさい，（食べては）いけません，など話が長く説教的で命令調であるという。また胎児の健康状態を聞いた時，香港では「よく育っておりあなたの努力」と賞賛するのに比し，日本では「まあ普通です」とそれだけであるという。香港から出産のため里帰りしたある女

性の感想は，香港の医師は実によく褒めてくれて，診察に行くのが楽しかった。日本に帰ったら，いつも医師は不機嫌でよく怒る，「なぜお金を払って怒られなければならないのか」と述べていたという。そこで大村先生は，ICの出発点は，患者の期待に応える真剣な診察と，優しい説明が「よいサービス」であり，その結果「よいコミュニケーション」が構築され，「よいIC」に繋がると述べている。確かにいわれる通りで，日本の一般的な医師の患者への接し方がよく表現されている。だからといって訪問販売のセールスマンのように，患者のいうがまま迎合することが，医師の仕事とは思えない。よく経験することであるが，外来で元気が出ないから点滴をしてくれ，と頼まれる。意味のないことを説明しても，後で「点滴もしてくれんで」という不満を聞くことが多い。患者を説明で納得させることは，いつも実に難しい。

3）限られた時間の中で可能なのか

外来診療など限られた時間の中で，患者に納得のいくまで説明することは物理的に困難なことも多い。特にカルテ開示の時代になると，説明した内容をカルテに逐次記載しなければならないとすると膨大な時間を必要とする。短時間に相手の性格から生活背景，そして一番何を期待して受診したかを見抜くのは至難のことである。時に，いいコミュニケーションも成立しないまま帰してしまうこともある。日本の「薄利多売」を基本とする診療報酬点数の体系では，決められた時間内にある程度の数をこなさなければやっていけないのも事実である。また，診察室を増やすこともままならないので，どうしても限られた時間での診察になってしまいがちである。相手の話に十分に耳を傾けながら相談にのれる，余裕のある診察風景に早くしたいものである。

第6章

遺伝に関する相談への対応

熊本大学大学院生命科学研究部　柊中智恵子
東京大学医科学研究所公共政策研究分野　武藤香織

6.1 はじめに

　近年のヒトゲノム・遺伝子解析研究によって，多くの疾患の病因が遺伝子あるいは遺伝子多型レベルで解明されようとしており，それらの成果は遺伝学的情報を用いた診断などの形で臨床応用されるようになってきている。

　遺伝医療の進展に伴い，診療における遺伝学的な課題に対して広くサポートをするため，病院内に複数科で連携した「遺伝子診療部門」という専門部署がつくられるようになり，遺伝カウンセリング」が行なわれるようになってきた（詳細は「6.3(1)　遺伝子診療部門の概要」参照）。

　本章では，**遺伝に関する相談への対応について述べていくが，状況によっては難病医療専門員単独で対応するよりも速やかに遺伝子診療部門へ紹介し，当該部門と連携することが望ましいという考え方を前提としている。**この考え方の背景として，ぜひ理解していただきたいことが3つある。まず，難病医療専門員と患者・家族とのやりとりには，「遺伝の一次相談になりうる可能性を秘めた萌芽」が含まれていることを常に認識してもらいたい。そして，その萌芽は，決して特別なものではないため，まずは難病医療専門員のところでしっかりと受けとめてもらう必要がある。とはいえできるだけ主治医や遺伝子診療部門との連携につなげていくように心がけ，難病医療専門員一人で抱え込まないようにしてほしい。

　以上の前提に沿って，**本章では，難病医療専門員が遺伝をめぐる相談に遭遇した場合，あくまでも入り口の相談としてどのような対応をとることが望ましいかについて述べていくことにする。**

　なお，遺伝に関する相談になじみのない方にとっても参考になるように，実際に難病医療専門員が対応した事例を抜粋し，資料6-1に掲載したのでご一読いただきたい。

　また，近年，急速に進展している薬の副作用や効きやすさにかかわる遺伝学的検査については，本章では取り扱わないが，平成22年に関連学会から「ゲノム薬理学を適用する臨床

研究と検査に関するガイドライン（案）」が出されており，これらの検査と，遺伝性疾患の遺伝学的検査とは異なる扱いをするとの立場を明確にした。関心のある方は参考にされたい。

6.2 難病相談と遺伝相談の接点――基本的な心構え

(1) 遺伝は特別な相談ではない

難病は，難病対策要綱の定義にもあるとおり，「経過が慢性にわたり単に経済的な問題のみならず介護等に著しく人手を要するために，家族の負担が重くまた精神的にも負担が大きくなる」ことが特徴である。特に神経難病の場合，患者や家族は，日々の体調管理に努力する一方で，介護面や経済面での不安など生活上の課題への対応に追われやすく，遺伝をめぐる悩みや気になることがあったとしても，先々のこととして後回しにされやすくなる傾向がある。また，難病のなかには，経過中，重症化する疾患や精神症状を呈する疾患も少なくない。そのため，いったん在宅療養が難しくなれば，かなり長期の入院・入所を要することになるが，療養施設の確保が難しいのが現状である。

しかし，難病医療専門員に入院先の確保や退院調整の相談をしていくなかで，次第に目先の問題が解決されていくと，それまで埋もれてきた遺伝の悩みがふと口をついて出ることもある。つまり**難病医療専門員は，患者や家族の生活に密着するからこそ，ラポール[*10]を形成して当初の問題も解決し始めたころになって，遺伝についての悩みを打ち明けられる対象になりうる**。難病医療専門員からすれば，遺伝の悩みは見えにくく，突然やってくるようにみえるかもしれない。また，自分の業務の範疇外のことと受け取られるかもしれない。しかし，遺伝に関する相談は唐突な思いつきなのではなく，相談者の心の奥深くに長く埋もれていたものだと考えるべきである。遺伝に関する心配事は，難病医療専門員が業務として支援している生活のなかにある。

もちろん，神経難病のなかには遺伝的な形式をとる疾患も多く含まれているため，**当初から遺伝についての悩みを相談される場合もありえる**。

(2) 遺伝性疾患は特別なものではない

一言で「遺伝性疾患」といっても，常染色体優性遺伝や常染色体劣性遺伝のように単一遺伝子病でメンデル遺伝の法則に則った遺伝形式の疾患から発症に複数の遺伝子が関与する多因子遺伝まで様々である。さらに，同一疾患に複数の遺伝形式が含まれるものもあり，疾患の概念は大変複雑である。現在解明されていない疾患でも，何らかの遺伝情報の関与があることが想定される。したがって，幅広くとらえれば**すべての疾患が遺伝的な影響を受けているととらえることもできるため，遺伝についての悩みは決して一部の限られた人たちだけの問題だと受け取るべきではない**。

表6-1 疾患に対する遺伝的関与と治療法の有無

> 1) 単一遺伝子病で，発症の予測性は高いが，期待される治療法が**現時点ではない**疾患（ハンチントン病，脊髄小脳変性症の一部，網膜色素変性症の一部など）
> 2) 単一遺伝子病で，発症の予測性が高く，期待される治療法がある疾患（フェニルケトン尿症や尿素サイクル異常症など）
> 3) 多因子性の遺伝病で，**発症の予測性は低く，予防・治療効果に期待できない**疾患（アルツハイマー病など）
> 4) 多因子性の遺伝病で，**発症の予測性は低く，予防・治療が様々な程度に期待できる疾患**（糖尿病，肥満，冠状動脈心疾患，癌など）

表6-2 遺伝学的情報の特性

> 1) その個人に固有である（個性）
> 2) 一生変わることがない（不変性）
> 3) 発症前検査や易罹患性検査に利用される（予測性）
> 4) 血縁者で共有し，子孫に伝えられる（共有性・遺伝性）
> 5) 差別の根拠として悪用されることがある（有害性）
> 6) 予期していない遺伝情報（異なった親子関係など）が判明する可能性がある（意外性）

なお，疾患に対する遺伝的関与と治療法の有無について，大まかに分類すると表6-1の通りである。1) に近いほど遺伝についての悩みは深くなると考えられるが，**必ずしもその限りではない**。

(3) 家系図も遺伝学的情報のひとつである

遺伝学的情報とは，DNA，RNA，染色体，タンパク質，代謝産物などから直接得られる医療情報のほかに，家族歴などからそれらの存在を推定しうる家系情報も含まれている。遺伝学的情報には表6-2に示すような特性があり，そのため「究極の個人情報」とも言われ，特別な取扱いの必要性（遺伝情報例外主義）が求められてきた経緯がある[注1]。

遺伝性疾患に限らず，難病医療専門員が難病に関する相談を受ける場合，相談者から家系情報を聞き取って家系図を書くことがありえるが，これも遺伝学的情報である。家系図は，他の遺伝学的情報に比べて，誰の目にもわかりやすいため，管理には十分留意しなければならない。

(4) 発病リスクをもつ人の立場を考慮する

遺伝に関する相談者には，（自己申告で）発病リスクを持つ本人であるか，（自己申告で）本人でない場合が考えられ，相談者がどの立場にあるかによって対応を考慮しなければならな

注1) しかし，これらの特性は，他の臨床情報でも共通する部分があることから，近年，遺伝子情報のみを特別扱いすることについての疑問も呈されている。

い。

　難病医療専門員は，入退院支援などの業務を通じて，その家族の遺伝の問題に直面することがある。家族はそれぞれに様々な考えや悩みを有するが，一次相談として対応する範囲において**最も尊重すべき対象は，発病リスクを持つ本人であり，その本人の意思である。**しかし，難病医療専門員が患者自身をよく知っていることはあっても，発症リスクを持つ同胞や子についても把握できているとは限らない。多くの場合，患者やその配偶者などを通じて間接的に情報を得ている程度か，挨拶を交わす程度であろう。遺伝についての問題が表面化しておらず，それぞれの胸のうちにおさめている段階では，発病リスクをもつ本人自身の心境と，血縁関係にない家族員（例えば，配偶者，義父母など）の現状認識には大きなギャップがありえることを念頭におき，**血縁関係にない家族員の言い分だけを鵜呑みにすべきではない。**

　また，**血縁関係にない家族員が発病リスクのある本人の状況に対して心を痛めているという相談もあるかもしれない。そのような場合でも，発病リスクをもつ本人に対して，「家族も心配している様子だ」などと伝えてはならない。**特に，遺伝性疾患の場合には，その情報は個人だけの範囲にとどまらないということに留意し，相談者の状況に応じては遺伝子診療部門の紹介や，主治医との連携を考慮する（あわせて「6.4(4)　遺伝学的検査を求める相談について」参照のこと）。

6.3　遺伝子診療部門との連携方法

(1)　遺伝子診療部門の概要

　現在，ほとんどの都道府県の大学病院に遺伝子診療部門が設立されている。また，大学病院以外でも遺伝専門外来が開設されている医療機関が増えてきた。全国的にみて，活動内容に差はあるものの，より充実した**遺伝子診療に向けた努力がなされている。**

　その遺伝子診療部門で行なわれるのが，チーム医療による遺伝カウンセリングである。遺伝カウンセリングとは，遺伝性疾患の患者・家族またはその可能性のある人（クライエント[*3]）に対して，生活設計上の選択を自らの意思で決定し行動できるよう臨床遺伝学的に診断し，遺伝予後などの適切な情報を提供し支援する医療行為である。遺伝カウンセリングにおいては，クライエントと遺伝カウンセリング担当者との良好な信頼関係に基づき，この過程で心理的精神的援助がなされる。遺伝カウンセリングは，決して一方的な遺伝医学的情報提供だけではないことに留意すべきである。

　遺伝子診療部門では，施設によって関わっている専門職に違いがあるが，主に臨床遺伝専門医（日本人類遺伝学会と日本遺伝カウンセリング学会が認定した医師），看護職・臨床心理士（遺伝専門に対応する看護職・臨床心理士がいる施設もある），認定遺伝カウンセラー（日本人類遺伝学会と日本遺伝カウンセリング学会が認定した非医師のカウンセラーで，看

護職, 心理職, 臨床検査技師, その他の職種がついている) などが活動し, 遺伝カウンセリングを行なっている。

(2) どのようなときに遺伝子診療部門へ紹介すればよいか

相談者が以下のような悩みを提示した場合に, 遺伝子診療部門への紹介を検討すべきであろう。

- 病気が遺伝性なのかどうか不明で悩んでいる場合
- 遺伝の確率について知りたがっている場合
- 当該の病気に対して発症前遺伝子検査や出生前検査ができるのかどうか知りたがっている場合
- 結婚や挙児に際して, 家系内の病気 (病状) の影響を不安に思っている場合
- 家族や親族への告知に不安があるとき

また, 相談を受ける側としても, 上記の情報を確認したい場合や遺伝性疾患の最新の診断や治療法に関する情報を得たいときには, 遺伝子診療部門に照会することができる。

(3) 受診を希望する相談者に伝えるべきこと

● 費用

医療機関によって様々に設定されているので, 受診する医療機関に確認した方がよい。時間は1回1〜2時間かけられることが多い。基本的に遺伝カウンセリングは保険外診療であり, 費用はおおよそ1回あたり3,000〜10,000円必要である。初診料と再診料を別に設定している医療機関もある。平成20年度からは, **一部の遺伝学的検査についても保険診療で実施**されるようになり, 患者1人につき1回算定されるようになった。平成22年度には, 新たに項目が追加された (表6-3)。また, 平成20年度より一部の遺伝学的検査が保険診療になったことに伴い, 新たに遺伝カウンセリング加算が設定され, 保険診療として実施されている医療機関もある[注2]が, 遺伝子診療部門のほとんどは保険外診療で対応している。

このように, 料金設定においては一律ではないため, ホームページや電話で確認してから情報提供することも重要である。**費用が高いため, 積極的に紹介したり, 押し付けたりすべきではなく, 相談者の社会経済的状況を推察して, 情報提供すべきである。**むやみに遺伝子

注2) 平成20年度診療報酬改定により, 「遺伝カウンセリング加算」500点 (月1回) が算定されるようになった。厚生労働省が定める施設基準に適合しているものとして, 地方厚生局等に届け出た保険医療機関において, 表6-3に掲げる遺伝学的検査を実施し, その結果について患者または家族に対し遺伝カウンセリングを行なった場合には, 患者1人につき月1回に限り加算することができる。
「遺伝カウンセリング加算」の基本的な考え方として, 臨床遺伝学の専門的知識を持ち, 本人及び家族等の心理社会的支援を行なうことができる者が遺伝カウンセリングを実施することになっている。実施の際には, 「医療・介護関係事業者における個人情報の適切な取扱いのためのガイドライン」や関係学会による「遺伝学的検査に関するガイドライン」(資料6-2) を遵守する必要がある。

表6-3　保険収載されている遺伝学的検査（4,000点）

```
1）デュシェンヌ型筋ジストロフィー
2）ベッカー型筋ジストロフィー
3）福山型先天性筋ジストロフィー
4）栄養障害型表皮水疱症
5）家族性アミロイドーシス
6）先天性QT症候群
7）脊髄性筋萎縮症
8）中枢神経白質形成異常症
9）ムコ多糖Ⅰ型
10）ムコ多糖Ⅱ型
11）ゴーシェ病
12）ファブリー病
13）ポンペ病
14）ハンチントン病
15）球脊髄性筋萎縮症
```

診療部門を紹介することは無責任な対応だと受け取られる可能性があるので，よく注意すべきである。

●紹介状の入手

主治医の紹介状が必ずしも必要というわけではないが，詳しい情報があれば，より正確な情報提供につながる。遺伝子診療部門を受診する段階は様々であるため，他院で遺伝子検査を受けた後に訪れることもある。そのような場合は，検査結果を持参するように促すことが望ましい。

●外来予約方法

多くの遺伝専門外来は予約制になっている。ホームページで検索可能な医療機関もあるので，調べて相談者に情報提供することもできる。

予約段階では，事務職または看護職が電話に出ることが多い。メールでの予約が可能な医療機関もあるが，電話の場合は予約段階からカウンセリングの面接は始まると考えられているので，なるべく予約は病院を受診する人に行なってもらった方がよい。

相談者が遺伝子診療部門へのアクセスを躊躇している場合には，難病医療専門員から遺伝子診療部門に対して，同部門が提供しているサービスの全体像がわかるような具体的な情報を入手し，それを相談者に伝えるという方法もある。つまり，典型的な相談の流れ，かかる時間，応対者の職種，費用，環境（個室か，他の外来からの距離など）といった情報を伝えることによって，相談者が具体的にイメージを持てるようにする支援である。

ただし，「6.4　相談内容に基づく留意点」に後述するように，単独での対応を避けたほうがよい場合もあるため，**遺伝子診療部門に情報照会してそれを相談者に伝える場合には，その伝え方についても遺伝子診療部門の助言を仰いでおくほうがよい。**

また，受診した後のフォローアップを念頭に置いておくことも重要である。受診後も継続

して難病相談を利用する相談者もいるであろう。**遺伝子診療部門と情報を共有する場合に**は，相談者の了解を得ることが重要である。

6.4 相談内容に基づく留意点

(1) 漠然とした遺伝に関する相談について

発病リスクを持つ本人または本人以外の人（例えば，配偶者，子ども，義父母など）から，「家族や親戚内に同じ病気の人がいるから，もしかして遺伝性ではないのか」といった相談を受けることがある。また，難病医療専門員側から家族内の状況をみて明らかに遺伝性が疑われる場合でも，相談当初は病気や介護の相談から始まり，難病医療専門員とラポール形成ができてから，遺伝の相談が切り出される場合もある。

どちらにしても，相談者が「遺伝」という言葉を口にしたときは，相当の勇気や不安を抱えての結果であることを真摯に受け止め，「遺伝はわからない」，「遺伝は扱っていない」と避けるのではなく，その言葉の背景にある相談者の思いにじっくり耳を傾ける（傾聴）ことが重要である。傾聴は，相談者が安心感を得ることにつながる。

(2) 病名あるいは遺伝性かどうかの確認について

相談者が患者の血縁者の場合，遺伝性を疑う観点からの確認や，遺伝性を否定する観点からの確認がありえる。

例えば，前者の場合，「親からは遺伝性だとは聞いていないが，親戚を見渡すと同じような病気の人が多い。もしかすると親の病気は遺伝性ではないか」といった相談がありえる。

また，親の立場からみると，「夫/妻の病気は遺伝性かもしれないので，子どもにも検査を受けさせたい」という相談もありえる。後者の場合には「私には遺伝しませんよね？」という確認のされ方をすることや，明らかな遺伝性疾患でありながらも「遺伝しない」という前提ですべての物事が進んでいる場面を目撃することもあるだろう。

また，相談者が患者の血縁者ではない場合，例えば，義父母の立場から「婿/嫁の親は遺伝性の病気ではないか」，「婿/嫁は大丈夫か」という相談がありうる。配偶者の立場からは，「夫/妻の親戚に同じ病気の人が多いので，遺伝性の病気ではないかと思っている。だから子どものためにも夫/妻に遺伝子の検査を受けるように勧めたいが，どうしたらいいか」という相談もありうる。

「遺伝性の病気なのか否か」という問いに対して答えるのは，容易そうにみえて容易ではない。ある程度独自に調べた後に，あえて難病医療専門員に確認してくる場合もあるため，「私にはわからない」と回避することは，信頼関係を壊すことにつながりかねない。また，病名を伝えることや遺伝性の有無を説明することは，通常の診療における病名告知と同等の行為でもあり，後述する「(3) 遺伝の確率に関する相談について」とも関連してくるため，

難病医療専門員単独での対応は避けるべきである。

　しかし，遺伝性についての疑いを抱いているということは，正しい説明をするための絶好の機会でもあるため，主治医に照会し，主治医から説明してもらうか，主治医を経由して遺伝子診療部門につながるように支援することが望ましい。

　また，遺伝性疾患でありながらも，「遺伝しない」という前提ですべての物事が進んでいる患者・家族については，状況をみながら主治医に照会し，適切な時期に再度説明をしてもらうように依頼する役割を果たしてもよい。

(3) 遺伝の確率に関する相談について

　遺伝する病気であることがわかると，人々はどれくらいの確率で遺伝するのかを知りたいと思う。相談者の多くは0か1，つまり白か黒なのかを知りたいと思っている。

　しかしながら，遺伝の確率といっても単純ではなく，遺伝したからといっても発病するとは限らない。特にメンデル遺伝以外の場合には，理論的再発率（次世代にその遺伝子が遺伝する理論上の確率），経験的再発率（同一疾患家系における疾患出現の確率），浸透率（その遺伝子が発現する確率），相対危険率（疾患をもっていない人と比べて何倍発病しやすいか），ライフタイムリスク（生涯においてその病気にかかる確率）などを用いて推定していくために，家系に関する情報を多数集めたうえで検討していかなければならない。

　そのため，**確率に関する疑問を解消したがっている相談者に対しては，難病医療専門員は確率に関する安易な回答は避け，遺伝子診療部門を紹介するか，遺伝子診療部門へ確率に関する情報を照会することを検討すべきである。**

　また，相談者の多くが知っているのは，理論上の再発率のみであることが多いため，その数値の解釈に苦しんでいるようであれば，「いろいろな確率を複雑に計算しなければ正しい確率はよくわからないので，その数値がそのままあなたにあてはまるわけではない」ということを伝えることによって，相談者が少し楽になることもある。なお，**確率の数値が高いか低いかについては，個々人によって受ける印象が異なるため，難病医療専門員は「確率が高い」，「確率が低い」といった価値を含んだ表現をしてはならない。**

(4) 遺伝学的検査を求める相談について

　遺伝学的検査とは，遺伝性疾患を診断する目的で，ヒトのDNA，RNA，染色体，タンパク質（ペプチド），代謝産物を解析もしくは測定することである。この目的には確定診断のための検査，保因者検査，発症前検査，易罹患性検査，薬理遺伝学的検査，出生前検査，新生児スクリーニングなどが含まれる。通常，純粋に研究目的で行なわれるヒトゲノム・遺伝子解析や生化学的解析，細胞病理学的解析，及び法医学的検査は含まない（詳細は「資料6-2　遺伝学的検査に関するガイドライン」参照）。

　難病で話題になるのは，病気が発症する前に遺伝子変異を持っているかどうかを調べる発

症前検査と，何らかの症状があるので診断を確定するために行なう確定診断のための検査および出生前検査である。これらの検査に際しては，リスクをもつ個人が自発的な意思に基づいて受けるかどうかを決めることが大原則となっており，その結果を「知る権利」もあり，「知らないでいる権利」もあることに留意しなければならない。したがって，**難病医療専門員が「検査を受けるべき」，「検査を受けないほうがいい」といった一定の価値を含む表現をしてはならない**。そして，検査に関する情報を求めているようであれば，居住地近隣の病院にある遺伝子診療部門に照会し，当該疾患に関する遺伝子検査と事前事後のカウンセリングの実施について確認し，相談者に情報提供することはできる。したがって，確率に関する情報提供と同様に，遺伝子診療部門と連携するか，紹介することを前提として対応にあたるべきである。

「知る権利」と「知らないでいる権利」の説明は，特に，検査を受けたがっている人や誰かに受けさせたがっている人に対しては留意する必要がある。変異遺伝子を持っているはずがないからはっきりさせたいと考えていたり，逆に，絶対に変異遺伝子を持っているからはっきりさせたいと考えていることがあるからだ。

まず，「知る権利」があるからといって，希望する人が誰でも検査を受けられるわけではないことを理解し，必要に応じて伝えるべきである。つまり，①遺伝カウンセリングでは，その人が結果を受け入れる力を醸成できるかどうか，心理的社会的評価から判断していること，②相談者の状況によっては受検を断られる場合もあること，③検査を受けたからといって白か黒かを決定付けられるとは限らないこと（より数字が複雑になり，はっきりしなくなることもありえる），などの情報が役立つかもしれない。したがって，**検査を受けたがっている相談者に対しては，「知る権利」だけが強調されて伝わることを回避するようにしたほうがよい場合もある**。

また，リスクのある本人に対して，発症前検査や出生前検査を受けさせたがっている立場の人が相談者の場合には，「最優先されるべきはリスクのある本人の自発的意思であって，残念ながらあなたの意思ではない」ということを伝えるほうがよい場合もある。それから，やはり「知る権利」だけが伝わらないように留意しなければならない。なぜなら，リスクのある本人に対して意思決定を迫り，受検の要請が強まる可能性があるからだ。

つまり，**「知る権利」と「知らないでいる権利」の説明のしかたは，相談者の立場や悩みによって変わるため，よく把握して微妙な表現にも留意して対応すべき点なのである**。

一方，発症前検査に比べると比較的一般化されているのは，確定診断（診断を確定するための遺伝学的検査）である。しかし，自分の疾患が遺伝性だと明確にわかることにより，子に遺伝している可能性も明確になる。そのため，かえって本人や家族の苦悩は大変大きくなることもありえるので，検査後には家族全体のフォローアップが重要となる。難病医療専門員は，患者に対する最終的な診断がどのような方法で確定されたかについての情報を得ておくことによって（＝遺伝学的検査を用いたかどうか，そのことが患者・家族に伝わっている

かどうか），診断後には，家族からの相談が増えてくる可能性にも備えておくことができる。

(5) 家族や親族への告知に関する相談について

　家族や親族に対して，遺伝の可能性を告知するかどうか，どのように告知すべきかといった相談も少なくない。立ち話や何気ない会話のなかで出てくることがありえるので，聞き逃さないように留意すべきである。例えば，結婚する前に親が遺伝性疾患であることを聞かされておらず，結婚後に病気のことがわかり，婚家やその親戚にそのことをどう伝えたらいいのかという場合や，親が遺伝性疾患であることを子どもにどのように伝えたらいいのかという場合がある。相談のなかで，告知の戦略（いつ，どのように，誰に）を一緒に考えるとか，逡巡する思いをよく傾聴することは大切な取り組みである。

　このような場合，遺伝カウンセリングでは「なぜ告知を躊躇しているのか」といった心情を語ってもらうことで，心情の根底にある思いを整理することが可能となり，次に進む一歩となると言われている。その家族の問題の本質は，「告知できていない」こととは別にある可能性があるからだ。例えば，婚家に対して遺伝の可能性を伝えられないのは，婚家の人たちの遺伝に対する否定的な反応を恐れているからだけでなく，自分自身が生みの親に対して否定的な感情を強くもっていることも影響していることがある。また，親が子に遺伝の可能性を伝えられないのは，遺伝させているかもしれないから申し訳ないといった自責の念以上に，子どもが非行に走るのではないか，子どもと会話できなくなるのではないかと，今後の親子関係の悪化が怖くて悩んでいることもある。

　したがって，「悩むことは当然のことだ」と伝え，思いを受け止めつつ，早急に結論を出す必要がない場合は思いを傾聴していくことが重要な対応の一つである。

(6) 結婚や出産の意思決定に関する相談について

　遺伝性疾患を抱える人にとって，本人や家族の結婚や出産は遺伝の問題に向き合わざるを得なくなる大変大きな節目である。

　結婚の場合，結婚相手やその家族に対してどのような説明をするのか思い悩んだり，相手の反応を想像して結婚が解消されるのではないかという不安や恐れから，夜も眠れない日が続く人もいる。そして，このような思いをするのであればと結婚を諦めている人もいる。

　出産の場合，子どもへの遺伝という切実な不安が湧き起こる。配偶者や婚家に病気の事実を話している場合は出産の選択について話し合うこともできるが，妊娠中や出産後に親から病気の事実を知らされたりした場合は，それを伝えることから始めなければならない。話し合いの場をどのように設定するかを考えるだけで憂鬱になっているかもしれない。

　結婚や出産に関しては，本人や親だけでなく，婚約者・婚家の家族といった相談者があるのもこのような背景からであり，当事者以外の人から相談を受けた場合は，むやみに情報提供せず遺伝子診療部門への紹介も念頭において慎重に対応しなければならない。

しかし，結婚や出産は，あくまでも発病リスクのある当事者の意思や選択を最優先すべきであり，仮に「あなただったらどうするか」と問われた場合，「同じように悩むだろう」と対応することはありえるとしても，「私だったらこうする」といった対応は避けるべきである。

また，特に出産に関する相談では，次世代への遺伝の確率についての情報提供を伴わなければならない場合もあり，その要望が強そうであれば，遺伝子診療部門への紹介あるいは問い合わせを念頭においた対応に切り替えるべきであろう。

(7) **神経難病でない疾患や障害の場合の対応について**

多くの難病医療専門員は神経難病を対象に活動しているが，なかには神経難病でない疾患を持つ人からの相談もあるのではないだろうか。先天異常や遺伝性疾患の場合，誰かに話を聞いてもらいたく藁にもすがる思いで電話をかけている状況もありうる。そのため，**活動の対象外だからということで，無碍に相談を断らず，傾聴を続けるなかで，可能な限り他の専門機関**（例えば，**遺伝のことであれば遺伝子診療部門，児童の発達相談のことであれば保健所など**）**を紹介することが望ましい。**

(8) **家族内で複数の人から相談がある場合に特に留意すべきこと**

患者の介護で対応している場合，患者だけでなく配偶者，親，子どもといった人から同時に相談を受ける場合がある。相談の内容が遺伝に関することであった場合，発病の可能性を考えると当事者になるかどうかといった立場の違いが大きい。そして，これらの人々の考えが必ずしも一致しているとは限らない。

そのため，基本的には誰が相談したかわからないように個人が同定されるような聴き方をしない方がよいが，家族内の各人の思いの調整をするために，あえて相手に気づかれない程度に他の家族成員の思いを伝えたり，相談している人から別の家族成員の情報を聴いたりすることは可能である。そして，このような判断をする場合には，**一人で判断せずにカンファレンスなどで検討することが重要**である。

6.5 主治医，当事者団体への照会について

(1) **主治医に照会する場合の留意事項**
● どのような場合に照会するか

患者・家族は，主治医だからといって遺伝に関する相談をしているとは限らない。または，主治医から遺伝の説明を受けていても正しく理解しているとは限らない。難病は，初めて耳にする病名も多く，その病名を理解するだけで精一杯になり，主治医からの説明時には「遺伝性」ということだけが心に焼きついて，病気や遺伝の正しい理解につながっていない

ことがある。

　難病医療専門員は，日頃の難病相談の中で，患者・家族が十分理解できていない内容を把握しやすい。必要があれば相談者の了解のもと主治医に連絡して再度説明をしてもらうように依頼する。また，なかには遺伝子診療部門を知らない主治医がいるかもしれない。相談の内容によっては，事前に主治医に情報提供し，遺伝子診療部門との連携について検討しておくことも必要である。

　●どのように依頼をするか

　遺伝に関する説明は5分や10分で終わることはなく，通常の診療外来では相談時間を確保することが難しい。病院の外来は，建物の構造上隣の診察室や待合室とカーテン1枚，ドア1枚で仕切られていたりして話が筒抜けとなりやすく，遺伝に関することを話題にしにくい状況にある。このような状況を踏まえ，主治医に相談の依頼をする場合は，説明時間の確保や安心して話ができる環境を設定できるように配慮する。

(2) 当事者団体へ照会する場合の留意事項

　●どのような場合に照会するか

　相談者との会話の中で，「同じような状況の人に会ってみたい」など相談者が希望した場合には積極的に紹介する。また，相談者は患者会そのものを知らないこともあるので，こちら側から「同じような病気の人に会ってみたいと思いますか」と反応をみて，希望があれば紹介することもできる。

　●どのように依頼をするか

　ホームページなどで連絡先を確認（当事者団体の一部を「資料6-3　遺伝子診療について参考になるウェブサイト・文献・当事者団体リスト」に記載した）し，相談者に直接連絡をとってもらうこともできる。連絡することを躊躇している相談者に対しては，まずこちらで連絡をとることもひとつの方法である。守秘義務については，遺伝性疾患の当事者団体は造詣が深いと思われるが，様々な団体があることから，念のため口頭で具体的に確認することも必要である。

6.6 相談の締めくくり方

(1) 相談内容を整理するための支援

　難病相談についてもいえることであるが，話を聴いて終わるだけではただの雑談になってしまう危険性がある。傾聴しながらも，最終的には今回の話の内容を整理することが必要である。相談者は感情的になっていることもある。相談内容を整理する場合，事実と感情をわけて整理すると相手に伝わりやすく，事実を客観的に注視できるであろう。そして相談を継続する場合は，次回までの課題や目的を明らかにしておくことも効果的である。

(2) 次の相談に向かう相談者にできる支援

介護や経済的問題といった社会的な問題を併せ持つ遺伝性疾患患者・家族は，遺伝子診療部門を受診して遺伝に関する不安・恐怖を打ちあけて向きあってもらうことはできても，その不安・恐怖が完全には消え去ることはなく，社会的問題も継続する。また，受診には費用もかかることから，何度も通えない人もいる。相談者の置かれている状況を踏まえ，難病相談は継続してもよいこと，いつでも傾聴することを伝えておくことが重要である。

6.7 倫理的側面への配慮

(1) 個人情報の保護

いかなる相談にも共通していえることであるが，特に遺伝性の場合は相談者だけでなく，家族・親族内への影響もあるため，氏名，住所，病名などの情報を漏洩しない。

(2) 匿名性の確保

遺伝性疾患の患者・家族は，遺伝性であることを隠していることがある。それは，遺伝性であることが周囲にわかった場合，結婚忌避や就職の差別を受ける可能性があるからである。相談者が名前を明らかにしたくない場合は強要しないようにし，また，他機関と連携する場合に名前や居住地を伝えていいかどうか相談者に確認する。

(3) 家系図の取り扱い

家系図は遺伝性であるかどうかを確認する重要な資料である。遺伝子診療部門によっては，遺伝カウンセリングのカルテは通常のカルテとは別に厳重に保管しているところもある。家系図を記載した書類は机に置いたままにしないなど管理に注意する。

(4) 内なる優生思想に気づくこと

「遺伝」「遺伝性疾患」ということに自分自身がどのような感情を持っているか，内省してみることも必要であろう。自分が発している言葉の意味に，「遺伝」がマイナス的な要因として含まれているかもしれない。そのことを認識して対応することが重要である。

6.8 おわりに

本章で連携先として紹介した遺伝子診療部門は病院の中にあり，保健所での遺伝相談の取り組み状況にはばらつきがある。しかし，難病医療専門員の活動範囲には医療機関の壁がなく，保健師とも連携しながら地域に出ていくこともできる極めて貴重な存在である。その存在を知った患者・家族からふいに「遺伝の話」をもちかけられて，専門員として対応に困窮

することがあるかもしれない。しかし，遺伝は誰かに原因があるわけではない。まず，それを伝えることからケアは始まるといえるのではないだろうか。そして，「遺伝の話」を切り出されたことは，患者・家族から信頼された証だと受け取ってほしい。しっかり耳を傾けることによって，その家族のありようや，ケアに関する問題点など，難病医療専門員にとっての中心的業務へのヒントが得られるかもしれない。

　本章では，遺伝は特別なものではないこと，遺伝専門機関・主治医・患者団体との連携方法，相談内容に基づく留意点，参考となる図書などを記載した。遺伝の相談への対応に戸惑ったとき，難病医療専門員への一助になれば幸いである。

　謝辞：平成18年度ならびに平成21年度の「難病医療専門員実態調査」では，遺伝に関して多数の熱心なご回答をいただきました。ご協力いただいた難病医療専門員の方々に，深く御礼申し上げます。

資料 6-1　平成 21 年度　難病医療専門員実態調査 ―― 遺伝に関するアンケートより抜粋 ――

● **遺伝に関する相談者の特徴**
- 患者本人からだけでなく，配偶者，子ども，親，兄弟，婚約者といったように，様々な家族員からの相談があった。
- 医療関係者（ケアマネジャー・保健師）からの相談もあった。

● **遺伝に関する相談内容の特徴**
- 遺伝性疾患の療養相談件数は，前回調査時（平成 18 年）と比べて増加していた。
- 遺伝学的検査にまつわる相談としては，発症前診断・出生前診断・確定診断の相談があった。
- 結婚や出産にまつわる相談，患者が家族員に病名告知をすることの心理的葛藤の訴え，遺伝の不安の訴えなど様々な相談や訴えがあった。

● **難病医療専門員が対応した事例**

1. **遺伝子医療部門を持つ医療機関の紹介に関して**
   - 患者の子どもからの相談。遺伝子診断を希望されたため，遺伝子診療部門を紹介した。しかし，自由診療で費用がかかるので，収入の少ない人は受診を躊躇された。一度遺伝子診療部門を受診してもらったが，その後も継続して時々電話で話を傾聴している。

2. **発症前遺伝子診断に関して**
   - 患者の子どもからの相談。主治医から連絡を受けて主治医とともに対応した。親が確定診断を受けた後に，子どもが発症前遺伝子診断を希望された。当該ガイドブックや資料を参考にして，検査のメリット・デメリットについて話し合っていった。

3. **出生前（胎児）診断に関して**
   - 患者からの相談。遺伝性の病気を発症したばかりであり，ホームページで出生前診断ができることを知ったと電話で相談があったため，病気に対する思いを傾聴しつつ，遺伝子診療部門の受診をすすめた。

4. **診断名確定のための遺伝子診断に関して**
   - 患者の配偶者からの相談。配偶者の診断が確定したが，自分で調べたら遺伝性のものもあり，遺伝性なのかどうか不安があるとのこと。遺伝子診断ができると書いてあったので，子どもに影響がないのだろうか配偶者に遺伝子診断を受けさせたいという相談であったため，遺伝子診療部門を紹介した。

5. **家族や親戚への遺伝性疾患の存在を告知することに関して**
   - 患者本人からの相談。自身が遺伝性の病気であることを配偶者や子どもには話をしておらず悩んでいた。主治医にはその思いを話していなかったため，本人から承諾を得て難病医療専門員から主治医に情報提供した。その後は，しばらく外来時に同席し，家族や親戚に遺伝性疾患であることを話すことや病気への思いについて相談を受けた。
   - 患者の配偶者からの相談。未成年の子どもが自分の親が遺伝性の病気であることを知ってパニックになってしまった。主治医と患者・配偶者を含めて，子どもへの対応について何度も話し合った。

6. **結婚や出産をめぐる選択に関して**
   - 患者の親からの相談。配偶者の親の介護と看取り，配偶者の発症と介護をしている間に，子どもが発症した。未発症の子どもは独身である。将来，その子が結婚できるか心配であるし，子どもに遺伝させたことに自責の念を感じると切々とした訴えがあった。発症者の介護を整えるとともに，子どもの結婚について傾聴していった。

7. **療養上の相談に関して**
   - 患者本人と配偶者からの相談。同一家族内に複数名の人が発症している。遺伝性であることから親戚に相談することを拒否しており，他の医療機関と連携して支えていくようにしたが，療養先の確保に難渋した。保健・医療・福祉の連携のためには病気の理解が必要であり，時間もかかった。

資料6-2　遺伝学的検査に関するガイドライン（遺伝医学関連10学会，2003年8月）より一部抜粋（脚注を除く）
http://idennet.kuhp.kyoto-u.ac.jp/dl/guideline/geneguide.pdf

I．遺伝学的検査と遺伝カウンセリング

1．遺伝学的検査は，十分な遺伝カウンセリングを行った後に実施する。
2．遺伝カウンセリングは，十分な遺伝医学的知識・経験をもち，遺伝カウンセリングに習熟した臨床遺伝専門医などにより被検者の心理状態をつねに把握しながら行われるべきである。遺伝カウンセリング担当者は，必要に応じて，精神科医，臨床心理専門職，遺伝看護師，ソーシャルワーカーなどの協力を求め，チームで行うことが望ましい。
3．遺伝カウンセリング担当者はできる限り，正確で最新の関連情報を被検者に提供するように努めなければならない。これには疾患の頻度，自然歴，再発率（遺伝的予後），さらに保因者検査，出生前検査，発症前検査，易罹患性検査などの遺伝学的検査の意味についての情報が含まれる。遺伝カウンセリング担当者は，遺伝性疾患が，同一疾患であっても，その遺伝子変異，臨床像，予後，治療効果などにおいて異質性に富むことが多いことについて，十分留意しなければならない。
4．遺伝カウンセリング担当者は被検者が理解できる平易な言葉を用い，被検者が十分理解していることをつねに確認しながら遺伝カウンセリングを進めるべきである。被検者の依頼がある場合，又はその必要があると判断される場合は，被検者以外の人物の同席を考慮する。
5．遺伝カウンセリングの内容は，一般診療録とは別の遺伝カウンセリング記録簿に記載し，一定期間保存する。
6．被検者が望んだ場合，被検者が自由意思で決定できるように，遺伝カウンセリングは継続して行われなければならない。また必要に応じて，臨床心理的，社会的支援を含めた，医療・福祉面での対応について，情報が与えられるべきである。
7．遺伝学的診断結果が，担当医師によって，被検者の血縁者にも開示されるような場合には，臨床遺伝専門医の紹介など，その血縁者が遺伝カウンセリングを受けられるように配慮する。
8．遺伝カウンセリングは，遺伝学的検査の実施後も，必要に応じて行われるべきである。

II．目的に応じた遺伝学的検査における留意点

1．発症者を対象とする遺伝学的検査
　(1)　遺伝学的検査は，発症者の確定診断を目的として行われることがある。
　(2)　発症者の確定診断の目的で行われる遺伝学的検査の場合も，結果的にその情報が，血縁者に影響を与える可能性があることについて，検査前に十分説明し，理解を得ておかなければならない。
　(3)　血縁者の発症前診断，易罹患性診断，保因者診断などを行うための情報を得ることを第一の目的として，既に臨床診断が確定している患者に対して，疾患の原因となっている遺伝子変異などを解析することがある。この場合は，得られた情報が適切に血縁者に開示されるか，あるいは利用されることによってはじめて意味のある遺伝学的検査となること，疾患の原因となる遺伝子変異が見出されなくても，本人の臨床診断に影響しないことを，検査の前に被検者に十分説明し，理解を得ておかなければならない。

2．保因者の判定を目的とする遺伝学的検査
　(1)　遺伝学的検査は，家系内に常染色体劣性遺伝病やX連鎖劣性遺伝病，染色体不均衡型構造異常の患者がいる場合，当事者が保因者であるかどうかを明らかにし，将来，子孫が同じ遺伝病に罹患する可能性を予測するための保因者検査として行われることがある。
　(2)　保因者検査を行うにあたっては，被検者に対して，その検査が直接本人の健康管理に役立つ情報を得る目的のものではなく，将来の生殖行動に役立つ可能性のある情報を得るために行われるものであることを十分に説明し，理解を得なければならない。
　(3)　将来の自由意思の保護という観点から，小児に対する保因者診断は基本的に行われるべきではない。
　(4)　保因者検査を行う場合には，担当医師及び関係者は，診断の結果明らかになる遺伝的特徴に基づいて，被検者及びその血縁者並びに家族が差別を受ける可能性について十分に配慮しなければならない。

3．発症予測を目的とする遺伝学的検査
 (1) 発症を予測する遺伝学的検査には，単一遺伝子の変異でほぼ完全に発症を予測することのできる発症前検査と，多因子疾患の罹患性の程度もしくは罹病リスクを予測する易罹患性検査がある。
 (2) 発症予測を目的とする遺伝学的検査の対象者は，一般に健常者であるため，厳格なプライバシーの保護及び適切な心理的援助が措置されなければならない。特に就学，雇用及び昇進，並びに保険加入などに際して，差別を受けることのないように，配慮しなければならない。
  A．発症前検査
  1）有効な治療法及び予防法の確立されていない疾患の発症前検査においては，以下のすべての要件が満たされない限り，行ってはならない。
   (a) 被検者は判断能力のある成人であり，被検者が自発的に発症前検査を希望していること。
   (b) 同一家系内の罹患者の遺伝子変異が判明しているなど，遺伝学的検査によって確実に診断できること。
   (c) 被検者は当該疾患の遺伝形式，臨床的特徴，遺伝学的検査法の詳細についてよく理解しており，検査の結果が陽性であった場合の将来設計について熟慮していること。
   (d) 遺伝学的検査後及び結果が陽性であった場合には発症後においても，臨床心理的，社会的支援を含むケア及び治療を行う医療機関が利用できること。
  2）有効な治療法及び予防法が確立されていない疾患の発症前検査は，前項の要件がすべて満たされている場合に限り，かつ当該疾患の専門医，臨床遺伝専門医，精神医学専門医などを含む複数の医師により，可能な限り，臨床心理専門職，看護師，ソーシャルワーカーなどの協力を得て，複数回の遺伝カウンセリングを行った上で，検査の実施の可否を慎重に決定する。
  B．易罹患性検査
  1）多因子疾患などに関する易罹患性検査を行う場合には，検査の感度，特異度，陽性・陰性結果の正診率などが十分なレベルにあることを確認しなければならない。
  2）易罹患性検査に際しては，担当医師は，遺伝子（DNA）変異が同定されても，その発症は疾患により一様ではなく，浸透率や罹患性に対する効果（寄与率）などに依存すること，また，検査目標とする遺伝子に変異が見出されない場合であっても発症する可能性が否定できないことなどについて，被検者に十分に説明し，理解を求めなければならない。
  C．家族性腫瘍に関する検査
  1）易罹患性検査のうち，家族性腫瘍に関する検査に関しては，関連遺伝子の多様性に配慮した，慎重な対応がなされなければならない。
  2）家族性腫瘍の易罹患性検査に関しては，本ガイドラインに加えて，家族性腫瘍研究会の「家族性腫瘍における遺伝子診断の研究とこれを応用した診療に関するガイドライン」に準拠する。
  3）家族性腫瘍の易罹患性検査を行うにあたっては，検査の感度，特異度，陽性・陰性結果の正診率などが十分なレベルにあることが確認されていなければならない。
4．薬物に対する反応性の個体差を判定することを目的とする遺伝学的検査
 薬物代謝酵素の遺伝子多型検査による薬剤感受性診断は，直接治療に役立ち得る情報であり，有用性が高いと考えられるが，この情報が遺伝的差別などに誤用されることのないよう，他の目的の遺伝学的検査と同様の注意が必要である。
5．出生前検査と出生前診断
 (1) 妊娠前半期に行われる出生前検査及び診断には，羊水，絨毛，その他の胎児試料などを用いた細胞遺伝学的，遺伝生化学的，分子遺伝学的，細胞・病理学的方法，及び超音波検査などを用いた物理学的方法などがある。
 (2) 出生前検査及び診断として遺伝学的検査及び診断を行うにあたっては，倫理的及び社会的問題を包含していることに留意しなければならず，とくに以下の点に注意して実施しなければならない。
  (a) 胎児が罹患児である可能性（リスク），検査法の診断限界，母体・胎児に対する危険性，副作用などについて検査前によく説明し，十分な遺伝カウンセリングを行うこと。
  (b) 検査の実施は，十分な基礎的研修を行い，安全かつ確実な検査技術を習得した産婦人科医により，またはその指導のもとに行われること。
 (3) 絨毛採取，羊水穿刺など，侵襲的な出生前検査・診断は下記のような場合の妊娠について，夫婦からの希望があり，検査の意義について十分な理解が得られた場合に行う。

(a)　夫婦のいずれかが，染色体異常の保因者である場合
　(b)　染色体異常症に罹患した児を妊娠，分娩した既往を有する場合
　(c)　高齢妊娠の場合
　(d)　妊婦が新生児期もしくは小児期に発症する重篤なX連鎖遺伝病のヘテロ接合体の場合
　(e)　夫婦のいずれもが，新生児期もしくは小児期に発症する重篤な常染色体劣性遺伝病のヘテロ接合体の場合
　(f)　夫婦のいずれかが，新生児期もしくは小児期に発症する重篤な常染色体優性遺伝病のヘテロ接合体の場合
　(g)　その他，胎児が重篤な疾患に罹患する可能性のある場合
(4)　重篤なX連鎖遺伝病のために検査が行われる場合を除き，胎児の性別を告げてはならない。
(5)　出生前診断技術の精度管理については，常にその向上に努めなければならない。
(6)　母体血清マーカー検査の取り扱いに関しては，厚生科学審議会先端医療技術評価部会出生前診断に関する専門委員会による「母体血清マーカー検査に関する見解」，日本人類遺伝学会倫理審議委員会による「母体血清マーカー検査に関する見解」，及び日本産科婦人科学会周産期委員会による報告「母体血清マーカー検査に関する見解について」を十分に尊重して施行する。
(7)　着床前検査及び診断は，極めて高度な知識・技術を要する未だ研究段階にある遺伝学的検査を用いた医療技術であり，倫理的側面からもより慎重に取り扱わなければならない。実施に際しては，日本産科婦人科学会会告「着床前診断に関する見解」に準拠する。

資料6-3 遺伝子診療について参考になるウェブサイト・文献・当事者団体リスト

① 遺伝子診療部門をもつ病院，遺伝相談施設（カウンセラー）リスト
- いでんネット（臨床遺伝医学情報網）http://idennet.kuhp.kyoto-u.ac.jp/w/index.php?Top
  京都大学遺伝子診療部のホームページで都道府県別に紹介されている。遺伝相談施設（カウンセラー）情報からアクセス可能であるが，全国すべてを網羅しているわけではないので，各地域の大学病院に電話をする必要がある。

② 参考になる文献（難病医療専門員・相談者への紹介向け）
- 神経疾患の遺伝子診断ガイドライン：日本神経学会監修，医学書院，2009.
  神経内科領域においては，遺伝学的検査を実施する可能性が増えてきたことから，遺伝学的検査を考慮する場合の留意点について，疾患ごとにまとめてある。また，総論には，遺伝学的検査に際して留意する点，家系図の書き方や遺伝カウンセリングについても概説してある。
- 遺伝医学への招待：新川詔夫・阿部京子，南江堂，2008.
  看護学生や医療スタッフのために，わかりやすく書かれた遺伝医学の入門書である。基礎的な遺伝学の知識の他に，オーダーメイド医療や生命倫理についても述べてある。
- 遺伝診療をとりまく社会　その科学的・倫理的アプローチ：水谷修紀・吉田雅幸監修，吉田雅幸・小笹由香編集，ブレーン出版，2007.
  遺伝子診療部門での取り組みがわかりやすく示されているほか，関連する領域からのアプローチについて平易にまとめられている。
- 遺伝看護：安藤広子他編著，医歯薬出版株式会社，2006.
  遺伝的な問題をもつ人々にどのような援助ができるか，看護職がよく遭遇する事例を紹介してある。
- 遺伝医療とこころのケア臨床心理士として：玉井真理子，NHKブックス，2006.
  遺伝診療にかかわるパイオニアの臨床心理士である筆者が，相談の現場についてわかりやすくまとめている。神経難病の発症前遺伝子診断の事例も含まれている。
- 遺伝カウンセリングを倫理するケーススタディ：長崎遺伝倫理研究会編，診断と治療社，2005.
  いま，遺伝カウンセリングの現場では何が起こっているのか，遭遇する倫理問題について，医師，看護師，臨床心理士，倫理学者，教育者などさまざまな分野の専門家たちとの討論集。
- 遺伝相談と心理臨床：伊藤良子監修，玉井真理子編集，金剛出版，2005.
  心理臨床家を対象とした書であるが，「聴く」ことの意味について解説されているほか，実際の面接の経過についても記録されており，参考になる。神経難病の発症前遺伝子診断の事例も含まれている。
- 一般外来で遺伝の相談を受けたとき：藤田潤他著，医学書院，2004.
  プライマリ・ケアの臨床現場で遺伝に関する相談を受けたときに，気軽に使える本である。
- 遺伝カウンセリングマニュアル：新川詔夫監修，南江堂，改訂第2版，2003.
  遺伝カウンセリングのハンドブックであり，疾患ごとに遺伝カウンセリングをする際に考慮すべき項目をまとめてある。
- 遺伝看護の実践事例からのアプローチ：デール・ハルツェ・リー他著，清水淑子監修，日本看護協会出版会，2001.
  遺伝的課題を抱える対象の看護を可能にするために，遺伝学，健康，看護における様々な側面を概説してある。

③ 難病の当事者団体ポータルサイト
- 難病情報センター：http://www.nanbyou.or.jp/top.html
  →患者団体一覧
  特定疾患を対象とした患者団体，特定疾患を対象に含む患者団体，特定疾患以外の患者団体と幅広く記載されている。
- 信州大学遺伝子診療部：http://genetopia.md.shinshu-u.ac.jp/index2.htm
  →一般の方へ（遺伝子診療部案内）→「サポートグループへのリンク集です」
  様々な疾患について記載されている。

④ 難病医療専門員が関わる可能性が高い疾患の当事者団体リスト（五十音順）
　●主な遺伝性疾患の当事者団体リスト
　　・ALD 親の会（副腎白質ジストロフィー）：http://www.ald-family.com/
　　・SMA（脊髄性筋萎縮症）家族の会：http://www.sma.gr.jp/
　　・MCM 家族の会（ミトコンドリア病）：http://www.mitochon.org/pc/
　　・全国色素性乾皮症（XP）連絡会：http://www.xp-japan.net/
　　・染色体起因しょうがいじの親の会：http://www.eve.ne.jp/FLC/
　　・日本筋ジストロフィー協会（JMDA）：http://www.jmda.or.jp/
　　・NPO 法人日本ダウン症ネットワーク（JDSN）：http://jdsn.ac.affrc.go.jp/dowj1.html
　　・日本軟骨無形成症協会（JAPA）：http://www.normanet.ne.jp/..japa/
　　・日本二分脊椎症協会：http://www006.upp.so-net.ne.jp/sbaj/
　　・日本ハンチントン病ネットワーク（JHDN）：http://www.jhdn.org
　　・NPO 法人日本マルファン協会（マルファン症候群）：http://www.marfan.jp/
　　・日本ムコ多糖症親の会：http://www.mps-japan.org/index.html
　　・ハーモニーライン（大腸ポリポーシス患者友の会）：
　　　http://park14.wakwak.com/..harmonyline/index.html
　　・ファブリー病/患者と家族の会：http://www.fabrynet.jp/index.html
　　・マルファンネットワークジャパン（MNJ）（マルファン症候群）：http://www.marfan.gr.jp/
　　・道しるべの会（FAP（家族性アミロイドポリニューロパチー））：http://homepage2.nifty.com/fap/
　●一部遺伝性疾患を含む主な当事者団体リスト
　　・稀少難病者の会あせび会：http://www.asebikai.com/
　　・全国脊髄小脳変性症友の会（全国 SCD 友の会）：http://homepage3.nifty.com/jscda/
　　・全国パーキンソン病友の会（JPDA）：http://www.jpda-net.org/index.php
　　・日本 ALS 協会（JALSA）：http://www.alsjapan.org/
　　・日本網膜色素変性症協会（JRPS）：http://www.jrps.org/

〈コラム5〉 遺伝性神経難病への支援活動と私の想い

大阪府立急性期・総合医療センター　神経内科副部長
大阪難病医療情報センター　澤田甚一

(1) ハンチントン病の一家系との出会い

　今から25年前，私が大阪府立病院（現　大阪府立急性期・総合医療センター）神経内科レジデントをスタートした頃のエピソードである。病院で診療する傍ら，大阪府の難病行政の仕事も兼務していた。大阪府保健所の保健師から，「在宅でハンチントン病と思われる患者さんがいるが，看ていられない状態にある。一度診察に来てくれないか」と少し要領を得ない電話をもらった。とりあえず保健師と段取りをつけ，訪問をすることにした。それは私にとって初めての家庭訪問でもあった。患者に失礼にならないようにと背広，ネクタイを着用して訪問することにした。ベッドタウンにあるその家に着くと保健師は「Aさん，保健所の○○○です。入りますよう……」と玄関の戸を開け，「先生も入ってください」と言って中に入っていった。入ると直ぐに異様な匂いがした。小さな玄関の横にある薄暗い六畳の部屋で手足と体幹をバタバタとくねらせ，布団に臥床している患者さんが眼に入った。患者の周りには柵が置いてあり，その中に食べ物と水が入った食器があった。唖然としている私に「上がって下さい」と保健師が促した。大変恥ずかしい話であるが，掃除も行き届いていないように見えた狭い部屋のどこに座ろうかと私は躊躇し，これなら背広で来るのではなかったと少し後悔した。患者は夫と2人暮らしで，夫は仕事に行っているため，昼間独居であった。認知症が進行し，構音障害も重いため，コミュニケーションは取れない状態にあった。この時代は往診も殆どなく，訪問看護や介護は制度化されていなかった。病院に戻って直ぐに狭間先生（現　神経内科主任部長）と相談し，入院していただくことにした。入院後の夫との面談で，病初期に専門病院でハンチントン病と診断され遺伝する病気であると聞いていること，病院が遠方であったので通院できなくなってからは医療を受けていないこと，舞踏という不随意運動を伴った遺伝病であるために他人に相談しなかったこと，が判った。また話の中で，夫は患者に大きな思いやりを持っていることが伝わり，介護を放棄していたわけではなかった。

　私はこの症例によって，ハンチントン病をはじめとする遺伝性神経難病のおかれている状況を学び，自らの神経難病に向き合う姿勢と支援活動へのモチベーションの原点を

植え付けられた。とはいえ直ぐに，遺伝性神経難病を対象に，組織だった支援に取り組めたわけではない。私の難病への経験が浅かったこともあって，具体的にどのように動けばよいのか，全く判らない状態が続いた。この頃，ALSを中核にすえた支援活動が社会的な大きな流れとして徐々に広がりを見せ始めていたこともあって，私たちも主にALSを念頭においた医療ネットワークの構築に力を注いでいった。そして，このネットワークを実りあるものにすれば，遺伝性神経難病の療養の向上にも活用できるとも当時は考えていた。

　Aさんは当院に長期間入院後，転院し亡くなられた。しかし，Aさんに関係する話はこれで終ったわけではなかった。Aさんの弟（Bさん）の妻から，「最近，Bに姉のAと似通った症状があるので受診させたい」との依頼を受けた。Aさんに対しては確定診断をするための遺伝子検査はなされていなかった。Bさんを診察し，幾つかの検査の後でハンチントン病を強く疑った。Bさんと妻に，Aさんと同じ病気が疑われること，対症的治療と予後，遺伝形式，確定診断には遺伝子検査があることを説明した。Bさんと妻は遺伝子検査を希望されたので，短期間入院していただくことにした。「確定診断をするための遺伝子検査」に，何故入院が必要なのかといぶかる医療関係者は多いと思う。検査自体は検査を受けることのメリット・デメリットとプライバシーが守秘されることを説明し，患者または代理人1人の承諾を得た後に数ミリの血液を検査施設に送れば済むことである。なぜ通院でできないのかと。Bさんには職についている4人の実子がおられた。Bさんと妻は4人の実子に「Aの病気のこと，Bが同様の遺伝性の病気であると考えられること」を話していなかったが，説明する必要があると考えていた。「確定診断をするための遺伝子検査」にあたって，Bさんと妻のみへの説明と承諾でよいのであろうか。

　『遺伝子医学と地域医療についての報告（平成14年3月30日　日本医師会第Ⅶ次生命倫理懇談会）』のⅡ.4.(5)には，「遺伝性疾患の確定診断：……遺伝性疾患患者の診断のために行われるので，倫理的問題は比較的少ないと考えられているが，患者の遺伝子変異を明らかにすることは，他の血縁者にも影響を与え得ることを十分認識しておく必要がある」とある（私は下線部の文言に大いに疑問を持っているが）。また，更に踏み込んで『遺伝学的検査に関するガイドライン（平成15年8月　遺伝医学関連の学会等（10学会および研究会））』のⅤ.1.(2)では，「発症者の確定診断の目的で行なわれる遺伝学的検査の場合でも，結果的にその情報が，血縁者に影響を与える可能性があることについて，検査前に十分説明し，理解を得ておかなければならない」とある（私はこの指摘にも納得できない部分がある，それは，「検査前に十分説明し，理解を得ておかなければならない」とあるが，説明と理解を得る行為の対象者の範囲が示されていないことである）。

「血縁者とその家族への影響を認識し，理解を得る」ことを考慮して検査を進めるため，血縁者とその家族に関する情報を把握した上でBさんと妻，実子4名との数回の個別・同席面談が必要であると考え，入院していただいた。その中で，実子の1人は「ネットでも調べて薄々判っていた。自分にも発症のリスクがあるので結婚はしないと決めていた」，また別の実子からは「もっと早く教えてほしかった。自分の配偶者にも説明しなければいけないだろう。将来，自分の子供にも……」などの発言があった。話し合いの結果，「確定診断をするための遺伝子検査」を受けないこととなった。

遺伝医学の飛躍的発展によって，神経内科領域でも遺伝性疾患の多数の患者に対し遺伝子検査が行なわれるようになった。検査の殆どは「確定診断をするための遺伝子検査」で，比較的通り一遍の説明と患者または代理人の承諾で成されているのが現状ではないかと思う。しかし，この医療行為によって，検査を受けた患者のみならず，その血縁者と家族に苦悩と発症リスクという将来への大きな不安をもたらし，家庭・社会生活の基盤を揺るがすことになった症例がいることを認識しなければいけないと思う。もっとも「確定診断をするための遺伝子検査」の対象者全てに，Bさんと配偶者・血縁者に行なったような情報把握とインフォームド・コンセントのためのプロセスが必要であるとは考えないが。

現在も妻に付き添われてBさんは通院しているが，その後4人の実子の方々とは面談する機会を持てないでいる。4人の方々にはいつでも相談できる機関なり，人が近くにいればよいのになあと思いつつも，妻から「元気にしていますよ」と聞く以外には状況を把握できないでいる。

(2) 症例から学んだこと

少しずつではあるが，ハンチントン病や遺伝性脊髄小脳変性症患者への支援経験を積み重ね，以下のことを学んだ。

① 社会の遺伝疾患患者と家族に対する見方・対応のベクトルがプラスの方向には向いていない。そのため，親戚や身近な友人にも病気のこと，療養のことを相談できにくい社会的状況におかれている——病気を持って生きるという視点から見れば，「地域で閉ざされた療養生活」を送っている。

② 支援の対象には，発症している患者のみならず，血縁を含めた家族も含まれる。それは介護者への支援という側面だけではない。患者の配偶者においては「遺伝性であることを隠していたなどといった患者への怒り・不信，子供への遺伝の心配」があり，時には離婚の危機を迎えるケースもある。血縁者であれば「at risk，結婚，出産などに対する不安」があり，生活設計の軌道を変更する人もいる。

③　発症から死亡までの経過が長く，十数年以上に及ぶことも稀ではない。このことが継続して関わり，タイムリーな支援をすることが困難な原因の一つとなっている。ALS のように数ヵ月単位で病状が変化し，次々とそれに対応した医療処置や在宅医療，福祉などの地域資源を導入するといったことがないため，電話や訪問をしても「変わりない」で終ってしまうことが多いようである。長期にわたっての継続した信頼関係をどのようにして作っていくのか，大きな課題である。

④　地域の在宅ケア提供者の殆どは，疾患や遺伝に対する知識が乏しく，ケア経験も少ない。また，地域の支援関係者と（究極の個人情報とも言われる）遺伝に関連する情報をどの程度共有化していくべきか，悩ましい課題である。

⑤　経過中，不随意運動やけいれん，精神症状を伴い，それが重症化する疾患が多い。それ故，いったん在宅療養ができなくなれば死亡するまで入院・入所となるが，適切な施設の確保が難しい。また，若年発症のケースでも同様である。同居家族の中に同病を患う複数の患者がいる事例においては，大きな介護負担を強いられる。

⑥　平成 18 年に行なった私たちの調査では，患者や血縁者，家族自らが「遺伝について相談する」相手は主治医のみであった。その相談内容も医学的な遺伝に関することのみであった。当センターにおいても，遺伝に関する相談は殆どない。彼らにとってみれば，遺伝に関連する生活上の悩みや不安を，望む時にはいつでも相談できるシステムが見当たらないことを意味している。

(3)　支援の取り組み

ALS に対するネットワーク事業に何とか目途がつきだした平成 15 年に，私たちは，次のことを目的において，遺伝性神経難病への組織立った支援を開始した。

①　ハンチントン病や遺伝性脊髄小脳変性症の中でも特段療養が困難な状況にある DRPLA などを対象にし，療養状況を継続的に把握できる仕組みを作る。

②　遺伝に関する専門的な医学知識やカウンセリングを活用できる——臨床遺伝専門医や認定遺伝カウンセラーの連携支援が得られる組織を作る。

③　臨床遺伝専門医の助言と指導を得て，医療・福祉関係者や行政職が疾患への理解を深め，患者・血縁者・家族の現状や課題を学習する機会を作る。

④　不随意運動や精神症状を伴うためか，これまでは精神科単科病院に長期入院をするケースが多い。患者や家族にとってこの療養形態がベストであるか，検討を要する。専門医のコンサルトを受けながら，療養型病院や福祉施設と在宅とを行き来できるシステムができないか模索する。そのために，新たに入院や入所が可能な施設を開拓していく。

支援組織を作るに当たって，それまでに取り組んできた大阪ALSネットワーク事業の経験と人脈を活用することにしたが，このネットワークでは遺伝性神経難病の支援に対応できないことは明らかであった。そこで，どのような方々の協力が必要なのか，どのような事業を展開していけばよいのか，などの助言をいただくため，臨床遺伝専門医，神経内科医，臨床心理士，患者団体，行政の方々にお集まりいただき，「遺伝性神経難病の臨床遺伝と地域ケアとの連携」をテーマにして検討会を開催した。この会を出発点にして，遺伝性神経難病ケア研究会が設立され，現在，診療所医師や保健師，看護師などにも参加いただき，会員数は約100名となっている。

事業を具体的に述べると，次の5つの柱からなる。
① 1回/年の遺伝性神経難病医療・療養相談会の開催
② 遺伝性神経難病のケア研修会
③ ケースへの訪問などによる個別支援
④ 入院や入所施設の確保
⑤ 認定遺伝カウンセラーによる「神経難病の遺伝相談」を1回/月

この5つの事業はお互いに関連を持たせるようにし，運用にあたっては，随時遺伝性神経難病ケア研究会のメンバーの協力がいただけるようにした。

相談会に来られた患者・家族へは，その後継続して当センターが関わりを持つようにしている。これまで7回行なった相談会に大阪府特定疾患ハンチントン病の8割以上の患者が相談会に来られ，全て個別支援の対象となっている。また，支援のプロセスで短期・長期の入院の必要性を予見することで，時間に余裕を持ってベッドの確保ができるように努めている。その結果，ハンチントン病とDRPLAの長期入院に協力いただける療養型病院と老健施設を開拓した。最も重要な事は，医療・福祉従事者に，遺伝子検査，遺伝カウンセリング，ケアについて学び，遺伝性神経難病に向き合う姿勢を新たにしていただく機会を設けることである。そのため，グループワークによる実際的な症例の検討を行なうことで参加型の研修会をし，「診断の遅れによって家庭崩壊の危機に直面したハンチントン病の一家族例」「ハンチントン病における発症前遺伝子診断——診断前・後における課題」などを検討した。

(4) **私見ではあるが，申し上げたいこと**

ALS患者や家族が疾病に立ち向かって療養生活を送っている姿は，支援する専門職やボランティアに大きな感動をもたらし，それがまた支援に関係する人々のモチベーションを高める。困難な状況にあってもスキンシップと温かいコミュニケーションがこれらの大きな輪の信頼関係を更に強くする。そういった話はこれまでに多くの人々によって語られ，書き綴られてきた。わが国において，ALSへの支援が大きな広がりを

示すようになった原動力は，医療・福祉関係者の地道な努力と相まって，ALS 患者や家族が病気を前向きに捉え，置かれている厳しい状況の中でも社会の一員として社会との関係を再構築していこうとする努力にある．感動をもたらすそのドラマを一度でも経験すれば，支援者の多くはより一層の活動に励むことになる．義務や制度に基づく活動は，限られた成果しかもたらさない．

翻って，ハンチントン病や DRPLA，副腎白質ジストロフィーなどにおいては，ALS と同様な感動を体験することは難しい．長嶋茂雄氏ではないが，Make a drama が生まれ難い，大きな壁は，患者数が少数であること，疾病や遺伝医学が難解であること，遺伝カウンセラーが身近にいないこと，遺伝と奇妙に見えるかもしれない不随意運動がもたらす社会的な差別と偏見，であろう．全ての人々は，多かれ少なかれ，何らかの差別感や偏見的観念を持ち，時には言動を行なって生きている社会的人間ではある．一方，それを投射された人の立場にたてば，自らを閉ざして生きるか，闘って生きるかの選択を迫られるかもしれない．私たちも，患者・家族と同様にその選択を迫られていると思う．

近い将来，患者・血縁者・家族自らが，究極の個人情報――最も厳格に守秘されるべきプライバシーの殻を脱ぎ捨てて，共に社会に生きていく姿を力強く訴える日が来ることを，また，それと協同し，感動を持って彼らを支援する，大きな輪が形成されることを願っている．その想いを胸に，遺伝性神経難病のネットワーク事業を加速的に進めていきたいと考えている．

第7章
難病相談・支援センターとの連携

宮城県神経難病医療連絡協議会　遠藤久美子・関本聖子

7.1　はじめに

　難病相談・支援センター事業は，難病患者・家族の療養上，日常生活上での悩みや不安の解決を図るとともに，様々なニーズに対応したきめ細やかな相談や支援を通じて，地域における難病患者等支援対策を一層推進することを目的に，平成15年度から実施されている[1]。難病患者・家族の生活において「医療」は密接なかかわりを持っていることが多い。生活者としての「生活」という視点と「医療」という視点を統合的にとらえて，患者・家族が自立生活をすることを，難病医療専門員と難病相談・支援員とが連携して支援することが重要である。この章では難病相談・支援センターの概要と連携のあり方についてまとめた。

7.2　難病相談・支援センターとは

　難病患者・家族が今後の療養生活を考えるときに最初に訪れて同じ目線で相談に応じてもらえる窓口が必要であるという提言から，平成15年度より全国に難病相談・支援センター（以下，センター）の設置が始められた。国庫から50％，都道府県事業費から50％拠出されて企画・運営され，実施主体は都道府県と指示されているが，事業運営の全部または一部を実施主体の長が適切な事業運営が可能と認められる団体に委託することができる。
　センターは難病患者・家族等の療養上，生活上での悩みや不安等の解消を図ることを目的としている。このため，センターには「難病相談・支援員」が配置され，電話や面談等による相談，患者会などの交流促進，就労支援など難病患者のもつ様々なニーズに対応した相談支援を行なっている。センターは，このような活動の都道府県ごとの活動拠点となり，既存の在宅療養支援施策等とも連携しつつ，地域における難病患者支援対策を一層推進することをめざしている。

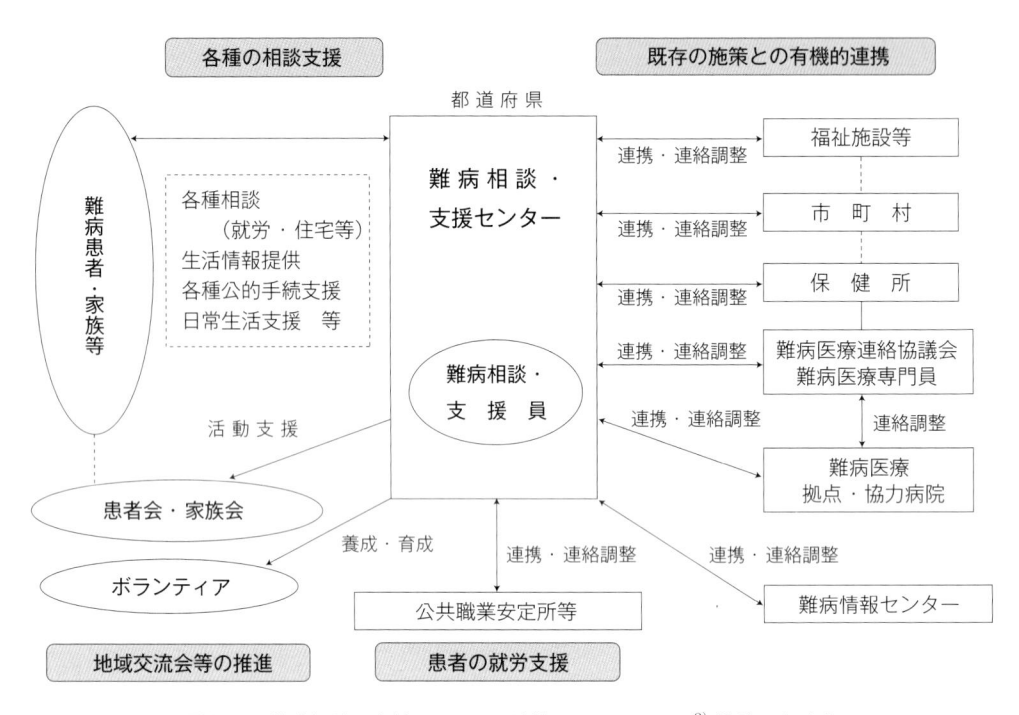

図7-1 難病相談・支援センターの連携フローチャート[2] 抜粋一部改変

(1) 事業内容（平成21年度版　難病対策提要より抜粋一部改変）

都道府県は，難病相談・支援センターを設置し，次の事業を行なうものとする。

A．各種相談支援

　電話，面談，日常生活用具の展示等により，療養，日常生活，各種公的手続き等に対する相談・支援及び生活情報（住居，就労，公共サービス等）の提供等を行なうこと。

B．地域交流会等の（自主）活動に対する支援

　レクリエーション，患者等の自主的な活動，地域住民や患者団体との交流を図るための場の提供支援，医療従事者等を交えた意見交換会やセミナー等の活動支援を行なうとともに，地域におけるボランティアの育成に努めること。

C．就労支援

　難病患者の就労支援に資するため，公共職業安定所等関係機関と連携を図り，必要な相談・援助，情報提供を行なうこと。

D．講演・研修会の開催

　医療従事者等を講師とした患者等に対する講演会の開催や，保健・医療・福祉サービスの実施機関等の職員に対する各種研修会を行なうこと。

E．その他

　特定の疾患の関係者に留まらず，地域の実情に応じた創意工夫に基づく地域支援対策

事業を行なうこと。

(2) 全国の難病相談・支援センター設置状況

平成15年から設置が始められたセンターは，平成20年3月で全ての都道府県で開設が完了した。センターの運営主体は，「難病連等，当事者団体に委託」19（40％），「行政機関が運営」14（30％），「医療機関」が7（15％）であった。その他が7（15％）であり，地域によって様々である（図7-2）。

全体の4割が難病連（当事者団体）に運営委託をされている。一方で，既存の難病医療ネットワーク事業と同じように県が主体となって拠点病院の大学病院などに設置しているところや，各地域の医療機関，保健所，保健センターで分散して運営しているところもありセンター設置場所も様々である（図7-2～7-3）。

(3) 難病相談・支援員について

難病相談・支援員は，保健師，看護師，医療ソーシャルワーカー（MSW）[*1]などの医療従

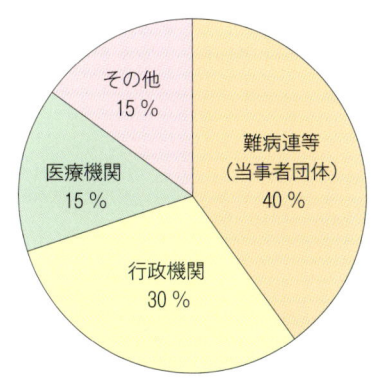

図7-2 難病相談・支援センターの実質的な運営主体
文献3を一部改変，平成22年6月現在

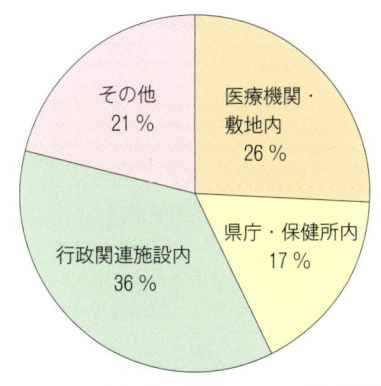

図7-3 難病相談・支援センター設置場所
文献3を一部改変，平成22年6月現在

事者が多く，配置人数も1人の場合と複数の場合とがある。大部分がセンターに配置されているが，拠点病院内，県庁内，保健所内など配置場所は様々である。難病相談・支援員は難病患者・家族のより実質的な生活確保の支援をすることを期待されている。一方，難病医療専門員は「重症難病患者入院確保事業」の最大の目的である緊急入院やレスパイト[*11]入院を含めた円滑な医療施設の提供が支援の主体であり，医療・保健・福祉の連携・調整が主な役割と考えられている。各都道府県の難病相談・支援センターの設置状況や活動内容を把握し，相談内容によってはセンターに協力支援を求め連携を図る。難病相談・支援員が難病医療専門員と同じ場所に配置されている県もあり，両者で役割分担と連携を図りながらより充実した支援ができている例もある。

(4) 全国難病センター研究会（北海道難病連ホームページより抜粋改変）

　センターの公平・公正かつ効果的な運営及び事業に関する研究と，従事する者の資質の向上及び情報交流をめざして，全国難病センター研究会が年に2回開催されている。

〈事業内容〉
- センターの運営に関する情報の交換及び研究会の開催
- 相談等事業の実施に関する研究会の開催
- 相談従事者資質向上研修の開催
- 情報及び資料の提供
- 目的の達成に必要な事業

〈研究・研修事項の検討〉
- センターの運営・管理・財政（経理）に関する事項について
- 相談事業・集団検診・相談会・講演会等の開催及び事業の実施に関する事項について
- 相談員の資質向上に関する事項について

〈事務局〉
財団法人北海道難病連
〒064-0804　札幌市中央区南4条西10丁目
TEL：011-512-3233　FAX：011-512-4807
ホームページ　http://www.do-nanren.jp/

難病支援ネット北海道
〒064-0927　札幌市中央区南27条西8丁目1-27-1-101
TEL：011-532-2360　FAX：011-511-8935

(5) 難病相談・支援センターに関する調査結果

難病医療ネットワーク事業担当者への難病相談・支援センター調査（平成19年度「特定疾患患者の自立支援体制の確立に関する研究班」にて報告）を実施した。

平成19年度の拠点・協力病院92施設の難病ネットワーク担当者（70％が医師）へのアンケート調査から，難病相談・支援センターについて，「知っている」と答えた担当者は84％であった。そのうち実際に「連携している」と答えたのは69％であり，「連携していない」と答えた29％のうち約9割は「今後連携をとりたい」と希望していた。

難病相談・支援員の役割として考えられている内容は，「患者・家族の自立生活支援（就労支援・生活支援）」が最も多く，次いで「医療・保健・福祉施設との調整」，「生活上の相談」，「患者会等自助グループへの支援」，「難病の啓発活動（講演・研修会等）」であった。

一方，難病相談・支援センターを「知らない」と答えた担当者と未記入は16％であり，また，「難病相談・支援員と難病医療専門員の違いが分からない」，「難病相談・支援員という職種を知らなかった」などの回答があった。重症難病患者入院施設確保事業に属する難病医療専門員と難病相談・支援センターに属する難病相談・支援員との区別について混乱している状況も見受けられたので，今後は役割分担の明確化が必要と思われる。

7.3 難病相談・支援センターとの連携のあり方

(1) 活動内容の把握と情報の共有

難病相談・支援センターは平成15年度から各都道府県に順次設置されてきた。センター運営が軌道に乗り積極的な支援活動をしているセンターから，誕生してまもないセンターまで幅が広い。運営主体や配置場所，相談員の職種等は各県によって様々であるため，各県のセンターがどのような支援活動をしているのかを，事業報告書の閲覧やセンター見学により情報収集し十分に把握する必要がある。

財団法人難病医療研究財団が厚生労働省の補助事業として実施している「難病情報センター」のホームページ（http://www.nanbyou.or.jp）では都道府県別難病相談・支援センターの情報が掲載されているので参照されたい。

(2) 各種相談内容に応じた連携

センターでは難病130疾患が相談の対象になる一方，難病医療専門員が対象としている疾患が，「56特定疾患」であったり，「神経・筋疾患」としている場合もある。神経難病については生活面を含めた相談も難病医療専門員が担うなど，疾患ごとに難病相談・支援員と役割分担されている場合もある。一方，就労支援や当事者団体との交流などについてはセンターが主に役割を担っている所が多くみられる。

(3) 難病相談・支援センターへの相談依頼

① ピアサポート[*8]導入時の連携

「難病」に罹患していることを知ったとき，患者本人・家族の精神的なダメージは計り知れないものがある。専門員による話の傾聴・共感も重要な支援であるが，適切な時期に同じ状況を経験した人の話を聞いたり相談したりできることを伝え，患者会の存在などの情報提供をすることが望ましい。

センターに当事者団体が加盟・登録している場合は，患者・家族の了解を得てセンターの難病相談・支援員に連絡し，患者団体の協力のもとに適切な時期に協力いただける患者・家族に「ピアサポート」として患者同士，家族同士の交流の場を設定するとよい。

② 就労に関する相談の連携

就労相談には，(a)一度も就労経験がなく初めて就労を希望するもの，(b)就労中に発病し，その後の就労継続に関するもの，(c)難病発病後に離職または休職し，症状・状態が落ち着いたため再就労にチャレンジしようとするものなどがある。望ましい就労とは，就労先の理解を得ながら，難病者の状態にあわせて仕事の内容や勤務時間等が配慮され，無理せず就労を継続できる状態といえる。しかし，特に(b)については，就労先に罹患を伝えることでリストラの対象になることも考えられ，大変デリケートな問題を含んでいる。

センターの事業として「難病患者に対する就労支援」を積極的に行なっている地域もある。難病医療専門員が就労に関する相談を受けた場合，センターの難病相談・支援員につなげることが望ましい。そして，難病医療専門員は疾患の特性や医療面の情報等を提供しながら協力していくのがよい。

「難病の雇用管理のための調査・研究会」（厚生労働省委託）では平成16年度から19年度まで難病患者の就労について研究が進められた。平成19年3月には下記の報告書・ガイドラインが出された。

- 難病の雇用管理のための調査・研究会報告書
- 難病（特定疾患）を理解するために ── 事業主のためのQ＆A ──
- 難病のある人の雇用管理・就労支援ガイドライン

各都道府県で支援状況は様々であるが，近年，就労支援に取り組むところが増えており，今後の更なる支援整備が期待される。

(4) 難病相談・支援センターからの相談依頼

1) 専門医療機関の紹介

医師から病気の説明を受けても，情報も知識もない患者や家族にとっては治療法の選択が難しく，不安を覚えることもある。そのようなときに他の医療機関専門医に相談し，意見を聞くことができるのが「セカンドオピニオン」である。センターからこのような相談を受けた場合には，難病医療専門員が難病医療ネットワークに加盟している医療機関の専門医や病

院の特徴，役割を難病相談・支援員に伝えることが望まれる。

2）医療に関する相談（入院先，治療法，医療処置，医療機器など）

レスパイト[*11]入院や長期療養先など医療機関への入院の相談や疾患の治療法（治験含む），医療処置の概要，医療機器，などに関してセンターから相談が入った場合は，難病医療専門員が情報提供をする必要がある。患者・家族には，ある程度の情報を与えながらも，内容によって詳細については患者・家族が自ら医師・看護師などに質問ができるよう自立を促す支援を意識して行なうとよい。

(5) その他の連携について

難病医療連絡協議会[*5]（難病医療ネットワーク）の実施する研修会等と目的が一致すれば，合同開催も実施可能であろう。また，患者・家族交流会や医療相談会等の情報は，難病相談・支援員，難病医療専門員がお互いに共有し相談者に提供できるよう連携することが望ましい。

(6) 難病相談・支援センターのタイプごとの連携の取り方

難病相談・支援センターの運営主体については前述したが，設置場所は都道府県によって様々である。県が運営主体であっても難病相談・支援員の配置は拠点病院などの医療機関やその他の施設内の場合もある。また，難病相談・支援員の職種や経験等により情報提供・共有には柔軟な対応が必要であると考えられる。必ずしもこの限りではないが，センターの代表的な運営主体である①難病連等当事者団体，②行政機関（県庁・保健所等），③医療機関（大学病院等）について，前述した事業内容を参考に下記に連携の取り方の特徴と，群馬県と岐阜県の業務連携の事例をあげた。

① 難病連等当事者団体に設置の場合

当事者団体であるため，患者・家族の視点に立った支援，特にピアサポートが期待できる。難病患者・家族の生活にとり重要になってくるコミュニケーション支援に積極的な地域もあり，組織力や活動内容を把握して連携することが望ましい。事業内容の中でも，「日常生活における個別・具体的な相談への支援」や「患者会や患者・家族交流会の開催への支援」に関して積極的な連携がとれると考えられる。

② 行政機関（県庁・保健所等）

行政機関に設置されている場合は，各保健所などの行政機関との連携があるため，地域支援につなげやすい環境にある。また，特定疾患登録機関であるため県内患者数などの情報を得やすい。さらに保健・福祉制度についての正確な情報提供が得られるため，事業内容の中でも「各種公的手続き等に対する支援」や「その他，既存の難病施策等との有機的な連携」に関しての支援が期待できる。

③　医療機関（大学病院等）

　難病医療ネットワークの拠点病院（大学・国立・県立病院等）に設置されている場合が多く，多数の患者がその病院に受診・入院をしているため，患者・家族が相談しやすい環境にある。また専門医も多数存在し医療情報も容易に得られるので，事業内容の中でも「医療関係者等も交えた意見交換会やセミナー等の活動支援」についてより充実した内容が期待できる。

(7)　連携の実際
①　群馬県の場合
運営主体：群馬大学。センター設置場所：群馬大学。
難病連絡協議会（難病ネットワーク）設置場所：群馬大学。

（事例5） 診断直後の家族への心理サポートの連携事例

　地方の総合病院の神経内科で，ALSと診断された直後に難病相談・支援センター（以下，センター）に相談電話があった。58歳男性，会社員。構音障害が出現し，神経内科を受診したところ，医師からは「あなたはALSという病気です。いずれは呼吸ができなくなり，人工呼吸器をつけなければ死に至ります。その時期がいつなのかはわかりません。これといった治療はありません」と説明があった。病院の医療相談室では「この病気は特定疾患ですから，保健所で申請してください」と書類を渡された。医療相談室の廊下にあった，難病相談・支援センターのパンフレットに記載されていた電話番号に，妻が病院からの帰宅後すぐに電話をかけた。電話口で妻は混乱していた。「これからどうしていいかわからない」「誰に相談したらいいのか」と訴えた。センターの相談支援員は，相談者と患者である夫が病名告知を受けた直後で，特定疾患の申請前であることを確認した上で，神経難病医療ネットワークを紹介した。そして，すぐに同じ事務所内にいる難病医療専門員に相談内容を伝えて対応を依頼した。

②　岐阜県の場合
運営主体：患者団体（NPO法人岐阜県難病患者団体連絡協議会）。
センター設置場所：難病生きがいサポートセンター。
難病医療連絡協議会（難病ネットワーク）設置場所：岐阜大学医学部附属病院。

（事例6） 意思伝達装置の利用から始まった，生活支援に向けての連携事例

　拠点病院でALSと確定診断を受けた時期から，急速に呼吸状態が悪化し，非侵襲的人工呼吸器を装着することとなった。呼吸器を装着するまでの間にも，本人や家族から意思伝達装置についての話を聞かせて欲しいという要望があった。そこで人工呼吸器を装着しての入院中に，難病生きがいサポートセンターの相談員に本人との面接を依頼し，「伝の心」をレ

第7章 難病相談・支援センターとの連携

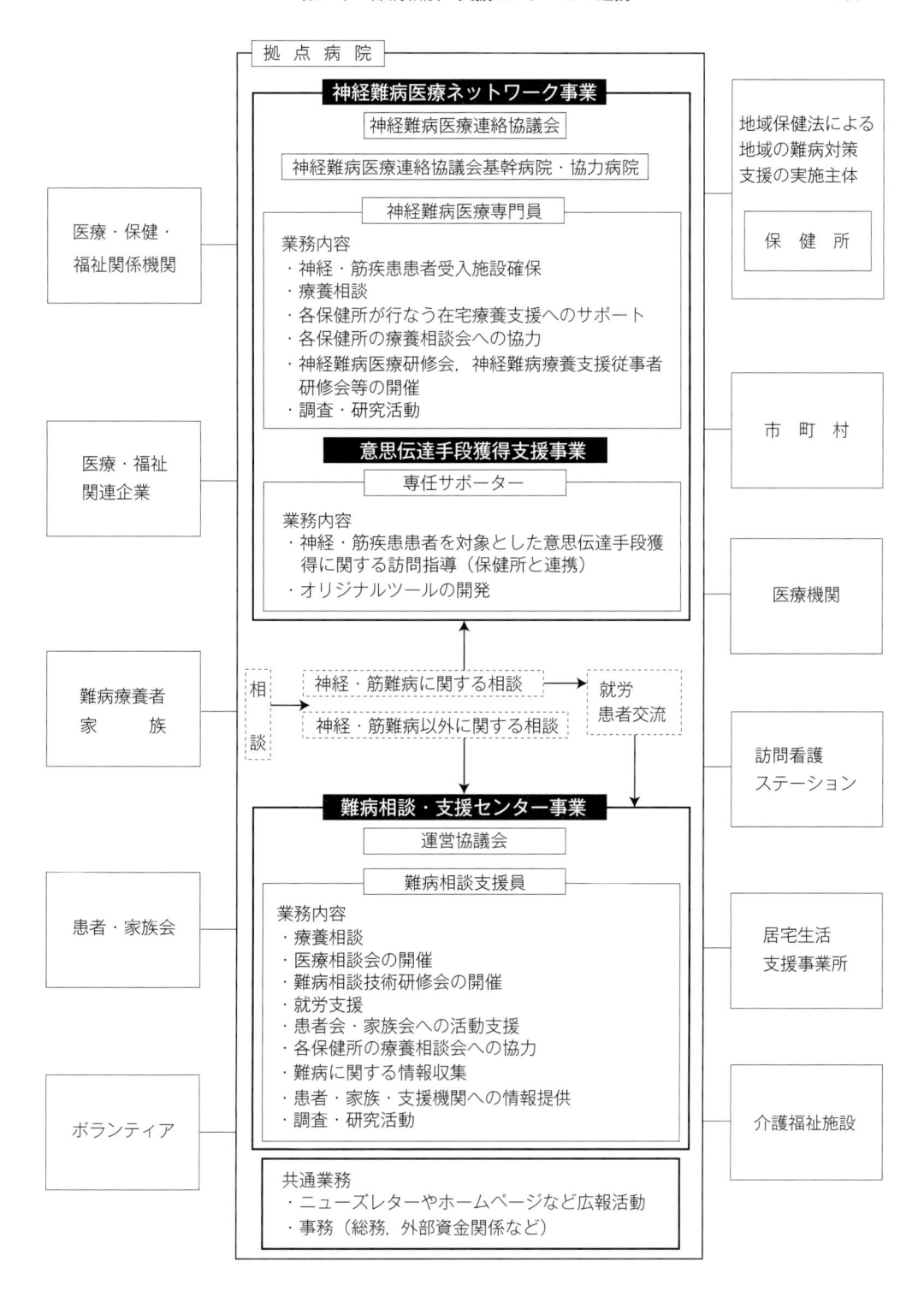

```
┌─────────────────────────────────────────────────┐
│ 拠 点 病 院                                        │
│ ┌─────────────────────────────────────────────┐ │
│ │        神経難病医療ネットワーク事業              │ │
│ │        ┌────────────────────────┐            │ │
│ │        │   神経難病医療連絡協議会    │            │ │
│ │        └────────────────────────┘            │ │
│ │    ┌──────────────────────────────┐          │ │
│ │    │ 神経難病医療連絡協議会基幹病院・協力病院 │          │ │
│ │    └──────────────────────────────┘          │ │
│ │        ┌────────────────────────┐            │ │
│ │        │     神経難病医療専門員      │            │ │
│ │        └────────────────────────┘            │ │
│ │   業務内容                                      │ │
│ │   ・神経・筋疾患患者受入施設確保                   │ │
│ │   ・療養相談                                    │ │
│ │   ・各保健所が行なう在宅療養支援へのサポート        │ │
│ │   ・各保健所の療養相談会への協力                  │ │
│ │   ・神経難病医療研修会,神経難病療養支援従事者      │ │
│ │     研修会等の開催                              │ │
│ │   ・調査・研究活動                              │ │
│ │                                              │ │
│ │        意思伝達手段獲得支援事業                  │ │
│ │        ┌────────────────────────┐            │ │
│ │        │       専任サポーター       │            │ │
│ │        └────────────────────────┘            │ │
│ │   業務内容                                      │ │
│ │   ・神経・筋疾患患者を対象とした意思伝達手段獲       │ │
│ │     得に関する訪問指導(保健所と連携)             │ │
│ │   ・オリジナルツールの開発                        │ │
│ └─────────────────────────────────────────────┘ │
│                         ↑                       │
│  相  ┌─────────────────┐   ┌──────┐            │
│  談→│ 神経・筋難病に関する相談 │→ │ 就労  │            │
│      └─────────────────┘   │患者交流│            │
│      ┌─────────────────┐   └──────┘            │
│      │神経・筋難病以外に関する相談│       ↓            │
│      └─────────────────┘                      │
│        難病相談・支援センター事業                  │
│        ┌────────────────────────┐            │
│        │       運営協議会          │            │
│        └────────────────────────┘            │
│        ┌────────────────────────┐            │
│        │      難病相談支援員        │            │
│        └────────────────────────┘            │
│   業務内容                                      │
│   ・療養相談                                    │
│   ・医療相談会の開催                             │
│   ・難病相談技術研修会の開催                      │
│   ・就労支援                                    │
│   ・患者会・家族会への活動支援                    │
│   ・各保健所の療養相談会への協力                  │
│   ・難病に関する情報収集                         │
│   ・患者・家族・支援機関への情報提供              │
│   ・調査・研究活動                              │
│                                              │
│   共通業務                                      │
│   ・ニューズレターやホームページなど広報活動        │
│   ・事務(総務,外部資金関係など)                 │
└─────────────────────────────────────────────────┘
```

関連機関:
- 医療・保健・福祉関係機関
- 医療・福祉関連企業
- 難病療養者 家族
- 患者・家族会
- ボランティア
- 地域保健法による地域の難病対策支援の実施主体 保健所
- 市町村
- 医療機関
- 訪問看護ステーション
- 居宅生活支援事業所
- 介護福祉施設

図7-4 群馬県における神経難病医療ネットワークと難病相談支援センターの業務連携

在宅患者対策

難病患者のQOLの向上，療養生活の支援を目的に，地域における患者の自立と社会参加の促進を図る。

- 難病生きがいサポートセンター事業
  - 難病相談・支援員の設置（難病連委託）
  - なんでも相談事業
  - 難病情報ホームページ事業
  - 難病ふれあい教室事業
  - 難病患者在宅療養応援員支援事業
  - 意志伝達装置貸与事業
  - 就労支援員の設置，就労連絡協議会の開催

- 難病患者生き生き在宅療養支援事業（県）
  - 難病患者在宅療養応援員の設置

- 難病患者医療等相談会実施事業（難病連委託）
  - 専門医による相談会

- ホームヘルパー養成研修事業（福祉事業団委託）

- 難病患者地域支援対策推進事業（保健所）
  - 難病患者訪問相談事業
  - 難病セミナー事業

- 難病患者等居宅生活支援事業（市町村）
  - 難病患者等ホームヘルプサービス事業
  - 難病患者短期入所事業
  - 難病患者等日常生活用具給付事業

県庁・保健所
- 各種相談
- 医療費補助

医療費等給付
- 特定疾患治療研究事業
- 難病患者（特定疾患）の医療費に対する公費負担
- 在宅人工呼吸器使用特定疾患者訪問看護治療研究事業
- 在宅人工呼吸器使用特定疾患者に対し診療報酬を超える回数を訪問看護

難病患者（家族）
難病患者団体連絡協議会

難病医療ネットワーク
病院間の連携により重症難病患者に適時・適切な入院施設を提供

難病医療連絡協議会
- ■協議会の役割
  - 難病医療専門員の設置
  - 関係機関の連絡調整
  - 医療従事者研修会の開催

ネットワーク医療機関
- 拠点病院（岐阜大学医学部附属病院）
- 基幹協力病院 …… 5機関
- 一般協力病院 …… 29機関

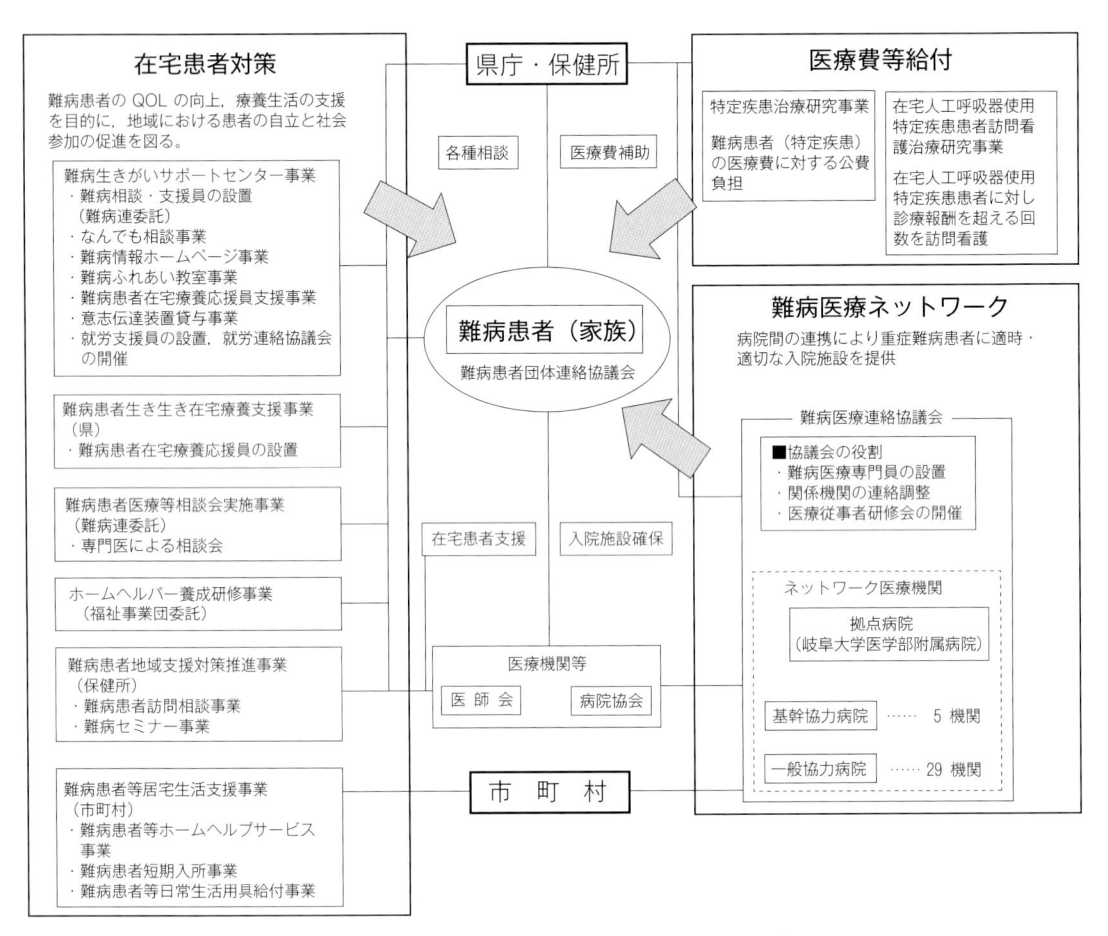

在宅患者支援　入院施設確保

医療機関等
- 医師会
- 病院協会

市町村

図7-5　岐阜県難病患者保健・医療・福祉施策の体系図

ンタルできることとなった。

　伝の心の使用方法は，説明書を片手に，リハビリ担当者・担当看護師が勉強したが，戸惑うことが多くあった。そこで再度，難病生きがいサポートセンター相談員に相談し，難病応援員事業の利用が可能となった。難病応援員から意思伝達装置の作動，利用方法，タッチセンサーの選択など，丁寧な指導を受け，患者本人の満足がゆく練習となり，退院時には，友達に手紙が書けるまでに上達できた。退院に向け，地域担当者カンファレンスにも難病生きがいセンターの相談員に同席してもらい，退院後も継続して難病応援員制度の利用や，患者・家族の相談窓口としての役割をお願いすることができた。

　退院後はコミュニケーション方法の習得のため，身体状況に合わせたきめ細かい，タッチセンサーの改良に継続して関わってもらった。また相談員からは，「お嫁さんが主たる介護者のため，小さいお子さんを外へ遊びに連れていけないので」と音楽療法士の応援員も加え，お子さんを含めた家族で歌って踊って音楽を楽しむひとときが持てるようにとのサポートもしてもらえた。後に本人の好きなCDを聴きながらの応援員のリフレクソロジーも導入

され，訪問看護師やケアマネジャーから，自宅で快適な療養生活を送っていると，報告をもらった。

難病患者の生活支援を重視する，難病生きがいサポートセンターの相談員を核に，多職種での関わりの重要性を，身をもって感じている（事例提供については，ご本人，ご家族に同意を得ている。いつも教えて頂くばかりですが，この場を借り，お礼申しあげます）。

7.4 おわりに

難病相談・支援センターは開設後数年が経過し，全国各地で様々な活動が取り組まれている。その結果，近年ではその存在が認知されてきており，難病療養者が地域で安心して生活するために，療養・生活上の相談を気楽にできる窓口として身近な存在になってきている。難病医療連絡協議会（難病医療ネットワーク）は，医療を中心とした支援を行なうが，生活者としての相談内容の把握も重要な情報となるので，センターとの連携は不可欠である。厚生労働科学研究費補助金難治性疾患克服研究事業「特定疾患患者の自立支援体制の確立に関する研究」（主任研究者今井尚志）で，難病相談・支援センターについての研究が進められているので，今後の研究成果について参照願いたい。

引用文献

1) 厚生労働省健康局疾病対策課．全国健康関係主管課長会議資料 平成19年2月1日．
2) 平成21年度版難病対策提要．監修難病対策研究会．
3) 財団法人北海道難病連．http://www.do-nanren.jp/
4) 日本難病・疾病団体協議会（JPA）地難連部会．患者会から見た難病相談支援センターについてアンケート集約一覧表．厚生労働科学研究費補助金難治性疾患克服研究事業．重症難病患者の地域医療体制の構築に関する研究班．2006．
5) 厚生労働省健康局疾病対策課．平成17年度疾病対策提要．2006．

参考文献・資料

1) 木村格，今井尚志，今野秀彦，吉岡勝，篠江隆，高橋俊明，大隅悦子，糸山泰人．全国都道府県に難病相談・支援センターを開設する．厚生労働科学研究費補助金難治性疾患克服研究事業特定疾患の地域支援体制の構築に関する研究班．2003年度研究報告書．2004年3月．pp. 27-35．
2) 木村格，今井尚志，志澤聡一郎，椿井富美江，大隅悦子，関本聖子，栗原久美子，青木正志，糸山泰人．難病医療ネットワークおよび難病相談支援センター整備状況と今後の問題点についての考察――各都道府県担当者へのアンケートから――．厚生労働科学研究費補助金難治性疾患克服研究事業．重症難病患者の地域医療体制の構築に関する研究班．平成17年度総括・分担報告書．2006年3月．pp. 7-10．
3) 全国難病センター研究会第4回研究大会プログラム・抄録集．
4) 全国難病センター研究会第5回研究大会プログラム・抄録集．
5) 全国難病センター研究会第8回研究大会プログラム・抄録集．
6) 社団法人雇用問題研究会．http://www.koyoerc.or.jp
7) 難病の雇用管理のための調査・研究．http://www.koyoerc.or.jp/tyousa-1.html

8）神経難病のすべて．編著．阿部康二．㈱新興医学出版社．2007 年 6 月．
 9）難病情報センター．http://www.nanbyou.or.jp/top.html
10）2009 年度版　実体の難病対策と地域難病連の概要（JPA 日本難病・疾病団体協議会）

第8章
当事者団体への患者・家族の紹介および連携

大分県難病医療連絡協議会　上原みな子

8.1　はじめに

　当事者団体と連携することで，療養に関する体験的情報提供やピアサポート[*8]効果が期待できる。患者・家族への当事者団体の紹介は，療養相談の中で患者・家族から依頼があり応じる場合と，相談内容からニーズがあると難病医療専門員が判断し情報を提供する場合がある。相談件数が多い神経難病については，患者会が主催する患者・家族の集いや交流会等の活動状況を適宜把握しておくと，相談内容に応じて紹介することができる。

　図8-1に示すような団体・機関の役割を知り，連携することも必要である。全国の主な患者団体の連絡先を把握しているものとして，難病情報センター (http://www.nanbyou.or.jp/)，都道府県に設置されている難病相談・支援センター（詳細は第7章「難病相談・支援センターとの連携」）がある。保健所または保健福祉センターでは，難病担当保健師が管轄地域の特定疾患医療受給者証の申請（新規・更新時期），相談会の企画，訪問相談等により地域の活動状況をある程度把握している。疾患・病態別の患者会の活動状況は様々であるが，全国組織化された患者会もある。インターネットの利用で患者・家族自身が情報を得ることができるようになってきたが，具体的な地域の情報は得られないこともある。また，インターネット上で知り得た情報についての具体的な内容や精神的な問題への対応などは，実際に会ってみることでしかわからないことが多い。

8.2　当事者団体（患者会）の把握

　当事者団体（患者会）については，以下の方法により団体の連絡先や活動状況を把握できる。
　①　都道府県の難病相談・支援センター
　②　都道府県の難病・疾患団体連絡協議会
　①②の連絡先は，難病情報センターのホームページに掲載されている。たとえば，大分

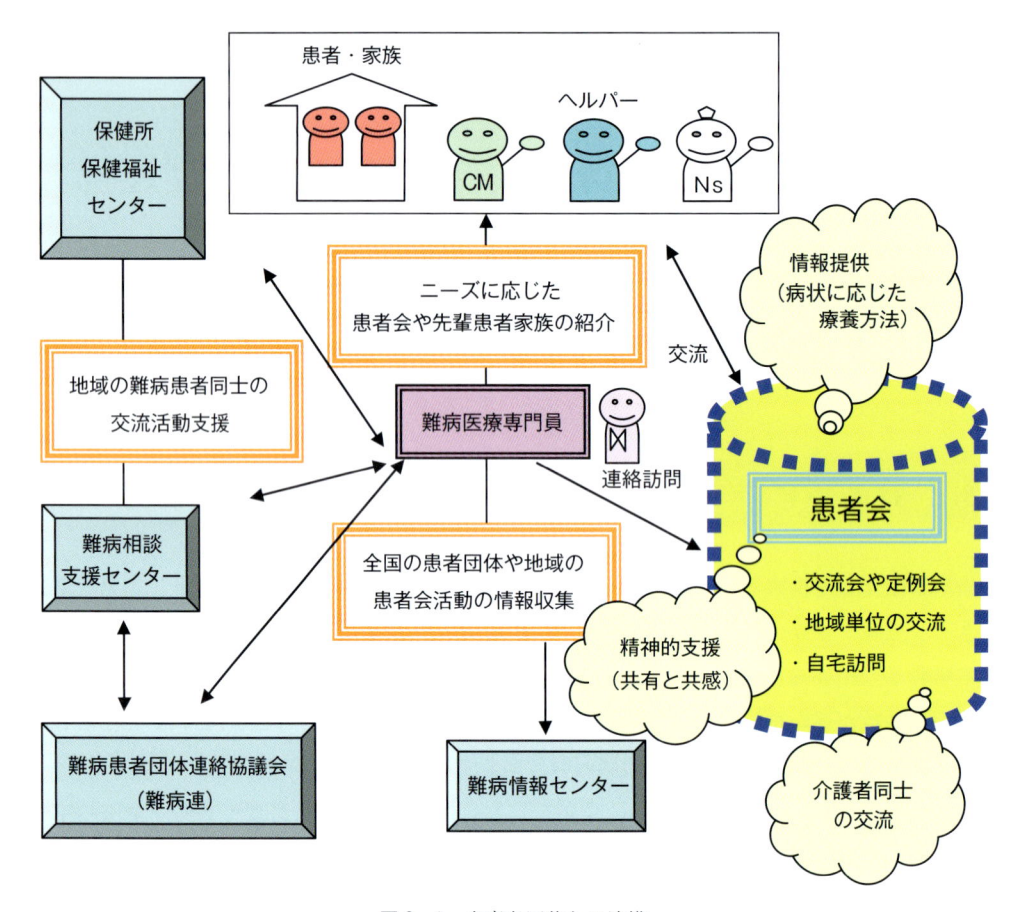

図8-1 当事者団体との連携

県では ALS*13，パーキンソン病，脊髄小脳変性症，多系統萎縮症等の患者会はあるが，これらは大分県難病・疾病団体連絡協議会には加入していない。都道府県により患者会の活動状況や難病連との関係が異なるので，柔軟に対応することが望まれる。

③ 地域の患者会活動に関しては，保健所または保健福祉センター等の難病担当保健師に問い合わせる。

④ 県内に患者会がない場合は，インターネットや全国患者会障害者団体要覧（編集 ㈱プリメイド社「全国患者会障害者団体要覧」編集室）を利用する。

8.3 当事者団体への紹介

対象患者が ALS である場合とその他の難病である場合とで対応が異なる場合があるので，ここでは両者を分けて述べる。

(1) ALS 患者の場合
　1）患者会の紹介時期
　支援者は，病状の進行や療養に関する情報を得る目的で患者会を紹介することが多いが，病名告知された直後の患者・家族は精神的な動揺が大きい。難病医療専門員が患者・家族に当事者団体を紹介する場合は，患者の病状や診断・告知されてからの時期などに配慮して紹介のタイミングを選ぶ必要がある。
　たとえば，大分市保健所が実施した ALS 患者家族へのアンケート（参考：平成 17 年 9 月大分市の ALS 患者 38 名の現況調査）調査結果のなかに，保健所や関係機関への意見・要望として「ALS 患者会等への参加は，精神的なゆとりがない時には行きづらいことをわかってほしい」という記述がみられる。
　2）病名告知を受けて間もない患者の場合
　患者自身が交流会等に参加を希望する場合は，家族または主治医，保健所保健師等の関係機関から情報を得て，「どんな告知を受けているのか」，「どのように受け止めているのか」，「今後の療養はどのように進めていくことを望んでいるのか」，「具体的に何を知りたいのか」などを確認して，紹介した方がよいか判断する。患者会にも状況を説明して対応を依頼する。担当保健師が紹介に介入していれば同行をお願いする。
　3）病名告知を受けた家族（介護者）だけの場合
　患者の家族だけが患者交流会に参加を希望する場合は，家族（主に介護者）がどのような目的で参加しようとしているのか聞き，対応してもらえる環境があるか当事者団体に確認する。個別に同病患者自宅の訪問を希望する場合は，現在の患者の状態を把握し，患者および介護者の性別・年齢などの介護環境が近似している患者・家族を紹介してもらえるように患者会へ依頼する。患者自宅を訪問する場合は，双方との関係を調整できる同行者を確保し目的が達成できるように配慮することが望ましい。
　4）在宅療養をめざしている場合
　居住地域に近い在宅療養者を紹介してもらう。症状がどの程度か聞き，患者ならびに家族が面会できるのか，家族だけしか自宅訪問できないのか情報を整理して決定する。介護者・支援者が決定しているときは同行訪問してもらうことで，介護者同士，専門職同士の情報交換や交流も可能になるので，より望ましい。この場合も訪問先の患者家族の同意を得たうえで提案する。
　5）介護者の支援を図りたい場合
　介護者の精神的支援のために先輩介護者を紹介してもらうこともある。たとえば，告知されたときや人工呼吸器装着の時期に「どうやってこの境地を乗り越えたのか，経験者に聞きたい」という声もよく耳にする。患者会の中で介護者同士の交流も盛んになっているので，介護者への支援として紹介することもある。どの時期の相談でも，できる限り「当事者団体」任せにせず，難病医療専門員または保健所保健師が初回は同行し，その際に感じた疑問

な点や不安な点を聞くことに努め，それらを軽減するように心がける姿勢が大切である。

(2) ALS 以外の場合

ALS以外の神経難病患者も，病名告知された直後にいろいろな情報が欲しいことから，「県内に患者会はないのか？」という問い合わせもある。介護者・支援者からは，たとえば「言語障害や歩行障害などの病状が進行し，閉じこもりになっているので同病者との交流を働きかけたい」という相談もある。これらに対しても患者会に依頼して，相談内容に応じて近似した療養環境の方を紹介していただくことが有用なことが多い。その他の点については，上述のALS患者の場合を参考にする。

8.4 当事者団体との日ごろからの交流・連携

当事者団体とは，患者・家族の紹介時に限らず，常時情報交換を図ることが望ましい。難病医療専門員からは，当事者団体に難病医療連絡協議会としての活動計画・活動状況，出版物，市民公開講座の案内，医療・福祉に関する新しい情報などを提供し，当事者団体からはその活動の情報を得て，交流会などの案内の支援や当事者団体主催で講演会を企画する際の相談に応じることもある。

8.5 当事者団体がない場合の支援

① 各都道府県に設置されている難病相談・支援センターに相談する。

図8-2 「ALS患者・家族のつどい」の様子
ここには告知を受けたばかりの家族や初参加の患者・家族と支援者も出席している。介護や医療について先輩患者・介護者や専門職に質問して情報を得ることもできる。年に1回の交流の場にもなる。

② 上記センターでの支援が難しい場合は，地域保健所保健師に相談する。

地域単位の当事者同士の交流や相談会を企画実施している場合があるので，情報を得ることができる。

8.6 事例紹介

(1) ALS患者・家族の地域単位の交流会
（事例 7）
相談支援内容

　患者会主催の交流会があっても居住地域が遠方であるため，介護者だけでも参加ができない，人工呼吸器を装着しての参加も難しい，患者会単独では地域単位の交流会が開催できない。そのような状況の場合，地域単位での患者家族の交流に向けた支援を行なうことも必要になる。実現するためには日本ALS協会支部（患者会），難病相談・支援センター，当該保健所の協力を得る。

　実際にある保健所では「ALS患者の介護者のつどい」が年に1回行なわれている。そこには診断されて間もない家族や人工呼吸器を装着して数年介護している家族，長期入院している患者の家族など病状も療養状況，介護状況も異なる家族がつどい語りあう。診断されて間もない家族は，人工呼吸器を付けても寝たきりではないことを知り，コミュニケーションの方法があることを聞く。参加者は連絡先を交換し，保健所以外でも交流が行なわれるようになっている。そこに難病医療専門員も参加し必要に応じて情報提供している。

(2) ALS患者以外の当事者団体との連携
（事例 8）
相談支援内容

　「全国脊髄小脳変性症友の会」に加入している患者が，地域の同病者と交流したいと保健所に問い合わせたが，交流を希望する人がいないと言われたとメール相談がきた。近隣の保健所保健師に連絡し，当事者同士の交流を希望する人がいないか問い合わせてみた。しかし，少数の希望者はいたが，継続した交流にまで拡がらない状態だった。相談者をその保健師に紹介し，当事者自身が呼びかける場面をつくり，希望する患者家族の交流会の企画に参加した。定期的に集まること（場所を提供）を1年以上続け，患者会が設立されるまで保健師と一緒に支援した（本来の業務ではないが，当時難病相談・支援センターがなかったため支援）。

　この活動を県内の保健所保健師に紹介し，徐々に地域の患者・家族が増え，定期的に交流し療養に関する情報交換を行なっている。

図 8-3 保健所の呼びかけで集まった患者・家族の皆さん
（難病相談室にて）

8.7 おわりに

何のために患者会が必要なのか。ある患者団体に属している人が，新しい患者さんらに話したことを紹介する。患者会では自分の病気を正しく知り，医師任せにせず自己管理ができるようになるための情報を得ることができる。仲間同士の共感は心の支えになる。体は病気でも心は病気にならない，病気に負けない気概をもつことができる。さらに普通の人と同じように暮らせる社会をめざすための活動を支える。どんな疾患であってもこれは必要なことで，私達が生きている社会でも，やっぱり分かり合える仲間は大切だし，めざすものが同じであればこんなに心強いことはない。

参考文献
1) 植竹日奈ほか. 人工呼吸器をつけますか？——ALS・告知・選択——. メディカル出版. 2004 年.
2) 野嶋佐由美, 渡辺裕子. 家族看護 05. 日本看護協会出版会. Vol. 03, 2005 年.
3) 「生きる力」編集委員会編. 生きる力. 岩波ブックレット No. 689. 岩波書店. 2006 年.

〈コラム6〉 思考とコミュニケーション

日本ALS協会　理事　海野幸太郎

　社会生活にコミュニケーションは欠かせない。医療保健福祉関係者と患者家族間にもコミュニケーションは必須である。思い考えたことを様々な手段を使いコミュニケーションを図る。ただし，簡単なようで簡単ではない。

　「残念ながら車椅子生活になります」と耳にすることがある。この言葉を発信した人は，誰にとって何を残念と思ったのだろうか。人が社会生活を営む上で移動することがある。移動目的の手段は様々だ。徒歩，自転車，車，電車，車椅子。どれもが移動目的のための手段でしかない。

　残念ながらと発信した人は，どこからを残念と思ったのだろうか。そして，様々な移動手段がある中で，車椅子にわざわざ「生活」という言葉をつけた目的は何だろうか。人は誰しも社会生活を営んでいる。発信した人は，患者家族に何を伝えたかったのだろうか。どこまで思考して，意識して言葉を使ったのだろうか。無意識な発信は，受信側に車椅子＝残念なものとの思考が刷り込まれる可能性がある。車椅子を使用しながら自分らしい生活を営んでいる方は全国にいる。そこにあるのは残念さではなく自分らしさである。仮に残念さがあるとすれば，それは誰がどのような状態を残念と評価したのだろうか。自分で歩行できることを基準として，歩行ができず車椅子を必要とする状態を「残念」と捉え発信したのであれば，再考してほしい。

　コミュニケーションにおいて誰のために何を伝えるのか。無意識なコミュニケーションは，誤解を生む場合もある。刷り込まれた思考は簡単には抜けない。コミュニケーションは本質を捉えて意識して発信してほしい。

　言葉が潜在的に持つ正の力，負の力を意識することも必要である。社会の中で様々な使われ方をする言葉は，その使われ方において潜在的に正の力，負の力を持つことがある。負の力を持つ言葉の無意識な言葉の使用には，受信側にとって無意識に負の力が蓄積されていく。ただ，ここでは言葉の使い方の正解を求めているのではない。現場では答えのない事はいくつもある。正解がなくとも，私達にできることがある。

　問題の本質を思考した，意識した言葉の使い方である。原因不明で治療法のない疾患に対して，「残念ながら車椅子生活になります」との言葉が患者家族に何を生みだすか思考してほしい。どんなに大変と言われる疾患であっても，患者家族は日々社会生活を

営んでいる。そこに必要な知識，技術，情報は何なのか。思考と意識したコミュニケーションを求めていきたい。

　もちろん，時として言葉の使い方は間違うことは誰にもある。ただし，思考した意識した言葉の使い方は修正が可能である。思考のない無意識な使い方は，そもそも発信側に思考も意識もないので，修正認識も生じない。結果，受信側に「負」が置き去りにされていくだけである。

　コミュニケーションの重要性を唱えると「接遇」と捉えられることがある。もちろん，接遇を適切に行なうことは望ましい。しかし，ここでのコミュニケーションは，接遇のことではない。問題の捉え方であり，思考力であり，意識をした言葉の使い方である。「あのような状態で」「チューブだらけで」の言葉に何の意味があるのだろうか。

　どんなに壁があろうとも「ここまでもできる」思考と「ここまでしかできない」思考。ここまでの事実は変わらないが，「も」「しか」の言葉の使い方の違いで，その後に続く言葉は180度意味が違う。「できる」か「できない」か。私達は受信側に何を伝えるのか。主観か客観か。思考し，意識したコミュニケーションの必要性を引き続き求めていきたい。

第9章 ネットワークの拡充

九州大学神経内科　立石貴久・吉良潤一
福岡県難病医療連絡協議会　岩木三保

9.1 はじめに

　入院施設確保は難病医療ネットワーク事業の中心的な業務として位置付けられているが，ネットワークの拡充は入院施設確保を行なう上で不可欠である。

　今回，本マニュアルの作成に先立って2001〜2005年度の全国の重症難病患者入院施設確保等事業の年次報告書（72冊）を調査し，難病医療専門員の業務内容を解析した。難病医療専門員を配置している29都道府県のうち，過去5年で報告書を作成していた自治体は22自治体であった。報告書を作成していた22自治体のうち，療養相談（21件，95％）と医療従事者を対象とした研修会（22件，100％）はほとんどの自治体で行なわれていたが，入院施設確保を行なっていたのは14件（64％）程度にとどまっていた。また，療養相談で入転院に関する相談を受けても，実際に入院施設確保を行なうまでには至っていないネットワークも存在していた。岩木らも「病床確保やそれに伴う協力病院の拡充は難病医療専門員が必要性を感じているものの達成できていない業務の一つである」と報告している。

　入院施設確保が困難な理由として，ネットワーク業務の中の入院施設確保の位置付けの問題，コーディネーターの資質に関わる問題，家族内，家族と関係者間などの人間関係の調整の難しさに関する問題，病院に関する情報確保のノウハウの問題，実質的に機能している協力病院の数の問題，病院の特性を生かせる患者紹介ができているかという問題などが挙げられた。

　以上の点を踏まえて，入院交渉などを通して，ネットワークと協力病院との間で信頼関係を形成しつつネットワークを拡充していくための方策を述べていきたい。

9.2 医療福祉制度に関して把握しておくべきこと

　医療，その中でも特に難病医療は国の政策によって大きく左右されるため，難病医療専門

員は政策の変化に敏感になっておく必要がある．難病医療専門員が把握しておくべき代表的な政策，法令，制度として以下のものが挙げられる．
- 医療法
- 診療報酬制度
- 介護保険法
- 身体障害者福祉法
- 障害者自立支援法

さらに難病医療専門員があらかじめ協力病院の病床区分の構成を把握しておくことにより，その病院の特性，看護基準，および看護・介護のマンパワーを推測することができる．また各病床区分の入院基本料や管理加算を知っておくことにより，患者さんに必要とされる医療依存度と病床との兼ね合いを考慮にいれることができ，より適切な病床確保が可能となる．

9.3 協力病院に関する情報収集の方法

病床区分に関する情報収集の方法として以下が挙げられる．

(1) 社会保険事務局での情報収集
各病院の施設基準は地方社会保険事務局に届出されるため，地方社会保険事務局保険課（東京，愛知，大阪については保険管理課）にて各病院の病床区分毎のベッド数，看護師数，疾患別入院患者数を閲覧することができる．

(2) アンケート調査の実施
ネットワーク内の各協力病院に病床区分に関するアンケートを送付し，情報を収集することも可能である（詳細は後述）．

9.4 協力病院の特色や入院患者の動向把握

(1) 空床情報把握の方法について
入転院紹介を円滑に行なうためには，定期的に神経難病の患者数，人工呼吸器装着患者数，空床数などの情報を提供してもらうのも一つのやり方である．

福岡県重症神経難病ネットワークでは毎週ファックスによる情報の提供を呼び掛けている．しかし，現在定期的に情報提供をしてくれている協力病院は20％程度である．実際に入転院紹介を行なうにはこれだけでは情報不足であり，他の方法で情報を補完する必要がある．

表9-1 協力病院へのアンケートに必要な項目

- 神経内科医師，リハビリスタッフ，医療ソーシャルワーカーの有無
- 人工呼吸器保有台数
- 病床区分毎の病床数
- 可能な処置（胃ろう造設・交換，気管切開術，人工呼吸器管理など）
- 神経難病患者受け入れ数，可能な入院期間
- 神経難病患者の緊急受け入れ，在宅人工呼吸療法の教育入院の可否
- 訪問診療の可否

(2) 病院訪問による実態把握

入院施設確保を行なう上で，難病医療専門員が実際に協力病院を訪問することにより得られる情報は少なくない。病院訪問の際には病棟の患者の疾患構成と医療依存度などを通じて，看護・介護スタッフのマンパワーの把握を心がける。また病院の看護師へのインタビューを通して，看護管理の面から受け入れ可能な疾患や患者について把握する。

また，患者を紹介した病院を訪問することも大切である。患者が感じる満足，不満や，患者と医療者側と双方から見た問題点の聞き取りを通じて，病院の特性を生かした患者紹介ができているか反省することができ，今後の入院施設確保に役立てることが可能である。こうしたアフターフォローを通じて，医療機関との間で信頼関係を形成しつつ，さらなるネットワークの充実を図ることができる。

(3) アンケート調査の実施

協力病院に関する情報を収集するために，年に一度程度ネットワーク内の各協力病院にアンケート調査を行なうことはひとつの方法である。例として福岡県重症神経難病ネットワークで毎年行なっているアンケート用紙を添付する（資料9-1, pp. 124-126）。アンケート調査によって得られた情報をデータベース化し，情報を定期的に更新することにより，協力病院の動向の把握や入転院紹介に関する有効な情報管理が可能になる。また調査を有用なものにするためにはアンケートの回収率向上が大切であり，そのためには行政からの依頼文書を添付するなど行政とともに取り組んでいる姿勢を示すことが大切である。

(4) 地域関係者（保健師，訪問看護ステーションの看護師）や病院職員（医療ソーシャルワーカー）[*1]からの情報

ALS[*13]患者数は県庁への特定疾患申請書類数や各保健所管内のALS患者数から把握することができる。また，保健所保健師，訪問看護ステーションの看護師からの聞き取り調査により，現時点の在宅療養患者数や今後調整が必要になると思われる患者数（調整予備軍）を調査することも有用である。

また，病院ソーシャルワーカーからの情報は，協力病院の新規開拓への足がかりとなる。さらに紹介患者に関する情報や空床情報などから今後の受け入れの可否などを推測することが可能な場合もある。

9.5 施設について

(1) 身体障害者療護施設についての情報収集

平成10年度以降，身体障害者療護施設におけるALSの受け入れ体制の整備がなされ，定員50人以上の身体障害者療護施設におけるALS専用居室の確保が義務づけられている。しかし，平成17年度「特定疾患患者自立支援体制の確立に関する研究」にて各地で身体障害者療護施設のALS患者受け入れの実態調査が行なわれたが，ALS患者の受け入れはきわめて少ないことが明らかになった。ALS患者の受け入れの問題点としては夜間の看護体制，医療管理の困難さ，ALSという疾患に対する理解不足が挙げられた。また，入所可能なALS患者のADL[*12]は気管切開，人工呼吸器の装着がない患者で，医療管理を必要としない患者という回答が多かった。

難病医療専門員はALSを含む重症神経難病患者の受け入れ可能な施設の有無の確認と受け入れ可能な患者のADLについて，定期的に調査して実態を把握しておくことが必要と思われる。また，身体障害者療護施設での重症神経難病患者の受け入れを進めていくべく，都道府県障害福祉課へ働きかけたり，神経難病の啓発のために研修会への参加を促したりする必要がある。

(2) その他の施設についての情報収集

その他，神経難病患者の受け入れが可能と思われるものとして以下の施設が挙げられる。これらの施設については各自市町村に確認して，リストを作成しておくとよい。
- 老人保健施設
- 特別養護老人ホーム
- 介護付き有料老人ホーム

9.6 協力病院確保（拡充）に向けての活動

(1) 新規参加のリクルート

患者数と協力病院数から各地域での病床の充足状況を調査するなどして必要な協力病院数を念頭において協力病院の新規開拓を行なっていく必要がある。しかし協力病院の開拓については確立した方法はまだなく，病院や保健所や地域関係者からの情報などに頼るところが大きい。協力病院として参加可能な病院を紹介していただけるよう，関係機関から地道に情

報収集を行なっていくことが望ましい。また医師会や保健所を通じて働きかけをしていただくことも有効である。

(2) 難病に関する啓発

難病ネットワークが主催する研修会，講演会，広報活動への参加を促したり，難病医療専門員自身が医療機関の開催する勉強会などで積極的に講師などを務めたりすることで，各病院の医療スタッフへの神経難病についての啓発を進め，医療機関がネットワークへ参加するように働きかける。

(3) 病院の経験や能力に応じた適切な患者の選定

難病医療専門員は，難病患者の入転院紹介にあたっては，各医療機関のこれまでの経験や能力に応じて医療機関の特色を生かせるような適切な患者の選定を行なう必要がある。

(4) 協力病院との信頼関係の構築

以下のように，診療情報提供書からは見えてこない的確な患者情報を提供することは，協力病院との信頼関係を構築するために必要と考える。
- 入転院後の患者について患者，病院側のそれぞれに関する問題点などの聞き取りやスタッフ向けの研修会の開催などのアフターフォローを行なうこと。
- 他の協力病院の病床区分，診療内容などの情報提供を行なうこと。
- 保険診療報酬に関する情報提供や情報交換を積極的に行なうこと。

(5) 協力病院の目的と役割の明確化

ネットワークの病院の質を高めるためには，あらかじめネットワークへの参加の際に協力病院としての目的を正しく理解してもらい，それぞれの病院がどのような役割で参加するかを明確にしておくことが必要である。ネットワークの協力病院としての役割には以下のようなものがある。
- 在宅往診医
- 在宅療養等評価調整入院受け入れ病院
- レスパイト[*11] 入院受け入れ病院
- 緊急入院受け入れ病院．緊急時に人工呼吸器管理を含めた全身管理を行なう病院
- 長期療養入院受け入れ病院

またネットワーク事業についての手引きを作成配布するなどの啓発も必要と考える。手引きについては，福岡県のホームページに掲載されたものをご覧頂きたい（http://www.med.kyushu-u.ac.jp/nanbyou/nanbyou/document/report.html）。

表9-2 ネットワークへの参加に際して病院側に説明しておく内容

・ネットワーク事業の背景や概要について（何のためのネットワークか？）
・ネットワークの活動について（何をしているのか？）
・基幹協力病院・一般協力病院の役割について
・訪問した病院がどういった役割の協力病院に該当するか，あるいはどのような役割を期待しているか
・ネットワークの協力病院になった場合のメリット
　　例えば
　　研修会に参加できること
　　神経難病患者を通じてのスタッフの難病に対する啓発効果
　　難病ケアに関する情報提供を受けることができる
　　困難事例への対応についての難病医療専門員も参加した検討会の実施
　　など
・実際に入院施設の確保が必要になったときの登録手順
・現在ネットワークが抱えている問題点と展望
・協力病院に期待すること

9.7 長期入院の新規開拓事例

長期入院先の調整を行ないながら，新規に協力病院への参加を促した事例を下記に具体的に記載した。

(事例9) 患者は ALS に罹患している。

家庭の事情により，在宅療養が不可能な ALS 患者の長期入院先確保の依頼があったが，協力病院の中では確保することができなかった。そこで非協力病院で，特殊疾患療養病棟を持つX病院に交渉を開始した。

X病院が特殊疾患療養病棟を持つという情報は，他病院の医療ソーシャルワーカー (MSW)[*1]から得ていた。そこで，本事例の居住地区であるX病院の入院窓口であるMSWに連絡を取り，まず病院の状況を聞くことにした。病院の事情を伺ったところ，特殊疾患療養病棟に現在気管切開・人工呼吸器装着のALS患者が1名入院中であるため，疾患やケアへの理解はあると判断した。問題点は，X病院には神経内科常勤医がいないことであった。そこで患者さんにX病院に入院してもY大学病院へ定期的に通院していただき，専門診療の支援が行なえるよう調整を行なった。その結果，X病院で長期入院を受けていただけることになった。

入院を受けていただいた後も，**定期的にX病院訪問を行なった。患者自身の精神的な支援，看護スタッフとの勉強会開催**（X病院企画による）などを通して，X病院との信頼関係を築くとともに，**難病ネットワークへの参加の依頼**も同時に行なった。

療養病棟における特殊疾患療養病棟の廃止に伴い，X病院でも**障害者施設入院基本料算定**

病棟へと移行することになった。その際，院長からようやくネットワークに参加できる準備が整ったということで，協力病院への参加希望が出された。

X病院のMSWへ，院長，事務長，看護部長，当該病棟看護師長との面談希望を連絡し，改めて**ネットワーク事業の背景や概要**について説明を行なった。また患者の入院を受ければ診療報酬が上がるような事業ではないことも説明した。さらに，これまでX病院の病院機能や看護体制等を見てきて，**長期療養の受け入れやレスパイト入院の受け入れができる病院としての位置づけ**で参加していただきたいとお願いした。説明にあたっては，これまでの報告書やネットワークの手引きを用意し，スライドで現在ネットワークが抱えている問題点などについて資料を用いて説明した。

院長からは，協力病院になった場合のメリットについて尋ねられたため，以下のように回答した。

① ネットワークが実施する医療従事者研修会に無料で参加できる。
② 難病ケアに対するさまざまな情報提供の機会がある。
③ 困難事例への対応について，難病医療専門員が一緒に検討を行なう。
④ 難病患者のケアを通して，スタッフの難病に対する啓発効果が期待できる。
⑤ 新たな疾患のケアを経験することは，看護介護スタッフの学習の機会になり，病棟全般のケアレベル向上につながる。
⑥ 地域の保健・医療・福祉とのつながりをより持てるようになる。

引用文献

1) 吉良潤一，立石貴久，岩木三保，成田有吾：重症難病患者入院施設確保事業報告書の全国調査とネットワーク拡充に向けたマニュアル作成の検討．厚生労働科学研究費補助金（難治性疾患克服研究事業）．「重症難病患者の地域支援体制の構築に関する研究班」2006年度研究報告書．2007年3月．pp. 118-120.
2) 岩木三保，立石貴久，菊池仁志，柊中智恵子，武藤香織，吉良潤一：重症難病患者入院施設確保事業における難病医療専門員の現状と課題．日本難病医療ネットワーク研究会機関誌．2006；3：57-58.
3) 吉良潤一，菊池仁志，立石貴久，岩木三保，中井玉緒：福岡県における身体障害者療護施設のALS専用居室の実態調査．厚生労働科学研究費補助金（難治性疾患克服研究事業）．「特定疾患患者の自立支援体制の確立に関する研究」平成17年度研究報告書．2006年3月．pp. 45-48.
4) 島功二，南尚哉，土井静樹，藤木直人，奥水修一，林久：北海道内の身体障害者療護施設の実態調査．厚生労働科学研究費補助金（難治性疾患克服研究事業）．「特定疾患患者の自立支援体制の確立に関する研究」平成17年度研究報告書．2006年3月．pp. 52-55.

資料9-1-1 協力病院へのアンケート調査の例(1)

福岡県重症神経難病ネットワーク
基幹・協力病院　アンケート

ネットワーク事業に活かしてまいりたいと思っておりますので、ご協力お願い致します。
該当するものの□に印をするか、あるいはご記入下さい。

ご記入日：平成　年　　月　　日

1. 医療機関概要

● 医療機関名称		
● 住所	〒	
● TEL・FAX	TEL：（　　）	FAX：（　　）
● 重症神経難病ネットワークの担当者	ご所属：　　　　　　　　職種： ご氏名： TEL：（　　）　　　　　FAX：（　　） ＊今後メールマガジンなどによる情報提供を検討しております。担当者直通のe-mailがある場合は、是非ご記入下さい。 e-mail（　　　　　　　　　　　　　　　　　　）	
● 神経内科医師の勤務	□ 有 □ 非常勤（週　　　回） □ 無	
● リハビリスタッフの勤務	□ 有 → PT（　）名・OT（　）名・ST（　）名 □ 無	
● 医療ソーシャルワーカーの勤務	□ 有 →（　）名 □ 無	
● 人工呼吸器所有台数	病院所有台数　（　　　　　台）	

2. 貴院の有する病床についてお教えください

● 一般病棟	（　　　　　床）
● 療養病棟	（　　　　　床）
● 回復期リハビリテーション病棟	（　　　　　床）
● 障害者施設入院基本料 算定病棟	（　　　　　床）
● 特殊疾患入院医療管理料	（　　　　　床）
● 特殊疾患療養病棟入院料Ⅰ	（　　　　　床）
● 特殊疾患療養病棟入院料Ⅱ	（　　　　　床）
● 介護療養型病棟	（　　　　　床）
● 緩和ケア病棟	（　　　　　床）
● その他	

資料9-1-2　協力病院へのアンケート調査の例(2)

福岡県重症神経難病ネットワーク
基幹・協力病院　アンケート

3. 貴院で可能な処置について、お教え下さい。

● 胃瘻造設	可　・　否
● 胃瘻交換	可　・　否
● 気管切開術	可　・　否
● 人工呼吸器管理	可　・　否

4. **神経難病患者**の入院受け入れ等について

● 現在入院中の神経難病患者数	（　　　　　）名 → そのうち気管切開＋人工呼吸器装着患者 （　　　　　）名 → そのうち鼻マスクによる人工呼吸管理患者 （　　　　　）名
● 今後、受け入れ可能な神経難病患者数	（　　　　　）名 → そのうち気管切開＋人工呼吸器装着患者 （　　　　　）名 → そのうち鼻マスクによる人工呼吸管理患者 （　　　　　）名
● 入院可能な期間についておたずねします	① 気管切開＋人工呼吸器装着患者 ☐ 不可 ☐ 1ヵ月程度のレスパイト（家族の介護休息）入院 ☐ 3ヶ月程度までの入院 ☐ 6ヶ月程度まで ☐ 1年以上 ☐ その他（　　　　　　　　） ② 人工呼吸管理のない患者 ☐ 不可 ☐ 1ヵ月程度のレスパイト（家族の介護休息）入院 ☐ 3ヶ月程度までの入院 ☐ 6ヶ月程度まで ☐ 1年以上 ☐ その他（　　　　　　　　）
● 精神疾患を伴う**神経難病患者**の入院は可能ですか？（例：パーキンソン病など、薬の副作用による幻覚や妄想）	☐ 薬のコントロールを含め、受け入れ可能 ☐ 状況により可 ☐ 不可 ☐ その他（　　　　　　　　　　　）

資料9-1-3　協力病院へのアンケート調査の例(3)

福岡県重症神経難病ネットワーク
基幹・協力病院　アンケート

● （神経難病患者の）緊急入院の受け入れ	可　・　否
● 在宅人工呼吸療養のための教育入院	可　・　否
● 訪問診療	可　・　否 可の場合　→ 　　　在宅人工呼吸管理（　可　・　否　） 　　　往　　　　診（　可　・　否　）

5. 病院情報の公開について

● 貴院がネットワークの協力病院であることを公表しますか?	☐ 公表を希望 ☐ 非公表を希望
● 今回アンケートにご回答いただいた内容を、ネットワークの協力病院内に情報として公開することにご同意頂けますか?協力病院同士の連携に役立てたいと考えております。	☐ 同意する ☐ 同意しない

6. 本ネットワークへのご意見ご要望などをお教えください。また研修会のテーマや呼んで欲しい講師のご要望等もありましたらお教えください。

7. 現在当ネットワークに入っていない病院で、御協力していただけそうな病院又は診療所がございましたら、ご紹介ください。

ご協力頂き誠に有難うございました。

福岡県難病医療連絡協議会

資料9-2　病床区分に応じた活用

病床区分について
平成22年7月現在神経難病患者の入院に関わる病床区分には以下のようなものがある。
a．一般病棟
　　7対1入院基本料……1,555点
　　10対1入院基本料……1,300点
　　13対1入院基本料……1,092点
　　15対1入院基本料……　934点
　　14日以内の期間……450点（特別入院基本料については，300点）
　　15日以上30日以内の期間……192点（特別入院基本料については，155点）
　　特殊疾患入院施設管理加算……350点
b．療養病棟入院基本料Ⅰ

	医療区分1	医療区分2	医療区分3
ADL区分3	G　934点	D　1,369点	A　1,758点
ADL区分2	H　887点	E　1,342点	B　1,705点
ADL区分1	I　785点	F　1,191点	C　1,424点

c．療養病棟入院基本料Ⅱ

	医療区分1	医療区分2	医療区分3
ADL区分3	G　871点	D　1,306点	A　1,695点
ADL区分2	H　824点	E　1,279点	B　1,642点
ADL区分1	I　722点	F　1,128点	C　1,361点

医療区分3
【疾患・状態】
・スモン　　・医師及び看護師による24時間体制での監視　　・管理を要する状態
【医療処置】
・中心静脈栄養　　・24時間持続点滴　　・レスピレーター使用
・ドレーン法　　・胸腹腔洗浄　　・発熱を伴う場合の気管切開，気管内挿管のケア
・酸素療法　　・感染隔離室におけるケア

医療区分2
【疾患・状態】
・筋ジストロフィー　　・多発性硬化症　　・筋萎縮性側索硬化症
・パーキンソン病関連疾患　　・その他神経難病（スモンを除く）
・神経難病以外の難病　　・脊髄損傷　　・肺気腫・慢性閉塞性肺疾患（COPD）
・疼痛コントロールが必要な悪性腫瘍　　・肺炎　　・尿路感染症　　・創感染
・リハビリテーションが必要な疾患が発症してから30日以内　　・脱水
・体内出血　　・頻回の嘔吐・褥瘡　　・うっ血性潰瘍　　・せん妄の兆候
・うつ状態　　・暴行が毎日みられる状態
【医療処置】
・透析　　・発熱または嘔吐を伴う場合の経管栄養　　・喀痰吸引
・気管切開・気管内挿管のケア　　・血糖チェック　　・皮膚の潰瘍のケア
・手術創のケア　　・創傷処置　　・足のケア

|医療区分1|
医療区分2・3に該当しない者

○平成18年7月から，療養病棟入院基本料については，看護職員5：1，看護補助者5：1の配置が算定要件となっている。
○ただし，医療区分2・3の患者を8割以上受け入れている病棟は，看護職員4：1，看護補助者4：1の配置がない場合には，医療区分2・3の点数は算定できない。

c．回復期リハビリテーション病棟……1,680点

d．障害者施設等入院基本料算定病棟：重度の肢体不自由児（者），脊髄損傷等の重度障害者，重度の意識障害者，筋ジストロフィー患者，難病患者等を概ね7割以上入院させている病棟
　　　7対1入院基本料……1,555点
　　　10対1入院基本料……1,300点
　　　13対1入院基本料……1,092点
　　　15対1入院基本料……　954点
　　　14日以内312点加算
　　　15日以上30日以内167点加算

e．特殊疾患病棟
　　特殊疾患病棟入院料1……1,943点
　　施設基準：当該病棟の入院患者の概ね8割以上が，脊髄損傷等の重度障害者（脳卒中の後遺症の患者及び認知症の患者を除く），重度の意識障害者，筋ジストロフィー患者または神経難病患者である。なお，重度の意識障害者とは，次に掲げるものをいうものであり，病因が脳卒中の後遺症であっても，次の状態である場合には，重度の意識障害者となる。
　ア　意識障害レベルがJCS（Japan Coma Scale）でⅡ-3（または30）以上またはGCS（Glasgow Coma Scale）で8点以下の状態が2週以上持続している患者
　イ　無動症の患者（閉じ込め症候群，無動性無言，失外套症候群）
　　特殊疾患病棟入院料2……1,570点
　　施設基準：次のいずれかの基準を満たしている。
　ア　次のいずれかに該当する一般病棟又は精神病棟
　　①　児童福祉法第43条の3に規定する肢体不自由児施設
　　②　児童福祉法第43条の4に規定する重症心身障害児施設
　　③　児童福祉法第7条第6項に規定する国立高度専門医療研究センター
　　④　児童福祉法第7条第6項に規定する独立行政法人国立病院機構の設置する医療機関であって厚生労働大臣の指定する医療機関
　イ　当該病棟の入院患者数の概ね8割以上が，重度の肢体不自由児（者）（日常生活自立度のランクB以上に限る。）等の重度の障害者（ただし，脊髄損傷等の重度障害者，筋ジストロフィー患者，神経難病患者，脳卒中の後遺症の患者および認知症患者を除く。）
　　人工呼吸器を使用した場合の加算……600点

f．緩和ケア病棟……3,780点

g．障害者自立支援法の療養介護事業（国立病院機構の旧筋ジス病棟）

出典
医科点数表の解釈　平成22年4月版　社会保険研究所

〈コラム7〉 難病医療専門員の重要性（拠点病院から協力病院へ）

医療法人財団華林会　村上華林堂病院　副院長　菊池仁志

　平成18年7月まで九州大学神経内科で岩木三保難病医療専門員と神経難病ネットワークの仕事に従事させていただき，大学病院における診療という立場から神経難病ネットワーク事業というものに取り組ませていただきました。そのなかで，神経難病医療の現状，そして大学病院に求められること，民間病院に求められることなどをリアルタイムで感じさせられておりました。発足当初は，難病医療専門員の目的や役割をうまく把握することが出来ませんでした。そして，各種研修会の演題もALS患者さんの受け入れ先がないこと……の話題一点張りでありました。しかしながらその後，研究会も少しずつ進歩していき，さまざまな問題が浮き彫りになり，それに対する取り組みも活発になってきました。しかしながら，大学で診療している頃は，実際の現場では，まだまだ神経難病をしっかりとフォローしていく病院や患者さんを安心して任せられる病院がいかに少ないかを身にしみて感じておりました。

　そのような折，平成19年8月より現在の村上華林堂病院神経内科に赴任し，神経難病診療を立ち上げる機会に恵まれました。村上華林堂病院は，現在病床数160床で，一般病床88床，亜急性16床，ホスピス20床，障害者等一般病棟36床の小‐中規模の民間病院です。多くの神経難病の患者さんをいかに看て行くか，そして，介護者のみならず医療スタッフの負担をいかに軽減していくかなどの問題も考えながら診療しております。そこで私共は，「在宅療養を基本としながら定期的にレスパイト入院を繰り返す」ことで，介護者および看護スタッフの負担を分担しあう体制をとっております。そしてその中で，多専門職種によるチーム医療を通して，病状評価，病状説明，リハビリテーション，臨床心理士によるメンタルサポート，今後の方針に関する話し合い，PEGの造設，NIPPVの導入などを行なっております。緩和ケアに関しても，ホスピス医・ホスピス看護師との協力体制のもと技術向上に努めております。診療スタッフに関しては，平成18年12月から療養病床を障害者等一般病棟へ変更し，ここのスタッフを神経難病診療に特化させ，研修会や勉強会を通して診療・看護レベルの向上を図っております。また，神経内科専門医を部長とした在宅診療部を通じて，神経内科専門医3名体制で在宅診療と入院診療を効率的に繰り返しながら，看護師・家族の介護負担を分担しております。

なかでもレスパイト入院を中心とした病床管理を推進し，その実績としては，平成19年7月より平成22年6月までの3年間で，総数82名，延べ約900回の神経難病病棟へのレスパイト入院を施行。平成22年6月現在，44名の患者さんが計画的レスパイト入院を行なっています。特にALS患者さんに関しては，当院に関わってきた約90名のALS患者のうち36名，延べ280回のレスパイト入院を行ないました。また，当院で在宅診療部を立ち上げ，本支援システムを通して，平成19年5月より平成22年6月までに神経難病患者28名，内ALS 17名と数多くの在宅ALS患者さんの診療ができるようになりました。

　神経難病の患者さんは近隣地域だけではなく，福岡市全域，さらには県外から来られている方もおられます。そうなると当院だけでは，とても網羅できないようになってきます。そのような場合，レスパイト入院や検査入院を当院で担い，日ごろの在宅診療を近隣の往診医や訪問看護ステーションに依頼する形をとっております。そしてその中で，病診連携，病－病連携のネットワークを形成することで，より円滑で無理のない診療を目指しております。こういった地域連携の場においても難病医療専門員に相談し，さまざまな情報提供をしていただいております。難病診療で，懸念される医療収益に関しては，障害者施設等一般病棟を活用し，効率的なレスパイト入院やリハビリテーションを行なうことで，安定した経営が行なえております。

　協力病院で神経難病診療を遂行していく上で，改めて神経難病ネットワークならびに難病医療専門員の重要性を認識することができました。九州大学病院は，ネットワークの拠点病院であり，大学病院で診療している頃は，後方支援病院を探すために難病医療専門員の力を借りていましたが，今度は受ける立場になると受ける側の気持ちがよくわかるようになり，また違った意味で難病医療専門員の必要性を認識することができます。特に私共は，神経難病患者の在宅療養を支えていくという基本方針を持っていますので，在宅往診医，訪問看護ステーションの確保や在宅介護が困難になった場合の長期療養病院の確保が必要になってきます。そのような場合，神経難病医療ネットワークを通じて豊富な情報を有する難病医療専門員に相談し，円滑に対応ができる場合もしばしばあります。また，小・中規模の民間病院では，大学病院や大病院と異なりコメディカルとの連携が強くなってきます。そのような場合，啓発活動というものが重要になってきます。特に研修会への参加を通して，医療スタッフへの啓発活動を促すことが必要になってきます。研修会の情報提供や実際の現場に関する相談などは難病医療専門員の力を借りることが多いです。また，民間病院の場合は，医療相談は主にソーシャルワーカーの仕事となっておりますが，当院でも神経難病患者が増えるに従って，ソーシャルワーカーへの難病医療相談が多くなり，機会あるごとに難病医療専門員に相談させていただいております。

　大学病院などの拠点病院の大きな役割は，神経難病診療の啓発，情報の収集と提供，

医学生や研修医の先生方への難病診療教育を遂行することにあると思います。そのことは，私ども民間協力病院で難病診療をする上で，大きな助けになります。まず，神経難病というものが医師の間でさえ理解されないことがしばしばありますので，そういう現状を少しずつ変えていっていただきたいと思います。そうすることで医療ネットワークの重要性を啓発していただけると他病院との連携がさらに円滑な形で図れるようになると思います。

　これまで神経難病診療に取り組む中で，大学病院（ネットワーク拠点病院）において発信する立場から，そしてその後，受ける立場である協力病院において難病医療専門員と関われたことで，難病医療専門員という役割の重要性をよりいっそう認識することができました。難病医療専門員との関わり方は，各病院の性質や意識，方向性によって違ってくると思いますが，地域における在宅療養や長期的フォローを支えるのはやはり協力民間病院の役割が大きいと思います。本マニュアルを通じて，難病医療専門員の方々が，より円滑にさまざまな医療機関の橋渡しを行ない，神経難病患者さんのためのケアの充実を図ることができるよう心よりお祈りしております。

第10章
難病医療専門員への支援体制

福岡県難病医療連絡協議会　岩木三保

10.1 はじめに

　難病医療専門員は，専門職と患者・家族の間に立たされるためストレスがかかりやすい立場にあると思われる。また職種として確立しているわけでもなく，業務指針も確固としたものがあるわけでもないので，他職種のなかでスケープゴートになることもある。ここでは，このようにストレスが多い難病医療専門員のメンタルヘルスについての留意点を述べる。

10.2 相談相手やスーパーバイザーの確保

　難病医療専門員は各都道府県に1～3名の配置であるため，孤立しがちである。職場でのサポート体制が必要であるとともに，難病医療専門員自身が意識して相談相手を持つようにすることが大切である。特に他都道府県の難病医療専門員に相談したり，話す機会を持ったりすることで，視野が拡がり新たな取り組みに気づくことも多い。近隣の都道府県難病医療専門員に連絡をとってみることを強く勧めたい。全国や地方の研修会に出て，知識を深めるとともに同じような立場にある難病医療専門員の業務を知ることも役に立つ。
　一方，適切なスーパーバイザー[*4]を確保することも重要である。平成21年度に実施した全国30県の難病医療専門員40名に対する調査結果によると，スーパーバイザーの有無については22名がいる，5名がいないと回答した。また業務についての助言・援助者については17名がいる，6名がいないと回答し，メンタルサポートは21名がいる，6名がいないと回答した（図10-1）。難病医療専門員は，医師をはじめとする他職種により支援されていることがわかった（図10-2）。
　信頼できるスーパーバイザーや支援者を確保し，相談できる体制をつくっていくことが大切である。

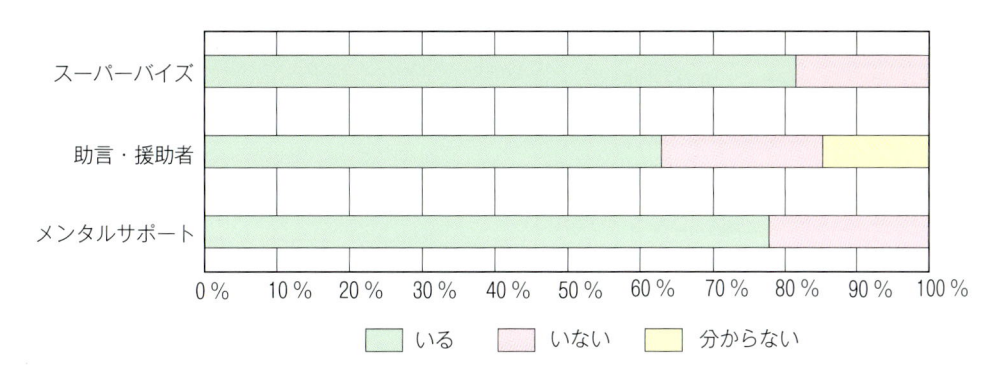

図10-1 難病医療専門員の支援状況

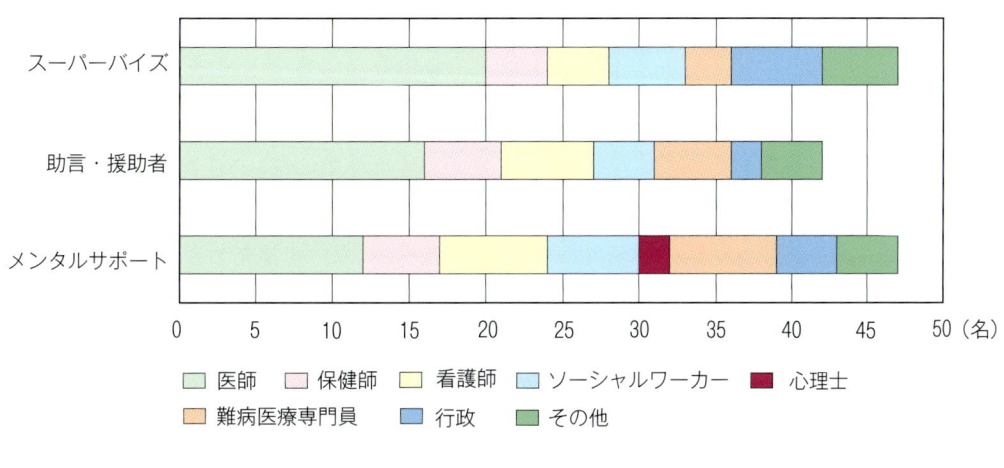

図10-2 難病医療専門員を支援している職種

10.3 自己を知ること

エゴグラムなどで，自己の性格や生活行動パターンの傾向を知っておくのもよいだろう。人間関係では，互いに個性が前面に出て，ストレスを招くこともある。自己を知ることで，人間関係での無用のストレスを避けることができるようになる。また高すぎる自我や低すぎる自我は，努力することで改善することもできる。

10.4 ストレス自己チェック

下記は特に働く女性がストレス状態になった時に現れやすい兆候である（『公務員のためのメンタルヘルス・ハンドブック』を一部改変）。自己の変化に敏感になり，自分で自分を観察す

ることも必要なことかもしれない。
- ☐ 日頃から続けている趣味や運動がない
- ☐ 生理が不規則な傾向にある
- ☐ 肌に張りがなく，化粧のりが悪い
- ☐ 身だしなみに気を遣わなくなった
- ☐ 疲れていると入浴しないで寝てしまう
- ☐ 寝つきや寝起きが悪い
- ☐ 肩がこったり，腰や背中が痛いことがある
- ☐ 些細なことに腹が立ちイライラする
- ☐ 風邪を引きやすく，長引く

10.5 自分なりの対処方法を持つこと（ストレス・マネジメント）

ストレス・マネジメントとは，エネルギー（燃料）の有効活用法といえる。ストレスが持続すると，それに対処するためにエネルギーを使い，エネルギーのレベルが下がってくる。このエネルギーのバランスをとることが必要である。

エネルギー全体が下がっている場合は，まず休んでエネルギーを補充することが必要といわれている。また仕事にエネルギーを使いすぎているなど，ある部分だけにエネルギーが偏っている場合は，気分転換（バランスの回復）が必要といわれている。

その他の対処法としては「規則正しい生活をする」「受け止め方を変える」「あるがままの自分を受け入れる」「リラックス」などがあげられる。それぞれが自分なりの対処を持っておくことが大切であるが，最も重要な手法は「問題となっていることを解決する」ことではないだろうか。自分の目標を達成する過程で，ストレスが障害となっている場合には，ときにはそれに立ち向かって，戦うことも必要である。

10.6 メーリングリストや研究会などの活用

全国規模の研究会等に参加して，知識を深めたり最新の知見を得たりすることは，重要である。またそうした研究会等の機会を利用して，全国の難病医療専門員やその他の専門職と直接顔を合わせておくと，後々情報交換しやすい。

難病医療専門員の活動の範囲は都道府県によって差が大きい。メーリングリストを通じて質問をしたり，情報を求めたりすることで，他県独自の取り組みを把握することが可能である。積極的に活用していくことをお勧めたい。

図10-3は，難病医療専門員がどのようにして情報を得ているのかを示したもので，平成21年度の調査結果である。以下に，情報リソースをまとめた。

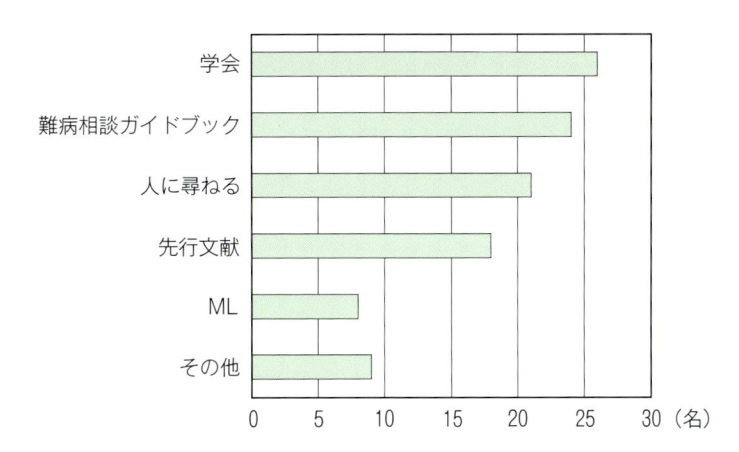

図10-3 難病医療専門員の情報源（平成21年度）

- 難病医療専門員メーリングリスト

　全国の難病医療専門員がメーリングリストにより情報交換をするというもの。他県の難病医療専門員に対する相談から，研究会，学会，厚生労働省横断的基盤研究グループの各班会議情報まで，様々な情報交換がなされている。登録料は無料だが，難病医療専門員の交流を目的としているので，現在のところ難病医療専門員に限っている。希望者は，管理者までメールで連絡をすること。

　管理者：福岡県難病医療連絡協議会

　メールアドレス：nanbyou @ neuro.med.kyushu-u.ac.jp

- 日本難病医療ネットワーク研究会

　年1回の研究会を開催をしている。参加申し込みなど詳細は，ホームページを参照のこと。(http://www.med.kyushu-u.ac.jp/nanbyou/kenkyu/index.php)

　事務局：九州大学神経内科（092-642-5340）

　年会費：一般会員2,000円，団体会員10,000円，賛助会員50,000円

- その他
  - 日本難病看護学会 http://square.umin.ac.jp/intrac/
  - 難病情報センター http://www.nanbyou.or.jp/top.html

10.7 おわりに

難病医療専門員にとって，職場でのサポート体制も重要課題の一つである。平成18年度に重症難病患者の地域医療体制の構築に関する研究班において，全国の難病医療専門員の実態調査を行ない，どのような問題を抱えているかを明らかにすることができた。

　その結果，県に単独配置されている難病医療専門員が多く，有休・代休の消化がしにくい

実態が示された。また孤立する可能性があること，業務がひとり目線になりやすいことも懸念される。都道府県担当者が実務に積極的に目を向け，協力する姿勢が求められるとともに，医療面でのスーパーバイザー[*4]の存在が重要である。

評価基準に基づいた適正な待遇を希望するという声もあったが，評価基準そのものが整備されていないのが現状である。業務環境や雇用待遇によりモチベーション格差が現れることのない体制整備と，やりがいを共に見出せる協力者が必要である。

参考文献
1) 夏目誠，山本昌之．公務員のためのメンタルヘルス・ハンドブック．㈱社会保険出版社．2003年3月．p. 26.
2) ハンス・セリエ著．杉靖三郎，藤井尚治，田多井吉之介，竹宮隆翻訳．現代社会とストレス〔原著改訂版〕．法政大学出版局．1988．pp. 370-380.

〈コラム8〉 難病医療専門員としての"しあわせ"

岐阜県難病医療連絡協議会　難病医療専門員　堀田みゆき

　岐阜県は，NPO法人難病患者団体連絡協議会（以下，難病連）が，難病患者の自立と社会参加の促進を図ることを目的とし，昭和48年からピアサポートを軸に，難病患者の相談窓口として多くの活動や事業に取り組んでいます。

　難病連の活動は長く，平成18年から活動を始めている難病医療連絡協議会としても，難病連に頼ることが多くあります。

　難病連の相談員は，広く難病患者さんの相談を，難病医療連絡協議会は主に，難病に関わる従事者の相談を受け，従事者の資質向上を目的に研修会にも力を入れています。研修会の開催場所は，当初，岐阜大学医学部附属病院のみで行なっていました。研修会後のアンケート調査結果を基に，①研修会開催場所の拡大　②研修会参加者（職種）の拡大　③事例検討は地域の現状・ニーズの把握や，地域に即した情報交換の場とすることを決め，難病医療連絡協議会が各地域を行脚（巡礼のようですが……）し，研修会を開催することとなりました。地域に即した研修会となるように，その地域の関係者（かかりつけ医・訪問看護師・ケアマネジャー・保健師・ヘルパーなど）に事例紹介をお願いしています。事例を通して，初めてお会いする地域関係者と，事前検討会の場を持ち，この事例で悩んでいること，嬉しく感じたこと，研修会でのグループワークに提案する内容を話し合っています。

　そこでは，地域関係者の熱い思いを沢山伺うことができます。それだけでも嬉しいと感じるのに，お一人お一人が，大変，手の込んだ資料づくりをされ，「ギリギリまで発表原稿を作っていました～」と目は赤くても活き活きとした口調で話されるお姿に向かい「ありがとうございます」と心の中で，手を合わせ，感謝を述べています。

　地域に出向き，直接，顔をあわせたface to faceのつながりは，温かく，その力は想像を超える強さがあります。つながりの波紋が大きく広がり，ネットワークの輪（和）が強くなるのを肌で感じることができ，多くの方との出会いに，感謝の気持ちでいっぱいになります。

　難病療養者や家族を支援する地域関係者に，私自身が支えられ，ひとの温かさ，優しさ，強さに触れ，春を感じるポカポカとした，しあわせな気分を味わっています。

〈コラム9〉 北海道難病医療ネットワーク活動，あれこれ

北海道難病医療ネットワーク連絡協議会　難病医療専門員　蛸島八重子

　北海道難病医療ネットワークは活動開始から6年が経過しました。本ネットワーク連絡協議会会長，難病医療専門員共に2代目となり2年の月日が過ぎ，拠点病院も国立札幌南病院から北海道医療センター（国立西札幌病院との統廃合・平成22年3月1日）に生まれ変わりました。北海道医療センターは，道央地域である札幌市内にあります。札幌から道内全域へ訪問や研修会等で出かける際には，JR・都市間高速バス・路線バス・飛行機等の公共交通機関を利用するため，移動時間に片道4時間かかることも度々です。

　私が前任者からこの仕事を引き継いだのが平成20年4月1日。当初，「私は何をする人なのか？」「この広い北海道内でどのように活動をしていったらよいのか？」等と悩みながら迷走していたことを今でも，思い出します。この職を次の方に引き継ぐ時には，3〜6ヵ月間程一緒に勤務しながら申し送りをしていくことが必要なのではないかと考えています。人件費等の諸問題はありますが，そうすることで自分達が目指す北海道における難病医療専門員の姿を描くことができるのではないかと思っています。

　私は，難病医療専門員の役割は神経難病ケアの啓発活動に尽きると考えています。本ネットワーク推進事業は，関係機関と連携し住み慣れた地域で安心して暮らすことができるように支援することを目標としています。まず活動開始にあたり，対象者はいろいろな角度からのアプローチを要する状況の在宅療養者であり，私一人ではできることにも限界があるため，北海道内の保健師と一緒にこの事業を進めていきたいと方針を立てました。

　この仕事をして初めての電話相談は，オホーツク方面保健所保健師からのものでした。これは忘れられない事例です。在宅人工呼吸療養中の事例で，主介護者である妻の介護疲労がピークに達しているため，レスパイト受け入れ先を紹介して欲しいというものでした。連絡をやりとりしている過程で，初の訪問相談を行なうこととなりました。自宅を訪問したところ，妻の介護疲労が身体症状にも表れているのか険悪な雰囲気を感じました。

　当初，訪問は1件の予定でしたが，同じ地域の在宅人工呼吸療養中の方がいらっしゃるということで，そちらも訪問することになりました。そこは小高い丘の上にある牧場

を経営されている男性宅でした．家族が牛舎で仕事をするときは"伝の心"の音声を最大限にあげスピーカーを牛舎に向け活用しているとのこと．こちらの方は人工呼吸器を装着する前からのかかりつけ医をレスパイト先にしているということでした．

　札幌駅を午前9時過ぎに出発し，JRと車を乗り継いで2件訪問したところ，帰宅は午後11時を過ぎてしまいました．翌日は午後からの勤務を予定していたが出勤できず，"無謀な計画をたてないように"と当会長から注意されました（反省しきり）．

　訪問後，レスパイト先は地元で探すのがよいと考え保健師との情報交換を経て，訪問3ヵ月後にレスパイトを4泊5日，神経内科医が月2回勤務している地元の道立病院に決まった旨の連絡を頂きました．保健師が道立病院地域連携室へコンサルトした結果，病院全体で検討し受け入れが決定しました．その後レスパイト入院は，年2回のペースで，期間は1週間～10日間と少しずつ長くなり，妻の負担が軽減されているようでした．

　1市3町からなる同じ保健所管内で平成21年12月新たに2名の方がALSと診断され，在宅療養患者さんは5名になりました．この患者さん方を地域で支えるためには，レスパイト入院を受け入れる病院・サービス提供者・行政担当者との間で情報共有をする必要があるとの保健師の声かけにより"ALS患者地域ケア体制検討会"が行なわれました．

　私は，その検討会では"ALS患者さまのレスパイト入院の効果と重要性について"講演をし，"患者・家族へ望ましい支援のありかたについて"の意見交換会では助言者として参加しました．そこでは訪問看護師・レスパイト受け入れ病院看護師からはスタッフ間の意思伝達がうまくいかずケアに行き詰まり，全スタッフが病室に集まり話し合ったことなどが話されました．

　現在，本ネットワークは北海道内27保健所中21保健所と連携して活動しています．私は，日々の業務を通じて保健師さんは，特定疾患患者さまの一番身近な相談者（窓口）であるとともに，広大な北海道の難病ケアの強い味方であると実感しています．

　北海道の難病患者・家族会は札幌市にある北海道難病センターを中心に活動しています．ALS患者，家族の方々から当ネットワークへの相談件数が多いのでALS患者会の活動を少しでもお手伝いできればとJALSA北海道支部総会での交流会へ参加しました．

　私は，本ネットワークの紹介と在宅療養生活について困っていること等を聞くことができればと思い，患者・家族の方々の体験談を聞かせていただきました．その中で就労されている若年のALS患者さんのお話，信頼できる主治医の先生に巡り合ったお話など心温まる話を聞くことができました．交流会のあとはピアサポートもあり事務局のご苦労を感じた交流会でした．今後は他の患者会へもサポート押し売りをしたいと考えています．

難病医療専門員として3年目に入り，難病ケアについての講演でようやく国の難病対策の5本柱の意義を皆さんに伝えられるようになりました。難病施策の歴史を紐解いていくと，神経内科病棟で看護師職をしていた時にはそのような施策があったことさえ知らなかった自分の無知さに呆然としてしまいました。国の難病対策は，難病ケアの方向性を示しています。神経難病ケアの啓発活動において難病施策を理解していただくことが大切であると認識しています。

　今後は，神経難病患者さまの現状を一人でも多くの方達に理解していただき，ケアの展開に役立てていただけるよう，難病ケアの講演や啓発活動，訪問相談対応や地域の取り組みへのサポートを北海道内全域に広めていきたいと思っています。

第11章

社会資源の活用

国立病院機構南九州病院　久保 裕男

11.1 はじめに

わが国には憲法第25条「基本的生存権」の保障に基づき様々な社会保障制度があります。難病患者の場合，医療（国民健康・健康保険法，各種共済組合法）と公費負担医療制度，公

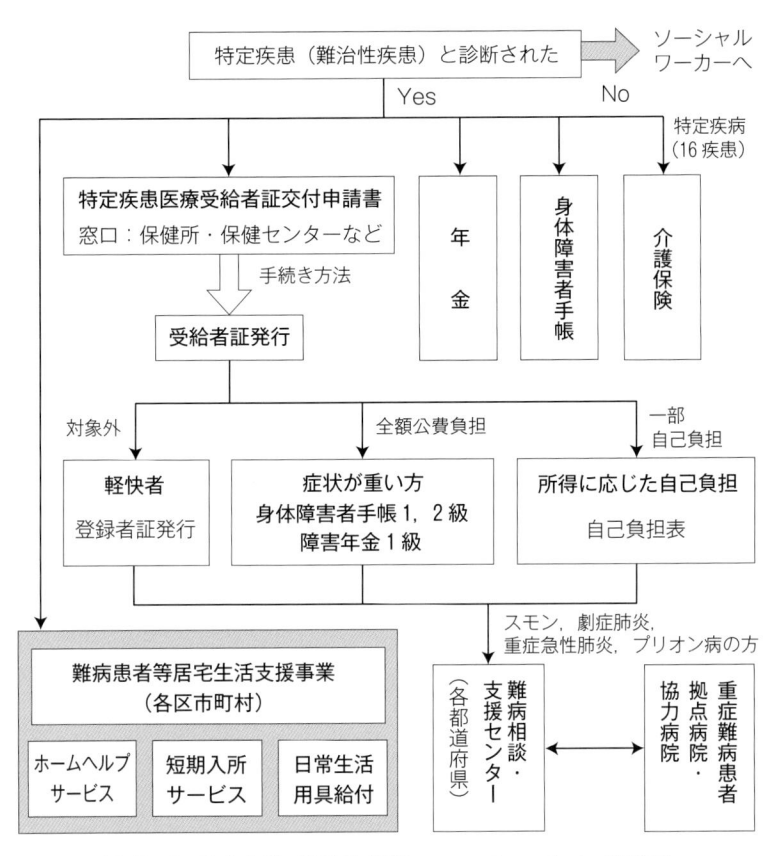

図11-1　特定疾患（難治性疾患）フローチャート（一部変更）
出典：「2010 社会資源・連携情報活用ガイド」日総研．2010年．p. 47.

的年金制度（国民・厚生年金法，各種共済組合法などによる障害年金），介護保険法，身体障害者福祉法，障害者自立支援法などによる既存のサービスの他，難病対策要綱，難治性疾患克服研究事業（130疾患が対象），特定疾患治療研究事業（56疾患が対象，主に医療費自己負担の減免），難病特別対策推進事業（難病相談・支援センター事業，重症難病患者入院施設確保事業，難病患者地域対策推進事業，神経難病患者在宅支援事業）などがあり，病状や身体障害の程度によってそれらの施策を利用できます。

　社会資源とは，これらの法や対策要綱・諸事業に基づく支援だけでなく，それに携わる職員・専門職，難病支援ネットワーク，ボランティアや難病団体など，難病患者とその家族が生活を送る上での困難を克服・軽減するための様々な資源を総称しています。難病はいずれも進行性疾患であり，病気の告知に始まり病気の進行につれ，様々な困難な課題が発生します。したがって社会資源を知り，うまく組み合わせ利用することが，患者のQOL[*18]を高め家族を支援する上できわめて重要となります。

　個別保障制度に入る前に，まず難病と社会保障制度との関連を概観してみましょう。

(1) 医療保障制度の概要と公費負担医療等制度の関連

　まず，医療保障制度と公費負担医療等制度の関連を述べます。わが国の公費負担医療制度は，国が責任を持って治療を支援する福祉的観点から，それぞれが加入している医療保険

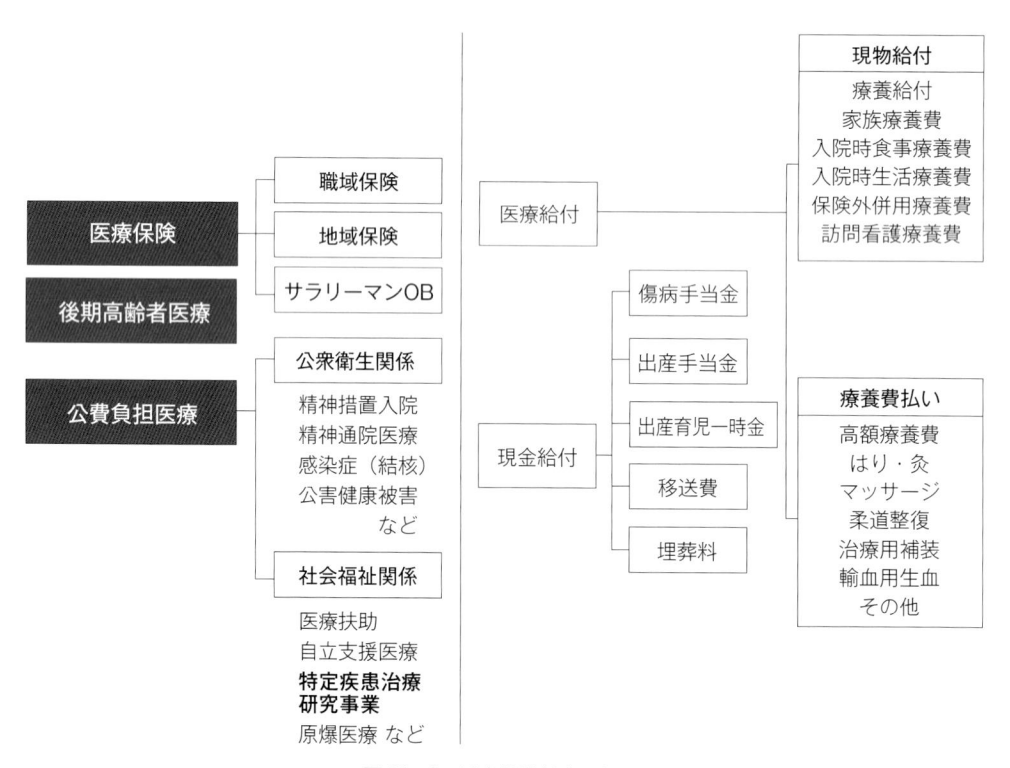

図11-2　医療保障制度の概要

(地域保険，職域保険など)を使って，その自己負担分を公的に補償する制度と，加入している医療保険は関係なく，国もしくは都道府県が全額補償する制度(例:新感染症，原爆医療法第8条の認定患者など)に大別されます。難病(特定疾患)の場合は前者であり，都道府県と契約した医療機関は被保険者が加入している医療保険での診療報酬請求を行ない，患者負担については，特定疾患の一般認定患者には自己負担分を請求(所得に応じ負担額は7段階に区分される)，残りの公費負担分について審査支払機関を通し実施主体である都道府県から支払われる仕組みです。したがって，難病患者が公費負担医療の権利を得るには，まずは医療保険に加入していることが前提です。公費負担医療制度では，疾患ごとに法制番号があり，「特定疾患治療研究事業」は51番です。

(2) 難病と公的年金制度の関連

日本の公的年金制度は，医療保険制度同様社会保険方式(収入その他に応じて，一定期間保険料・税を納める)で成り立っています。障害年金を受けるための条件を図式化します(表11-1，表11-2)。

表11-1 各種障害年金の比較

項　目	障害基礎年金	障害厚生年金	障害共済年金
初診日	65歳未満にあること(老齢基礎年金繰り上げ受給者は除外)	厚生年金の加入者であること	共済年金の加入者であること
障害状態	障害認定日に障害等級表に定める1〜2級に該当する	障害認定日に障害等級表1〜3級に該当すること	
保険料	初診日に納付要件を満たしていること		
手続きの窓口	市町村の国民年金課	協会けんぽ	共済組合

【利用方法】
① 初診日を確認する:初診日とは障害の原因となったけがや病気で，はじめて医師の診察を受けた時。ALS患者などの場合，診断が確定せずいくつもの医療機関に罹る場合がありますが，その場合，とにかく最初に医療機関に罹った期日のことです。
② 障害認定日の確認:初診日から1年6ヵ月を経過した日のこと。ただし初診日から1年6ヵ月を経過しなくても障害認定日となる例もあります。

表11-2 障害認定日の具体例

・心臓のペースメーカー，人工弁を装着した日
・人工肛門，人工膀胱，人工骨頭の手術施行日
・人工透析は透析開始から3ヵ月後の日
・失明は視力の低下に応じて
・上記の他に，医師が「治癒した」「症状が固定した」と診断した日
　難病の場合，疾病に伴い障害が進行していくので，医師の判断で認定日となることもあります。ただし，傷病手当金との関連もあるので，窓口の方に詳しくお聞きください。

出典:「医療福祉総合ガイドブック2009年度版」NPO法人日本医療ソーシャルワーカー研究会編，医学書院.

(3) 難病と介護保険制度との関連

　介護保険によるサービスは65歳以上から受けられますが（1号被保険者），厚生労働省が定めた16疾病患者は，40歳以上で申請によりサービスを受けることができます（2号被保険者，表11-3参照）。

　16疾患のうち8疾患（下線部）は特定疾患治療研究事業対象疾患です。

　介護保険は，医療と介護を組み合わせた制度なので，難病患者を支援する専門職は，複雑な仕組みを理解する必要があります。

　別に厚生労働大臣が定める疾患（表11-4）の訪問看護については，介護保険のサービスの対象を外れ，医療保険から訪問看護を受けることができます（交通費等は請求できる）。

表11-3　介護保険施行令で定める16の特定疾病

がん末期，筋萎縮性側索硬化症，後縦靱帯骨化症，骨折を伴う骨粗鬆症，多系統萎縮症，初老期における認知症（クロイツフェルト・ヤコブ病を含む），脊髄小脳変性症，脊柱管狭窄症，早老症，糖尿病性神経・腎および網膜症，脳血管疾患，パーキンソン関連疾患（進行性核上性麻痺，大脳基底核変性症及びパーキンソン病），閉塞性動脈硬化症，関節リウマチ，慢性閉塞性肺疾患，両側の膝関節または股関節に著しい変形を伴う変形性関節症

表11-4　厚生労働大臣が定める疾病等

多発性硬化症，重症筋無力症，スモン，筋萎縮性側索硬化症，脊髄小脳変性症，ハンチントン病，進行性筋ジストロフィー症，パーキンソン関連疾患［（進行性核上性麻痺，大脳皮質基底核変性症及びパーキンソン病（ホーエン・ヤールステージ3以上であって生活機能障害度がⅡ度またはⅢ度のもの））］，多系統萎縮症（線条体黒質変性症，オリーブ橋小脳萎縮症及びシャイ・ドレーガー症候群），プリオン病，亜急性硬化症全脳炎，後天性免疫不全症候群，頸髄損傷，人工呼吸器を使用している状態

11.2 具体的相談内容と対応

> Q1　数ヵ月前から飲み込みが悪く身体もけだるくなり，いくつかの神経内科を受診したところ，ALS（筋萎縮性側索硬化症）と診断されました。これから先どうなるのか心配で，相談にきました。

A1　まず主治医に十分相談して下さい。難病については保健所が施策の具体的窓口なので，保健所難病担当保健師に相談して下さい。また病院には医療ソーシャルワーカー（MSW）が配置されていますので，療養生活環境整備や社会資源の活用などご相談下さい。

Q2 難病（特定疾患）の診断を受けたら医療費の減免があると聞きました。どこで手続きできるか，方法など教えてください。

A2 国の「特定疾患治療研究事業」があり，公費負担医療制度があります。保健所を通し都道府県に対し特定疾患医療給付事業（難病医療）の申請をして下さい。医師の意見書，同意書，住民票，印鑑，保険証，前年度の所得証明書も持参して下さい。認定されたらおおむね 2，3 ヵ月後に特定疾患治療研究事業による公費医療負担の証明書にあたる「特定疾患医療受給者証」が送られてきます。現在対象疾患は 56 疾患です。受給者証には指定医療機関が明記されており，その医療機関に限り医療費の公費負担を受けられます（国の制度）。なお国の定める難病（特定疾患：難治性疾患克服研究事業調査研究対象疾患）は 130 疾患であり，56 疾患以外についても医療費公費負担をしている都道府県もあります。保健所で確認してください。

Q3 医療費公費負担の具体的利用法を教えて下さい。

A3 いずれも受診日に，「特定疾患医療受給者証」を医療機関窓口に提示します。都道府県と契約した受託医療機関で，かつ保健所から指定された指定医療機関のみ適用されます。認定には「一般認定」と「重症認定」の 2 種類があります。

① 一般認定の場合：かかった医療費とは関係なく所得に応じ（7 段階），窓口で支払うことになります（いずれも月額）。
   - 入院：0 円～23,100 円（食事代も含む）。
     外来：0 円～11,550 円。
② 重症認定の場合：食事代も含め全額公費負担で，自己負担はありません。

Q4 その他医療費を助成する制度はありませんか。

A4 市町村による身体障害者医療費助成制度があります（通称，重心医療）。まず身体障害者手帳を取得して下さい（申請窓口は市町村）。助成内容や方法は各自治体によって大きな違いがあるので（障害の程度による違い，現物給付即ち窓口で一定額もしくは全く払わなくてもよい市町村と，償還払い即ち窓口で一定額を払い後日申請により助成金が還ってくる市町村など），市町村の障害福祉課に相談して下さい。

一つの例「私は○○県に住んでいる時は，『重度心身障害者医療費助成証』を提出すれば，窓口での負担はなかったのに，△△県に移ったら，窓口で一定の負担額を徴収されました」などの苦情があります。自治体によって大きく違うことを理解してください。

> **Q 5** 相談する機関・組織など教えて下さい。

A 5 難病の窓口は保健所であり，難病担当保健師が様々な相談に応じてくれます。またすべての都道府県に「難病相談・支援センター」が設置されています（詳細は「第7章　難病相談・支援センターとの連携」に記載）。都道府県事業による「重症難病患者入院施設確保事業」があり，拠点病院には難病医療専門員が配置され，面談，電話，メールなどで相談に応じています。医療機関に配置されている主治医，医療ソーシャルワーカーも相談に応じます。さらに難病患者団体も相談の窓口を持っています。

　ALSの場合，日本ALS協会都道府県支部，その他の難病についても支部組織があり相談に応じてくれます。各都道府県には神経難病医療ネットワークが整備され，配置されている難病医療専門員が各種相談事業を行なっています。また各都道府県には難病相談・支援センターが設置されており，難病相談支援員が相談事業を行なっています。これらの相談事業を利用して下さい。

> **Q 6** できるだけわが家で暮らしたいと思いますが，医療費助成以外の支援はあるのですか。

A 6 まず，介護保険法によるサービスがあります（前述参照）。また障害者自立支援法による障害福祉サービス事業があります。詳細は触れませんが，これまでの居宅サービス，施設サービスを介護給付・訓練等給付に分け，障害区分（6段階）に応じてサービスを提供する仕組みです。また生活支援事業によるコミュニケーション支援，移動支援などがあります。これらと従来の介護保険法，難病等居宅生活支援事業（市町村事業），自治体独自のサービスを組み合わせてサービスを提供します。

　年齢，障害の程度によりいくつかのパターンが考えられます。

① 40歳未満の方：身体障害者手帳取得のあと，障害者自立支援法利用申請を行ない，サービスを受けます。例：介護給付のホームヘルプ，重度障害者等包括支援，身体障害者手帳に該当しない方は難病患者等居宅生活支援事業（後述Q 8）を利用できます。またボランティア等を利用することもできます。

② 40歳以上の方：介護保険対象の特定疾病（表11-3）の方は介護保険を利用します。ホームヘルプサービスの他，訪問看護，訪問リハビリ等が受けられます。介護保険は原則一割負担ですが，訪問看護は公費医療負担制度が適用され，自己負担はありません（表11-4参照）。介護保険のサービスで足りない方は，障害者自立支援法によるサービスを受けられます。双方を利用できない方は難病患者等居宅生活支援事業を利用して下さい。

> **Q7** 住宅改修や福祉用具・医療機器を借りたいのですが。

A7 Q6同様年齢を分けて考えましょう。
① 40歳未満の方：身体障害者手帳のある方は障害者自立支援法の日常生活用具，補装具を利用することができます。手帳に該当しない方は難病患者等居宅生活支援事業を利用して下さい。ALS協会等による意思伝達装置，吸引器の貸し出しを行なっている所もあります（すべての都道府県にALS協会支部がありますので，お聞き下さい）。
② 40歳以上の方：介護保険対象者は介護保険によるサービス（福祉用具の貸与・購入，住宅改修）を利用します。身体障害者手帳がある方は，介護保険法で足りない分は障害者自立支援法のサービス（介護給付や訓練等給付）を利用します。介護保険の対象でない方は難病患者等居宅生活支援事業を利用します。

> **Q8** 難病患者等居宅生活支援事業の内容と介護保険・障害者自立支援法によるサービスの関連を教えてください。

A8 A6，A7でも説明しましたが，難病患者の在宅支援にあたっては，まず障害者自立支援法や介護保険法，自治体の独自事業など既存の制度を利用することからはじめます。しかしそれだけでは在宅療養支援は困難です。難病は疾患の性格から，特別な事業が行なわれています。難病患者等居宅生活支援事業もその一つで，以下の概要となっています。

① 対象者
　日常生活を営むのに支障があり介護が必要な状態にある特定疾患調査研究事業の対象疾患（**130疾患**）及び慢性関節リウマチ患者であって，次のいずれの条件も満たす方。
　ⅰ）在宅で療養している方
　ⅱ）介護保険法，老人福祉法，身体障害者福祉法等施策の対象にならない方
　　18歳未満も対象となります。
② 事業内容
　ⅰ）難病患者等ホームヘルプサービス
　ⅱ）難病患者等ホームヘルプサービス研修事業
　ⅲ）難病患者等日常生活用具給付事業
　ⅳ）難病患者短期入所事業
【難病患者等ホームヘルプサービス】
　ⅰ）実施主体：市町村（申請）（注）実施していない自治体が大半です。
　ⅱ）内容：入浴，排泄，食事などの介護。調理，洗濯，掃除などの家事。
　ⅲ）負担：前年度の所得税課税年額に応じAからGまでの7段階がある。

【難病患者等ホームヘルプサービス研修事業】
　ⅰ）実施主体：都道府県及び指定都市
　ⅱ）課程・対象者：
　・難病入門課程：3級課程研修終了者または履修中の者及び介護福祉士（4時間）
　・難病基礎課程1：2級課程研修終了者または履修中の者及び介護福祉士（4時間）
　・難病基礎課程2：1級課程研修終了者または履修中の者及び介護福祉士（6時間）

【難病患者等日常生活用具給付事業】
　ⅰ）実施主体：市町村（申請）
　ⅱ）対象品目：動脈血中酸素飽和度測定器（パルスオキシメーター），意思伝達装置，ネブライザー（吸入器），移動用リフト，居宅生活動作補充用具（住宅改修費），特殊便器，訓練用ベッド，自動消化器，便器，特殊マット，特殊寝台，特殊尿器，体位変換器，入浴補助用具，歩行支援用具，電気式痰吸引器，車いすの17品目。
　ⅲ）利用法：例えば意思伝達装置について，平岡は「障害者自立支援法では身体障害者手帳の上下肢機能障害1級，言語障害3級に該当しないと給付を受けられませんが，この制度を利用することで，早めに機器操作に慣れておくことができます」と述べています。しかし現実にはこの制度があまり知らされていない，自治体も財政難を理由に給付を渋るなどのため，普及していないのが実態です。難病医療専門員は，患者・家族に適切な情報を与え，給付実現を支援することも大切な任務です。

【難病患者短期入所事業】
　ⅰ）実施主体：市町村
　ⅱ）内容：難病患者等の介護を行なう者が疾病や冠婚葬祭などの社会的理由または旅行等個人的な理由で介護ができなくなった場合，難病患者等を一時的に保護する事業。同サービスの利用は自治体間格差が大きいのが実態です。

Q9　人工呼吸器を付けた難病患者への訪問看護の利用数が増加したと聞きましたがどのような仕組みでどのような利用方法があるのですか。

A9　「在宅人工呼吸器使用特定疾患患者訪問看護治療研究事業」があります。これは在宅人工呼吸器装着患者のニーズに応え，都道府県が実施主体（国が半分補助）となって行なわれる事業です。
　① 事業の目的
　　ALS等の疾患により人工呼吸器を使用しながら在宅で療養している重症難病患者の看護等は多大な労力を要すると考えられます。そのため，特定疾患治療研究事業の一環として在宅人工呼吸器使用特定疾患患者に対して，診療報酬で定められた回数を超える訪問看護を，保険診療とは別個に訪問看護ステーションに委託して実施することによ

り，患者の在宅療養の実態把握と訪問看護方法等に関する研究を行ないます。
② 事業の内容
実施主体：都道府県
対象者：ALS，多発性硬化症，脊髄小脳変性症等の特定疾患治療研究事業対象患者で，かつ，当該対象疾患を主たる要因として在宅で人工呼吸器を使用している患者のうち，医師が診療報酬外の訪問看護を必要と認める患者。
③ 実施方法
都道府県が在宅人工呼吸器使用特定疾患患者訪問看護治療研究事業を行なうに適当な訪問看護ステーション，または訪問看護を行なうその他の医療機関に訪問看護を委託し，必要な費用を交付することにより実施します。1日3回までは医療保険で実施し，4回目以上をこの制度でカバーします。
④ 交付額
訪問看護指示料：1ヵ月に1回に限り3,000円
訪問看護の費用：患者1人当たり年間260回を限度とし，訪問看護の形態により1回につき4,800円

Q10 通所介護関連について教えてください。

A10 平成18年度介護保険制度改正により通所介護の中に療養通所介護が創設された。
① 対象は在宅において生活しており，当該サービスを提供するにあたり，常時看護師による観察を必要とする難病等を有する重度者またはがん末期の者。
② サービス提供時間
利用者の居宅に迎えに行った時から居宅に送り届けたのち利用者の状態の安定等を確認するまでをも含めて一連のサービスとするものであり，これらの時間を合わせてサービス提供時間とする。
③ サービス提供について
利用者の在宅生活を支援する観点から，多職種協働により，主治医による医療保険のサービスや訪問看護サービスなどの様々なサービスが提供されている中で，主治医や訪問看護事業者等と密接な連携を図りつつ，計画的なサービス提供を行なうこと。
④ 介護報酬単位
- 所要時間3時間以上6時間未満の場合1,000単位
- 所要時間6時間以上8時間未満の場合1,500単位
⑤ 実績
国は「都道府県に最低1ヵ所」を目標にしているが，未設置の県もある。

> Q 11　看護・介護提供型共同住宅について教えてください。

A 11　概要
- 高齢者をはじめ，身体の障害により看護や介護を必要としている方のワンルームマンション
- ケアスタッフが24時間常駐，看護についても24時間対応。
- 協力医療機関との連携をはかり，往診，緊急時の医療体制を整えている。
- 家賃は生活保護の方でも入居可能な料金に設定。月々11～12万円。
- 入居条件：年齢制限はなく，下記のいずれかに該当する方
- 要介護度2～5の方（認知症も対応可）
- 身体障害があり，介護を必要としている方
- 人工呼吸器，インシュリン注射，在宅酸素，胃ろうなど医療処置を必要とする方も可能。

> Q 12　2010年度診療報酬改定との関連を教えてください。

A 12　訪問診療・訪問看護，訪問リハビリなど訪問系サービスの中で，今回「同一建物居住者：例マンション等」に対する行為に対しては，大幅な減（訪問診療：830点→200点。訪問看護：週3日までの場合555点→430点，など）となりましたが，以下の疾患は除外対象となり，従来通りの請求ができます。

　また，同一建物のある夫婦がいずれも訪問の対象の場合は，「同一患家」が優先されるため，従来通りの算定ができます。

（訪問看護関連で新たについた加算）
　① 複数看護師加算：厚生労働省が定めた患者（p.145表11-4）に対し同時に複数看護師等による訪問看護を行なった場合，週1回に限り加算ができる。430点（看護師），380点（准看護師）。
　② 時間加算：（表11-4，p.144）長時間にわたる訪問看護・指導をした場合，週1回に限り加算ができる。520点

> Q 13　そろそろ働けなくなりそうです。所得保障に関しては，年金については説明していただきましたが，諸手当などについても教えて下さい。

A 13　手当金，税の控除などがあります。
　① 手当金関連

傷病手当金
- ⅰ) 資格要件：健康保険に加入しているが，病気のために働くことができず給与が支給されない方は傷病手当金（就業中賃金の概ね6割）が受給できます。
- ⅱ) 対象：民間企業の健康被保険者，共済組合の組合員，一部の国民健康保険組合（医師国保，建設連合国保など）の被保険者
- ⅲ) 手続等：協会健保は社会保険事務所。
  組合健康保険は健康保険組合。
  共済組合の組合員は共済組合。
- ⅳ) 支給要件：
- 病気やけがで療養中であること。
- 仕事につけないこと。
- 4日間以上仕事を休むこと。

② 特別障害者手当
- ⅰ) 支給要件：重度の障害のため，日常生活において常に介護を必要とする，在宅20歳以上の方に支給。ただし，施設に入所している場合や病院に3ヵ月以上入院した場合，また扶養義務者に一定額以上の所得がある場合は支給できません。
- ⅱ) 手当金月額：26,440円。年金との併給が可能です。
- ⅲ) 窓口：市町村福祉課

③ 児童扶養手当

支給要件：母子家庭，または父親が重度の障害者の家庭で18歳以下の児童，または20歳以下の一定の障害のある児童を養育している方に支給されます。所得に応じ手当の一部，または全部が支給停止になる場合があります。なお，児童が父親に認知を受けた未婚の母子についても支給可能。

④ 税の控除
- ⅰ) 障害者控除：身体障害者手帳の交付を受けた3～6級の身体障害者。
  所得税27万円，地方税26万円。
- ⅱ) 特別障害者控除：身体障害者手帳1～2級
  所得税40万円，地方税30万円。

Q 14 在宅ケアを支えるネットワークのようなものがあるとよいと思いますが。

A 14 在宅難病患者さんやそのご家族を支えるには，様々な制度や専門職・ボランティア・患者会などのネットワークを作ることが大切です。患者や家族に関わるそれぞれの機関・団体，個人が互いに声を掛け合って（例えば合同カンファレンスを開くなど）連携をしていくことで，十数年にもわたり在宅療養を行なっている人工呼吸器装着ALS患者さんもいま

す．あなたの街にどのようなネットワークがあるのか，お住まいの地域の保健所保健師や難病医療専門員にご相談下さい．

> **Q 15** 在宅療養が厳しくなってきたときなどの対応を教えて下さい．

A 15 厚生労働省は，重症難病患者入院施設確保事業の一環として，都道府県ごとに（神経）難病医療ネットワークの設立を推奨し，多くの都道府県で設立されていますが，その活動は自治体によって大きく異なります．お住まいの地域の難病医療専門員にご相談してみて下さい．

また入院に関してはこれまで「長期にわたり療養が必要な重度の難病患者が入院できる病棟」と位置づけられていた「特殊疾患療養病棟」は「特殊疾患病棟」に代わりました．また2008年度より「障害者病棟」が新設され，難病患者が長期的に入院できる道が開けました．さらに障害者自立支援法による「療養介護病棟」も誕生し，区分5，6の重度筋ジストロフィー患者，ALS患者が長期に入院できるようになりました．自分が居住している地域にそのような病院があるのか調べ，将来入院可能かどうかを調べることも必要でしょう．またALS患者の入所先として身体障害者療護施設があります．厚生労働省は患者会からの訴えもあり，平成10年以降新たに整備される身体障害者療養護施設において1施設あたり，2床のALS専用居室を整備する方針を打ち出し，全国には現在150床程度の居室が用意されています．同施設は福祉施設であるため，当初は夜間の看護師など医療者不在のため十分活用されていませんでした．しかし最近専門病院が積極的に療護施設を支援することで，入所の実績も確実に増加しています．

11.3 おわりに

これまでALS患者を主な対象として，社会資源の概要とその利用方法を記述した．東京都などの先進自治体は別として，鹿児島県をはじめ多くの自治体は国の制度を利用する機会も不十分であった．しかし介護保険制度を起点として，難病患者のニーズが掘り下げられ，ニーズに対応する社会資源も整備されつつある．ただ全体的に見ると難病患者の在宅支援は絶対量が不足している上に自治体間格差が大きいのも事実である．一方，制度・施策での先進自治体は，はじめから社会資源が整備されていたのではなく，患者・家族会を中心として，ボランティア，市民の声が自治体施策に反映した結果と考えるべきである．難病支援はまさに総力戦である．法律や条例に基づく制度利用などフォーマルなサービスだけでなく，ボランティア，患者団体などインフォーマルなサービスを利用することが重要である．とりわけ重症神経難病の場合，家族は日々の介護に追われ，他人との付き合いも疎遠になり孤独感に陥る場合が少なくない．そのような苦痛から解放されるためにも，同じ悩みを持つ方々

との交流は重要で意義深いことである．難病医療専門員は他の専門職と連携しながら，今の社会資源利用推進と共に新たな社会資源を創設していく視点ももつべきである．

引用文献

1) 2010 社会資源・連携情報活用ガイド．日総研．2010．p. 46.
2) 平岡久仁子．新 ALS ケアブック 筋萎縮性側索硬化症療養の手引き．日本 ALS 協会編．川島書店．2006 年 10 月．p. 221.

参考文献

1) 日本 ALS 協会編．新 ALS ケアブック 筋萎縮性側索硬化症療養の手引き．川島書店．2006 年 10 月．
2) NPO 法人日本医療ソーシャルワーク研究会編．医療福祉総合ガイドブック 2009 年版．2009 年 3 月．p. 84-85.
3) 福岡県難病医療連絡協議会編．福岡県重症難病ネットワーク平成 20 年度報告書．
4) 日本 ALS 協会．JALSA69 号．2006 年 8 月 20 日．
5) 庄村多加志．社会保障の手引平成 20 年度 1 月改訂．中央法規出版．2007 年 3 月．
6) 厚生労働省特定疾患の生活の質（QOL）向上に資するケアのあり方に関する研究会・疾病対策研究会監修．難病患者等ホームヘルパー養成研修テキスト．改訂第 6 版．社会保険出版社．2004 年 3 月．

第12章

事例紹介

九州大学神経内科　立石貴久・吉良潤一
福岡県難病医療連絡協議会　岩木三保

12.1 はじめに

本章では，難病医療専門員またはその経験者から寄せられた相談事例を紹介する。事例の

表12-1 紹介事例の主たる支援項目・問題点（キーワード）

カテゴリー	キーワード	事例番号（太字は第1キーワード）
告知・受容・意思決定	病名告知 病気の受容 人工呼吸器の装着 進行が速い場合 患者と家族の意見の不一致	10，11 11，12，13 12，**14**，**15**，**16**，**17** 14，15 16，17
疾患特有の困難さ	若年の難病患者 精神症状がある場合 遺伝性難病の場合 医療依存度が高い独居者の場合 心のケア	**18**，**19**，44 **20**，**21**，34 **22**，**23** **24** **25**，**26**
療養環境の整備	入院先での満足度 患者・家族と医療者との関係構築 介護力に問題がある場合 介護者からの虐待 ピアサポート 長期の在宅療養患者の場合	**27**，**28** 1，13，19，25，28，**29**，**31**，**33** **30**，31，32 **34** 7，8，**35** 4，33
ネットワークの拡充	専門医とかかりつけ医の連絡調整 多職種間の連絡調整 難病医療ネットワークの拡充 居住地域での病床確保	**36** 2，6，**37**，**38** 4，9，20，**39** 1，**40**
社会資源の活用	医療過疎地での支援 県外への入院調整 社会資源の活用 老人保健施設への入所	29，**41**，**42** **43** 3，**44** **45**

第12章 事例紹介

事例番号	第1キーワード	第2キーワード	掲載頁
1	患者・家族と医療者との関係構築	居住地域での病床確保	19
2	多職種間の連絡調整		20
3	社会資源の活用		35
4	長期の在宅療養患者の場合		44
5	難病相談・支援センターとの連携		104
6	多職種間の連絡調整	意思伝達装置の利用	104
7	ピアサポート		113
8	ピアサポート		113
9	難病医療ネットワークの拡充		122
10	病名告知		156
11	病名告知	病気の受容	157
12	病気の受容	人工呼吸器の装着	157
13	病気の受容	患者・家族と医療者との関係構築	158
14	人工呼吸器の装着	進行が速い場合	159
15	進行が速い場合	人工呼吸器の装着	160
16	患者と家族の意見の不一致	人工呼吸器の装着	161
17	患者と家族の意見の不一致	人工呼吸器の装着	162
18	若年の難病患者		163
19	若年の難病患者	患者・家族と医療者との関係構築	163
20	精神症状がある場合	難病医療ネットワークの拡充	164
21	精神症状がある場合		164
22	遺伝性難病の場合		165
23	遺伝性難病の場合	発症前診断	165
24	医療依存度が高い独居者の場合		167
25	心のケア	患者・家族と医療者との関係構築	168
26	心のケア		168
27	入院先での満足度		170
28	入院先での満足度	患者・家族と医療者との関係構築	170
29	患者・家族と医療者との関係構築	医療過疎地での支援	171
30	介護力に問題がある場合		172
31	介護力に問題がある場合	患者・家族と医療者との関係構築	173
32	介護力に問題がある場合		173
33	長期の在宅療養患者の場合	患者・家族と医療者との関係構築	174
34	介護者からの虐待	精神症状がある場合	175
35	ピアサポート		176
36	専門医とかかりつけ医の連絡調整		177
37	多職種間の連絡調整		177
38	多職種間の連絡調整		178
39	難病医療ネットワークの拡充		180
40	居住地域での病床確保		180
41	医療過疎地での支援		181
42	医療過疎地での支援		182
43	県外への入院調整		182
44	社会資源の活用	若年の難病患者	183
45	老人保健施設への入所		184

相談内容，支援内容，事例を通して難病医療専門員が感じたことや提言などが記されている。相談支援内容は多岐にわたり，また一つの相談事例にも様々な側面があるが，ここでは便宜的に主な支援内容や問題点に関するキーワードを挙げ，カテゴリーに分類し項目ごとにまとめている（表12-1）。多くの事例を寄せてくれた難病医療専門員の方々に深謝する。なお事例1から9は既に各章の末尾に載せられているので，本章には事例10から45までが呈示されている。

12.2 告知・受容・意思決定

　ALS[*13]は原因不明で治療法が確立していない疾患であるため，患者・家族への病気の告知，疾患の受容，人工呼吸器装着の意思決定に至るプロセスにおいて非常な困難を伴うことが多い。そのため告知・受容を通して早期からの医療スタッフを中心としたサポートを行なうことが望ましい。しかし，本人への病名告知が様々な理由からなされていない場合や病気の進行が速い場合は，疾患の受容から意思決定に至る前に呼吸状態が悪化し人工呼吸器を装着することもありうるため，サポート体制の樹立は極めて難しいものとなる。告知から意思決定に至るプロセスにおいて，難病医療専門員は疾患に対する情報提供，人工呼吸器選択において患者・家族が装着後の療養生活をイメージできるような情報提供を医師とは異なった立場から行なっていくことが必要である。

事例10　病名告知（60歳代男性　病名：ALS）
相談支援内容

　構音障害・嚥下障害があり，保健所への支援要請を勧めたが，妻が本人への病名告知を拒否しており，保健所保健師の介入，介護サービス導入を全く受け入れなかった。そのため，妻は自分ひとりで病気を抱えこんでしまい，難病ネットワークに毎日泣いて電話をかけてくるようになった。そのうち妻が「死にたい」と発言するようになったため，主治医と今後の対応について相談した。妻の精神的なサポートが必要であると感じ，嫁ぎ先の娘に連絡して精神科受診を勧めた結果，妻の内服治療が開始された。その後，主治医が診察中に不用意にALSという病名を口にしてしまい，本人に告知をせざるを得ない状況になった。患者本人は，予想していたと穏やかに受容することができた。また妻も夫の様子を見て，徐々に受け入れができるようになってきた。

事例を通してのコメント

1）本人に病名告知していないことにより，さまざまなサポート体制の構築が困難であった。

2）病気を家族だけで抱え込んでしまうことで，家族のストレスを増加してしまった事例といえる。告知の際には告知の必要性を家族に説明するのみならず，患者を多職種のス

タッフ全体でサポートする態度を示していくことが大切と考える。

事例 11　病名告知（50 歳代女性　病名：進行性核上性麻痺）
相談支援内容
　当院へ入院する 3 年前に多汗，手のふるえ，足のおぼつかなさが出現したため婦人科受診し，更年期障害といわれた。その後もうつ病などの診断で病院を転々とし，なかなか確定診断にいたらなかった。その後，パーキンソン病と診断され内服治療を開始したが，症状が全く変わらないため，さらに病院を転々としていた。非典型的な症状のため精査目的にて入院することとなり，進行性核上性麻痺と診断された。しかし家族は進行性核上性麻痺と本人へ告知することを強く拒否し，リハビリをして在宅療養を開始したいという意向を示した。難病医療専門員が転院調整を行ない，転院の運びとなった。転院後も本人が考えるようなリハビリの効果が得られなかったため，患者本人の転院先への不満が高まり，転院先の関係者から相談を受けた。そこで拠点病院の主治医が転院先に出向き，本人・家族に面接した。患者・家族とも「よくならないのはなぜでしょうか」と悩みを話された。確定診断を付けるまでの経過が長く，いくつもの病院や診療科を転々としていたこともあり，家族自身も病気を受け入れるのに時間を要していた。よくならない原因はリハビリが上手くできていないなど，転院先の病院に原因があると思いこんでいた。
　疾患や今後予測される病状変化，リハビリの効果など，拠点病院・転院先病院の主治医から何度も説明をするが，結局十分な理解が得られなかった。
事例を通してのコメント
1）本人への病気告知の必要性を家族に十分説明する必要がある。
2）疾患の受け入れができていない場合は，何度も疾患に対する説明を行なう必要がある。そのためには専門医と転院先医師の情報交換が不可欠である。特に転院後の患者への関わりは難しいものがあるが，繰り返し説明を行なうことで，患者の安心だけではなく連携先病院の安心にもつながっていく。

事例 12　病気の受容（60 歳代男性　病名：ALS）
相談支援内容
　娘の嫁ぎ先の他県の病院にて確定診断を受け，その後の療養生活は県内の病院を紹介された。紹介先医師とのトラブルがあったため，医師に対する不信感が強かった。セカンドオピニオンを調整したが，直前になり家人が拒否した。地域性や家人の性格，難病であることから地域住民には病名等を伏せたいとの意向などがあったため，本人は全く外出できず，関係機関のケア会議や訪問の際には人数制限をしたり，カーテンを引くなどしたりしていた。早い段階で人工呼吸器装着の意思確認を行ないたかったが，他の関係機関の訪問はかたくなに拒否され，必要性を説明しても了承していただけない期間が長く続いた。訪問看護ステー

ションの訪問さえ拒絶されることもあり，上記の意思確認については訪問看護ステーションに一任せざるをえなかった。24時間BiPAP[*14]（NIPPV）[*16]を装着されるようになり，サービスの見直し，緊急時の対応，人工呼吸器装着の意思確認を目的とした会議を開くことになり，場所は自宅以外で調整した。会議当日深夜に急変され，直前の意思確認で本人・家族とも人工呼吸器の装着を希望され装着した。入院先が急性期病院のため，主治医から県内他医療機関への転院を勧められたが，家人が拒否した。在宅を希望され，関係機関にて調整し，家人への技術指導等を行なっていったが，退院間近になり，家人からこのままこの病院で診てほしいと希望されるようになった。

事例を通してのコメント

関係機関それぞれが患者・家族との関わりに苦慮したケースである。誰か一人でも患者・家族のメンタルサポートの核となることができたらと考えるが，関わりに対しかたくなに拒絶される今回のケースに対し，どのような援助ができたのか，また今後どのようにサポートしていけるのか検討中である。サービスを完全に切ってしまわれないことからも，やはり援助は求めておられたと考えるが，拒否されれば強引に訪問するわけにもいかず，訪問看護ステーションも限られた時間内でのかかわりであるため限界があった。また，本人・家族とも人工呼吸器装着に関しては十分な心構えができていない状態での急変時に，人工呼吸器装着の決断をせざるを得なかった。現在はまだ入院中であるが，家族介護力も十分でない状況で在宅療養は困難と思われる。患者・家族との十分な話し合いをしていきながら，患者・家族にとって最も望ましい療養生活が送れるよう検討が必要である。

事例13 病気の受容（70歳代女性 病名：ALS）

相談支援内容

平成13年右上肢脱力にて発症。徐々に症状が進行し，平成19年5月には四肢がほぼ全廃となり，全介助となった。認知症の夫と2人暮らし。夫との間に子供はいない。前夫との間に長男がおり，連絡はとっていたが長い間会っていなかった。義理の姪が時々様子を見に来てくれていた。本人には，病気の告知はされているが，受け入れることができていない。長男，義理の姪に病気については話していなかった。在宅療養していたが，訪問看護師やヘルパーとの間のトラブルが多く，本人の希望もあり，長期療養できる施設，病院を探してほしいと依頼があり，受け入れ先を探すこととなった。

情報収集の結果，本人の病気の受け入れが困難なこと，キーパーソンがいないことなどが問題点としてあげられた。受け入れ先病院に対して希望する医療処置を明示するなどの調整を行なった結果，本人が安心して入院できる病院を確保することができた。

事例を通してのコメント

家族関係が複雑でキーパーソンとなる人の把握が難しかった。また，家族への関わりを本人が望んでいないことや本人の神経症的な不信感から療養形態の選択や入院先紹介に混乱を

きたした。

事例14　人工呼吸器の装着（57歳女性　病名：ALS）

相談支援内容

　平成15年9月ごろ呼吸苦の自覚とともに，経口摂取も困難となり同月入院し，ALSと診断された。その際には胃ろう，気管切開についての説明を受けたが拒否した。その後，セカンドオピニオンを受けて人工呼吸管理を承諾した。9月末に気管切開を施行し，人工呼吸器を装着した（30分〜1時間程度離脱可能な状態）。胃ろうも造設した。本人の希望により在宅療養へ移行することとなり退院指導が開始された。夫，同居している2人の娘に在宅指導が実施された。しかし家庭内での情報共有と連絡がかみ合わず，各人がばらばらで，主介護者，キーパーソンがはっきりしない状態であった。家族（夫，娘2人），ケアマネジャー，病院看護師，保健所保健師によるケア会議を実施して，キーパーソンは夫，半年間はアルバイト契約が切れる次女が主介護者，半年後夫が定年退職した後は夫が主介護者となり，次女が就職することを確認した。翌年6月在宅療養開始となった。

　経済力の関係で介護保険の利用は月2万円の上限で，訪問看護の交通費負担は月5千円の上限で利用することになった。介護保険利用はレンタル用品，週1回の訪問入浴，週2回のヘルパーの利用であり，長女は結婚し別居したため，ほとんどの介護は次女1人で担うことになった。医療保険を使用し訪問看護ステーションが月曜〜土曜日まで毎日1時間半入る。市が行なっている支援費制度，全身性障害者介護人派遣制度や，県が行なっている指名制介助人派遣事業，ほっといきぬきサービス事業などのサービスは，経済理由から利用できなかった。半年後，夫は当初の予定通りに定年退職はせずに，職場にアルバイトの形で仕事を継続した。約2ヵ月毎に2週間程度，次女が外出を計画した時や疲労に対して休息をとる時に，ネットワークが実施するレスパイト入院[*11]を利用した。

　退院後1年を過ぎるころから，患者は周りに自分の要望や希望を伝えることなく悲しいことや辛いことがあるたび「悲しい」「死にたい」と文字盤を使用し娘に訴えるようになった。娘は「母親はこれからどうしたいのか」を尋ねても，母親は回答することなく悲しい表情を見せ泣くだけであった。娘は母親の悲しい顔を見続けることが何より辛いと訴えるようになったため，訪問看護師は意思伝達装置の利用援助，外出支援や散歩支援などを行ない，本人の生きる意欲を引き出すことを目標としたかかわりを続けたが，本人の意欲向上に結びつけることはできなかった。

　難病医療専門員から本人と夫に対して，在宅療養の継続について本人と夫はどのように考えているのか確認した。妻は長期入院をしてもよいと言い，夫は妻が希望するならそれでよいと話した。そのため，難病医療専門員は長期入院も可能な医療機関へのレスパイト入院を調整した。患者自身と夫それぞれに対して，レスパイト入院中に病院の医療ソーシャルワーカー（MSW）[*1]，病棟看護師長，主治医と長期入院に関して相談することを何度も勧めた

が，長期入院を希望されることなく退院した。本人の理由は「病院の窓から海が見えなかったから」とのこと。

現在も次女による在宅介護がなされ3ヵ月～4ヵ月に1回のレスパイト入院を利用し在宅療養を継続している。

<u>事例を通してのコメント</u>

1) 人工呼吸器に関する情報提供の際には，人工呼吸器を装着してどのような生活を送っている人がいるのか成功事例だけに偏らず，装着したことによって生じている問題点についても説明することが必要であろう。
2) 人工呼吸器を装着するか否かの意思があいまいなまま呼吸器を装着したケースに対しては，これから生きていくうえでの目標や生きがいとなることを見出し，療養に対して前向きに意識を変換できるように支援することが重要である。
3) 人工呼吸器をつけて生きるか，人工呼吸器を装着せず寿命を全うするかについて患者自身や家族が考え決断することが不可欠である。場合によっては，内的問題の言語化，整理，理解および共有の事前指示書が有用なこともあると感じた。
4) 在宅介護の継続には，いくつかの条件（①複数の介護者，②経済的な裏付け，③医療側の協力体制［往診，訪問看護等］，④家事援助など）が必要であろう。このうち経済的な問題は，ときに他の因子にも影響し重大である。経済的問題の解決は，難病医療専門員が対応できることではないが，患者・家族の了承を得た上で，MSW，保健所保健師，行政担当者などに状況を連絡し解決への協力につなげることは可能であろう。

事例15　進行が速い場合（60歳代男性　病名：ALS）

<u>相談支援内容</u>

平成18年9月に嚥下困難，構音障害で地域専門医によりALSと診断された。長年理髪店を1人で営み，診断後も仕事を続けていた。平成18年12月呼吸困難が出現したが，地域に専門医はおらず拠点病院を受診した。正月は娘宅で過ごし年明けに入院予定となった。平成19年1月に呼吸困難で緊急入院し，経口挿管で人工呼吸器を装着するが，10日経過後も血中二酸化炭素分圧が改善せず，本人・娘の同意があり気管切開・人工呼吸器装着となった。現在，食事は端坐位で自力摂取，コミュニケーションはボードで筆談や指文字で行なう。日中は坐位で塗り絵をしたり手紙を書いたり読書をしたりして過ごしている。自力での車椅子移動も可能であり，時々看護師と共に人工呼吸器を積んで病棟外へ散歩に行く。

ALSの診断当初，娘は地方に独居で暮らしている患者を心配し，同居のために部屋を改修する等の準備をしていた。人工呼吸器装着後の状況を見て，これでは家では見ていけない，子供の教育にお金がかかる，仕事も辞めることはできない，経済的にも負担が大きいなどの理由をあげ，家族の受け入れが悪く在宅療養への移行は困難であった。

人工呼吸器装着後6ヵ月を経過し，元気な患者の姿を見て娘も病院での療養は可哀相だと

の思いがある。当初同居を考えていた娘に患者の気分転換のためにも，まずは外泊を計画してはどうかと提案している。

事例を通してのコメント

　当地域でも人工呼吸器装着後の長期受入施設の確保は厳しい状況である。呼吸器装着の意思決定に関しては入院中の呼吸器装着者の療養環境の見学と併せて，地域の医療状況，在宅療養についての説明を行なっている。当事例では本人・家族が疾患についての十分な理解を得るより早く，呼吸困難が出現し人工呼吸器を装着した。医療者側も十分な説明の時間が取れず，地域専門医との連携不足もあったと考えられる。装着後は，家族は父親の姿を見て大変なことになったとの思いが先に立ち，現実を受け容れる余裕がなくなったと思われる。「どうしてこんな病気になったのだろう」と今も話されている。

　難病医療専門員として病名告知，呼吸器選択に関しての場面に同席することも多く，人工呼吸器選択において患者・家族が装着後の療養生活をイメージできるような支援が必要である。

事例16　患者と家族との意見の不一致（50歳代女性　病名：ALS）

相談支援内容

　平成14年1月手指の筋力低下で発症し，平成14年3月ALSと診断された。進行が速く9月に住宅改修を施行し，意思伝達装置を導入した。平成15年1月に夫，町保健師，保健所保健師が同席して本人に病名告知した。主介護者は夫である。診断時期より夫，主治医，町保健師，保健所保健師によるケア会議を必要時に随時開催した。本人への告知後，患者本人と家族に対しメンタルサポートも含めた支援を実施するために，担当者を決め役割分担しながらチームで関わった。ADL[*12]低下に伴いヘルパーの利用，訪問看護の導入がなされたが，本人はサービス利用に抵抗を示していた。夫以外のケアを受け入れにくいが，夫は，仕事，家庭の事情で余裕がない状態であり，時には患者に対し暴言などもあった。ALS患者の療養に関する情報は夫，本人それぞれが電話相談やインターネットを利用したり，患者会，保健所の交流会等に参加したりするなどしてさまざまな方法で入手していた。今後の人工呼吸器装着などの方針については，主治医，町保健師，保健所保健師，訪問看護師等がそれぞれ患者，夫，家族に機会があるときに確認していたが，明確な返答は聞かれず，夫はいつも「なるようにしかならないんだよね」と発言していた。神経内科医は通院ごとに今後の方針について夫婦に確認していたが，それに対する回答は得られなかった。また夫は，妻と主治医が人工呼吸器を装着した場合の療養場所などについて話し合うことに反対していた。平成16年通院が困難な状態となったため，夫の判断で神経内科への通院を中止し，内科医による往診を開始した。往診医の指示で平成17年春PEG[*17]を施行し，5月気管切開を施行した。家族でこれまで人工呼吸器装着に関しての話し合いはなされていなかった。平成17年9月本人が人工呼吸器を装着し，できれば自宅で生活がしたいと意思表明した。夫は，本

人は人工呼吸器を装着しないだろうと考えていた．本人以外の家族で話し合い，救急車が間に合えば人工呼吸器を装着すると決定した．

事例を通してのコメント

患者自身の考えと家族の考えの食い違いのため，人工呼吸器装着と療養の場所について決めることが困難なケースでの難病医療専門員の関わりについて．

1）診断時より継続的に役割分担をしながら関わることが重要である．
2）医療機関と地域支援スタッフによるチームケアが必要である．
3）患者・家族のALSという疾患の理解の状態と患者の療養実態を把握し，共通目標を持ってチーム支援することが大事であり，関係者間の調整が必要である．
4）患者本人と神経内科医の信頼関係作りが診断時期より大切である．患者本人や家族から拒否された場合でも，専門医との関係を途絶えさせることがないよう難病医療専門員は調整することが必要である．
5）家族にのみ最初に情報提供するのではなく患者本人にも早期よりALSに関する情報を提供することが必要である．

事例17　患者と家族の意見の不一致（60歳代女性　病名：ALS）

相談支援内容

確定診断時から関わり，保健所保健師と協力しながら在宅療養を支援していた．本人は人工呼吸器装着を拒否しているが，娘は装着を希望しており，呼吸状態悪化時まで結論が出なかった．状態が急変し，家族の希望で気管切開・人工呼吸器装着され，在宅移行となった．

同居している2人の娘が介護しているが，3年間在宅療養を継続して疲労感が強く，2週間のレスパイト入院だけでは不十分であるため，1～2ヵ月間入院可能な病院を希望された．神経内科医の常駐している基幹協力病院に入院を調整した．

事例を通してのコメント

1）人工呼吸器装着に関して，本人と家族の希望が違っている場合は，調整が極めて困難である．
2）介護が長期化した場合，介護者自身の生活の確保が課題となる．

12.3　疾患特有の困難さ

高齢者に比べて若年の難病患者を支援する社会資源が少ないため，医療処置を要する若年の神経難病患者の療養先の確保に困っている場合もあり，制度面での改善が強く望まれる．精神症状を伴う神経難病患者の適切な入院先がなく，難病医療専門員が入転院先探しに苦慮している現状がある．精神科病院への神経難病についての啓発活動と，精神科協力病院や協力できる精神科医の確保が急務といえる．在宅の難病患者では社会資源を利用しても介護の

中心は家族となることが多い。そのため進行し医療依存度が高くなった独居者の場合，在宅の継続が困難にならざるを得ない。

また，患者本人や介護スタッフの心のケアが大きな問題としてクローズアップされてきている。難病医療専門員一人ではとうてい解決できないことも多く医療機関，地域支援スタッフによるチームケアの必要性が指摘されている。

一方，神経難病には遺伝性のものが少なくない。このような遺伝性の神経難病患者の医療相談では，遺伝カウンセリングが可能な施設との連携を図ることが重要になる場合がある。

事例18　若年の難病患者（30歳代女性　病名：ミトコンドリア病）
相談支援内容

県外の病院に入院中。実家の近くに転院を希望され，調整した。年齢が若く，療養生活が長期に及ぶ可能性を考え，在宅療養，身体障害者療護施設への入所等も含め，療養場所の検討を行なった。その結果，両親の介護による在宅療養は困難，療護施設への入所も困難であるとの結論に至った。3ヵ所の病院に期限付きで入院し，最終的に特定疾患療養病棟を持つ基幹協力病院への長期の入院を調整した。入院4年となるが現在も入院中である。

事例を通してのコメント

医療処置を必要とする若年の神経難病患者の療養場所がないことが大きな課題である。

事例19　若年の難病患者（30歳代男性　病名：ALS）
相談支援内容

30歳代半ばの元看護師。発病から3年が経過し，上下肢機能障害・構音障害がある。病名の確定診断後に医療不信があり自宅近くの神経内科医の診療を自己中断している。インターネットなどで調べたエダラボン（ラジカット）投与を希望され，関東地域にある病院まで2ヵ月に1回受診し，自己負担（月15万円程度）でラジカットの投与を受けていた。自宅のローン，子供の養育，治療にかかる費用などの経済的な問題の他，介護者の不安と負担感，ホームヘルプサービスなどの拒否等の問題点がある。介護保険の対象外の年齢で近くの医療機関にも受診しておらず，在宅療養状況の把握がしにくかった。また支援プランのキーパーソンは誰になるのかはっきりせず，福祉などの情報提供の不足もあった。

事例を通してのコメント

発症後経過と支援のキーパーソンの把握が十分にできなかった。介護保険対象でない場合，把握から漏れてしまうことがあり，問題がかなり深刻になってから状況が初めてわかることがある。若く，仕事も家庭もこれからという方の発病では，家族全体の精神面も含めた支援が必要になってくる。しかし，医療・福祉面も含めて患者以外への対応はほとんど手だてがなかった。

事例 20　精神症状がある場合（48 歳男性　病名：ハンチントン病）

相談支援内容

　大学病院で確定診断後，在宅での療養が困難であることと，病気のことを知られたくないという妻の意向とで，自宅から離れた病院への転院を希望されたため，ネットワーク外病院の病床を確保した。その後転院先の病院で，壁に穴を開けるなどの行為があり，病院側が対応困難になったため，神経内科医のいるネットワーク協力病院に再度転院確保を行なった。

　しかし入院後精神症状が悪化し，主治医を蹴るなどの暴力行為があったため，再度転院の相談があった。病院を探したが，すぐには見つからなかった。そのなかで見つかった病院は，自宅に近いという理由で妻が拒否した。最終的には主治医の判断で緊急で精神科病院に入院となった。しかし，その精神科病院での対応や設備に対しての不満が大きかった。その後，薬の追加で精神症状が改善したため，転院の話がもちあがったが，前病院に受け入れを拒否されたため，再びネットワークに転院依頼があった。精神症状の問題もあったため妻に精神科入院の必要性について説明を行ない，精神科 2 病院に転院依頼を行なったが断られた。

　確定診断した大学病院で診察を受けたところ，薬の追加で精神症状は落ち着いており，現状なら精神科でなくても対応可能であろうとの見解だったため，再び神経内科医のいるネットワーク外協力病院に依頼し転院先を確保することができた。

事例を通してのコメント

1）患者及び家族が疾患についての理解を深めるよう教育をすることが大切である。
2）精神症状が悪化した場合を想定して，緊急時に対応可能な精神科協力病院を確保し連携する必要がある。
3）神経難病患者の受け入れ可能な精神科協力病院を開拓していくことが重要である。
4）協力病院及び精神科協力病院に対してハンチントン病への理解を深めていただくような啓発活動が不可欠である。
5）精神科病院での神経難病患者の療養体制の整備が必要である。

事例 21　精神症状がある場合（60 歳代男性　病名：進行性核上性麻痺）

相談支援内容

　大学病院に入院中である。気管切開，夜間のみ人工呼吸器装着。ベッド柵を越える，自己にて人工呼吸器を外そうとするなどの危険行動がある患者で，主治医より長期療養できる病院を探してほしいと依頼があり，受け入れ先を探すこととなった。

　60 歳代の妻は自己の体調不良を理由に在宅では介護できないとかたくなに拒否をされた。受け入れ先を探したが，精神症状があるため看護師が対応できない，危険行動に対して責任が取れないなどの理由で，受け入れを拒否する病院が多く困難を極めた。結局，20 病院から断られたが，断った病院から紹介された療養型の病院に交渉を行なった結果，入院できる

ことになった。
事例を通してのコメント
　人工呼吸器管理を要し，かつ精神症状のある患者を受け入れる病院はほとんどなく，わが国では大きな問題となっている。

事例 22　遺伝性難病の場合（60 歳代男性　病名：ハンチントン病）
相談支援内容
　自宅近くの病院に胃ろう造設のため入院中。主治医より在宅療養予定なので，その支援をしてほしいとの依頼があった。また，次男（既婚，子供なし）が発症前診断を希望しているので，その支援もしてほしいと依頼された。在宅療養については，保健師・ケアマネジャーと連絡を取って，ヘルパー・デイサービス・訪問看護の導入を行なった。次男への発症前診断については，当センター医師同席のもと，長男・次男夫婦・長女との面談を行なった。次男夫婦の発症前診断をしたいという希望が強いため，遺伝子カウンセリングのできる施設を紹介した。次男はその後，カウンセリングを数回受けていたが，仕事の都合で中断している。次男嫁によると，発症前診断をして陽性が出た時に，子供を作るかどうかに関して意見の相違があるということであった。現在は，次男夫婦のことでは関わらず，本人の在宅療養についてのみ継続的に支援している。
事例を通してのコメント
　1）遺伝子カウンセリングのできる施設との連携が遺伝性神経難病患者では必要とされる。
　2）at risk の方への関わり方が難しく慎重な対応が必要である。

事例 23　遺伝性難病の場合（男性　病名：脊髄小脳変性症）
相談支援内容
　平成 15 年，現在通院中の A 病院神経内科で脊髄小脳変性症と臨床診断後，血縁者に同病がいるため平成 20 年に遺伝子検査を受け，遺伝性脊髄小脳変性症（SCA6）と確定診断された。患者には長女（20 歳代），次女（20 歳代）がおり，2 人の子供に病気について話をしたところ，長女が遺伝子検査を希望した。子供 2 人は仕事の都合で患者の受診には同席できなかったため，主治医から病気や遺伝についての説明は受けていなかった。平成 20 年 7 月に患者は「娘の遺伝子検査」について当難病医療情報センターに電話相談をした。当センターの医師と難病医療専門員は当センターで患者，配偶者と第 1 回目の面談を行なった。医師と難病医療専門員は初めに，病気や遺伝形式，遺伝子診断の結果についての理解の程度を確認し，理解が不十分なところを繰り返し説明した。続いて遺伝子検査（確定診断と発症前診断）に伴うメリットとデメリット，遺伝カウンセリングの必要性について話をした。遺伝カウンセリングについては実施している施設を具体的に示し，受けるにあたっての手続きと

かかる費用，カウンセリングを担当する臨床遺伝専門医や認定遺伝カウンセラーの専門性などについて説明した．また，子供2人に遺伝子検査を希望している長女の性格や友人関係と将来の展望（結婚の予定など），病気についての理解の程度，病気を伝えてからの反応を聴取した．患者と配偶者の話によれば，長女は病気の話を聞いてから「自分に病因遺伝子があるかどうかをはっきりさせたい，そのための検査を受けたい，どうしたらよいのか」と訴え，繰り返し患者に強い口調で責め立てた．面談では患者は「親としては，受けさせるべきかどうか……」と涙ながらに話された．次回，長女も含めて面談をすることとした．

　平成20年8月，患者，配偶者，長女と面談を行なった．長女は検査を受けたい動機を強い口調で，「恋愛，結婚，子供のこともあるし，これからの人生に対する準備も必要なので検査を受けたい」と語った．当センター医師は，第1回目の面談で患者，配偶者に説明した内容と現在の患者の病状を説明した．長女は「遺伝子を持っているかもしれない，病気になるかもしれないという不安がある」と涙ながらに話された．その後2回面談を行ない，結果，C病院の遺伝子診療部を紹介することとなった．

　C病院神経内科での受診予約の調整を難病医療専門員が行ない，診察・検査を受け，現在神経学的には正常であることを確認してもらった．次いで当センターでの面談内容のまとめとC病院神経内科の紹介状を持って，C病院の遺伝子診療部に遺伝カウンセリングの予約申し込みを行なった．長女は，3ヵ月の間，計3回遺伝カウンセリングを受けた．その間，患者がB病院を受診される際に，長女も来られ，難病医療専門員も同席し，C病院での遺伝カウンセリングの状況や気持ちの変化，想い，訴えを傾聴した．その結果，発症前診断を受けないこととなった．現在は患者が受診される際に，時折長女も一緒に来られ，その際は難病医療専門員も同席し，その時その時の思いや状況の確認をしている．

事例を通してのコメント

1）遺伝に関する相談に来られた患者やat risk者に対する難病医療専門員の立場は，遺伝カウンセリングを行なうことではなく，遺伝に関する悩みや不安を共有し，主治医と遺伝カウンセリングを行なっている施設（遺伝子診療部）を結ぶことにある．

2）診断確定あるいは発症前の遺伝子診断の相談では，まず，患者またはat risk者が疾患をどのように/どの程度理解しているか，家系図（血縁者の誰に告知されているか，遺伝学的検査を誰に相談しているかなどを含む），家族の人間関係，生活環境などの情報収集から始まる．

3）疾患や遺伝に関する基礎的知識の理解が十分でないときには，第2回目の来談時に主治医でない神経内科医から，説明を受けられるように調整する．また，遺伝カウンセリングの役割，受ける意義，かかる費用，近隣にある遺伝子診療部の実績も説明する．発症前遺伝子診断を希望するat risk者では，発症していないかどうかを確認するため神経内科の受診を勧める．

4）3回程度の面談後に遺伝学的検査への意思を再確認し，遺伝子診療部に紹介する．紹

介にあたった当センター名で面談の内容，at risk 者では神経内科医の診察結果も遺伝子診療部に情報提供する。遺伝子診療部でのカウンセリング終了後に遺伝子診療部から情報提供を受けて，継続した支援を行なうようにしている。
5) これまでに依頼した遺伝子診療部では，遺伝カウンセリングのプロセスや遺伝学的検査の結果に関する情報を当センターに返書するシステムが整っていなかったため，今後遺伝子診療部との情報交換のあり方を検討する必要がある。
6) 遺伝相談では遺伝子診療部を活用することは重要であるが，私たちの主な役割は患者と at risk 者の療養生活を支え続けていくことであると思う。遺伝子診療部にはカウンセリング終了後も引き続き関わりを持っていく機能がないため，難病医療専門員は遺伝子診療部に紹介後も主体的に関わることが必要である。

事例 24　医療依存度が高い独居者の場合（60 歳代男性　病名：多系統萎縮症）

相談支援内容

　誤嚥による肺炎で協力病院に入院し，気管切開と胃ろう造設を行なった。病状が安定してきて，患者自身も在宅療養を強く希望していたが，独居で身寄りが全くない。体位変換・排泄などの全てで介助が必要な上，吸引や経管栄養管理など医療依存度が高い。発語もできず，手指がわずかに動く程度でコミュニケーション能力も低く，通報や連絡を自力でできない状態である。普段のケアを様々なサービスで対応できるか，休日や夜間などのヘルパーや訪問看護の空白時間をどう対応していくか，安全をどう確保するかなど，医療者，市役所の障害・介護保険・生活保護担当者，在宅ケア支援者が集まり会議を行なった。コミュニケーション能力も低下している方の判断力，意思をどこまで尊重するべきか，安全確保と療養希望とどちらを優先するかで自治体職員，医療者，福祉関係者間で議論となった。

事例を通してのコメント

　ヘルパーや自治体職員に難病患者の病状について理解してもらう必要がある。専門医も含めた医療機関と福祉施設との連携を橋渡しすることが求められている。医療依存度が高い独居者の在宅療養は，本人の強い希望だけで叶えられるものではない。患者本人が，医療依存度が高い独居者であるという自覚とリスクをどの程度認識しておられるかの確認が必要である。患者本人の自立性と，公的支援，ボランティア等の非公的な支援など，周囲の協力体制が十分に機能したときに実現可能と思われる。難病医療専門員は，保健所主導の下に，患者居住地域で独居での HMV[*15] 体制が確立可能であるかを客観的に分析し，やむを得ない場合には，やはり入院調整をするべきである。しかしそれと同時に，患者教育，社会資源の発掘や関係者の啓発など，在宅療養の可能性に向けての活動も行なうべきである。

事例25　心のケア（50歳代女性　病名：ALS）
相談支援内容

　元看護師。下肢機能低下から発症し5年経過している。家族は娘（20歳代）と2人暮らし。離婚後，夫や息子とほとんど音信無し。両親・兄弟とも十数年来音信していない。下肢機能ほぼ全廃。上肢は左優位に両側で機能低下あり。携帯電話・パソコンは操作可能。呼吸困難があり，就寝時や体動後NIPPV[*16]使用。

　在宅療養の希望が強く訪問介護を利用していたが，直前のキャンセルや急な訪問依頼を繰り返していた。またヘルパーやケアマネジャー訪問時には，非常に強い口調で不満や苦情を言うなどの攻撃的な言動があり，ケアマネジャーや介護事業所を全て変更することを何度も繰り返した。またADL[*12]の低下に伴いサービス調整を勧めても拒否した。できるだけ自分らしい生活を送りたいので，多くの人が入れ替わり出入りすることは，ストレスに感じるとのことであった。

　その後呼吸困難感が増悪し，在宅療養の継続が困難であると判断されたため入院した。今後の療養の希望として，永続的な人工呼吸器の装着は望まないとこれまでの経過中に言われており，緩和ケアを希望していたため緩和ケア病床（神経内科医不在）への転院を調整した。胃ろうからの注入量，体位変換等細かい事の訴えが多い。また，呼吸困難感に対しモルヒネも含めた緩和治療が行なわれ一時的に軽快するが，しばらくすると訴えが多くなってきた。訴えの内容は「一人でいると怖い」，「そばにいて欲しい」と精神的なものが多く，ナースコールを片時も離さない状況であった。離婚しており，元看護師であることから，家族や友人からの支援を受けにくい状況にあることも，不安や苦痛を募らせる一因ではないかと考えられた。呼吸困難感が強くなってくると，「苦しさに耐えられないので呼吸器を装着することを考える」との訴えがあったため，気管切開・人工呼吸器装着に対応できる病床への転院を調整した。しかし「待って欲しい。考える時間が欲しい」と気持ちが大きく揺れていた。

事例を通してのコメント

1）神経難病患者への緩和ケアを提供できる施設やスタッフが必要である。対象疾患や施設内に限定せず活動できる緩和ケアチームとの連携や，療養場所を問わず適切なケアを提供できる環境が望まれる。
2）家族関係に問題があったり，人間関係の調整の必要があったりするような患者の場合，患者のみならずケアスタッフも含めた心のケアをどのように対応したらよいかが大きな課題といえる。

事例26　心のケア（50歳代女性　病名：ALS）
相談支援内容

　確定診断時にA病院主治医より紹介があり，支援していくことになった。球麻痺症状によ

り発語不明瞭。上肢は筋力低下が軽度あるが，歩行は可能である。家族は夫と娘（高校生），実母（90歳）の4人暮らし。以前夫による家庭内暴力があったために，夫とは家庭内別居状態である。本人に兄弟はいない。

初回は病院で保健師・主治医と共に面談した。本人より自宅へは来てほしくないとの希望があったため，以後は外来時に同席することとなった。

球麻痺症状が進行し，言葉がほとんど分からなくなってきた。A病院は緊急時の対応ができないということで，B病院を紹介した。B病院より嚥下リハビリを受けてみないかと提案があるが本人が拒否し，B病院は一度受診したのみでその後受診せず，A病院には通院を継続した。食事量が減ってきたため，本人の意思確認をA病院主治医と共に行なった。本人は何もしたくないと言われた。緊急時の対応も含めて，再度B病院の受診を勧め，同行することにした。しかしB病院受診日に本人が来られず，自宅へ電話するがつながらなかった。1ヵ月後に娘と連絡が取れたが，食事が摂れておらず痩せてきた，呼吸も苦しそうとのことである。B病院受診を勧めたが，しんどいからと拒否された。往診医を勧めるも，拒否された。娘より再度人工呼吸器の装着，胃ろうの造設について意思確認をしてもらったが，本人は何もしないと言われた。保健師と共に自宅訪問するが，家に入れてもらえず本人とも会えず，自宅の前で娘と話をした。緊急時の対応について説明した。3日後娘より，心停止しているとの電話があった。救急車を呼び，B病院へ行くよう伝え，B病院にて死亡が確認された。

事例を通してのコメント
1）積極的な関わりを求めていないケースへのアプローチの仕方，信頼関係の築き方について，難病医療専門員と共に考え，共にケースを支援してもらえる専門職（たとえば臨床心理士など）が必要とされる。
2）家族や友人にも積極的に面談の機会を持つようにし，キーパーソンを見出し，または育成する支援が望まれた。

12.4 療養環境の整備

療養環境の整備は，入院先の環境整備と在宅療養の環境整備とに大別される。どちらにしても，まず問題点がどこにあるのかということを把握しておかなければならない。その上で，難病医療専門員の立場で調整が可能である事項を明確にしていくことが必要である。調整にあたっては，難病医療専門員一人で解決しようとせずに，必要に応じて他機関に協力依頼を行なう。特に在宅療養環境整備においては，関係機関である保健所，居宅介護支援事業所，訪問看護ステーションとの連携が重要である。さらに環境整備の一環として，ピアサポート[*8]を導入したことにより，療養に前向きに取り組めるようになった事例もある。

事例 27　入院先での満足度（60 歳代男性　病名：ALS）

相談支援内容

　球麻痺型の ALS 患者で構音障害に重度の難聴を伴っており，コミュニケーションが難しかった。元来の短気な性格からコミュニケーションボードを使うことも拒まれた。また原因不明の顔面・頸部の痺れ感もあるため，「常に首から上が痺れていて辛い。これが続くのなら生きていても意味がない。だけど自分から命を絶つのは家族に迷惑をかけるのでできない」と言っていた。妻は「できる限りのことはやってあげたい」と言われ，本人に対して献身的に介護されていた。そのため，妻の介護負担に限界が来てしまい，妻が倒れる寸前になってしまった。ちょうど PEG[17] 交換の時期でもあったため，交換目的で短期入院することになった。しかし本人は PEG を交換したらすぐに退院したいと希望され，妻も初めての入院先でのハード面やソフト面について不満を持っていた。

　レスパイト[11]先の医療ソーシャルワーカー[1]からの連絡で，難病医療専門員がレスパイト入院先で本人・妻に面会した。妻は自分が行なっている介護と同じようにやってもらえないことが一番の不満であるとのことであった。病院側は一般病棟であるため妻が望む介護を 100 ％行なうことが難しいという意見であった。レスパイト入院が可能な病院は県内でも少なく，本人の自宅療養生活を支えるためには大切な社会資源といえる。そこで家族との面談を行ない，入院するに当たっての要望などを聞くとともに，病院の看護の限界を伝えレスパイト入院をうまくやっていく秘訣について話し合いを行なった。入院する病院の窓口である医療ソーシャルワーカーに対しては，満足度の高いレスパイト入院ができるよう，患者家族の要望をまとめて情報提供をした。次回のレスパイト入院の日程は調整中である。

事例を通してのコメント

　レスパイト入院先では自宅と同じ介護を受けることは難しいことが，本人や主たる介護者に理解されていない。その原因として，本人はコミュニケーション障害により要求が理解してもらえないストレスがあり，一方，妻としては自分が休むため本人に辛い思いをさせる事にストレスを感じている。子供は母親が甘やかしすぎている，本人が我が儘を言いすぎであり我慢するしかないと思っている。

　介護負担軽減目的ではなく，検査目的の入院であれば，本人・妻にも理解して貰いやすいと考える。その上でどのような介護を希望としているのかを尋ねて，介護内容に関する優先順位を付けてもらうことが必要と考える。またレスパイト入院先での調整役として難病医療専門員が必要とされる場合もあると考える。

事例 28　入院先での満足度（50 歳代男性　病名：ALS）

相談支援内容

　離婚後 ALS を発症したケース。キーパーソンは妹である。ケアに対しての要求が多い患者である。A 病院へ長期入院していたが，病棟看護師との人間関係がうまくいかなくなっ

た。お互いのリフレッシュのために期間限定で，B病院，C病院，D病院に転院する予定となっていた。そのB，C，D病院入院中のフォローの依頼があり，この時点から介入する。3つの医療機関に入院中は，転院時の調整および，患者，看護師，医師と面会しての状況確認やトラブル対応を行なった。病棟看護師長より，患者の看護師への中傷がひどく，一部の看護師は心療内科に通い始めたり，退職を考えたりしているとの苦情もあった。患者自身はB，C，D病院へ入院中は不自由との訴えが多かったが，転院したいという訴えはなかった。B病院からC病院へ転院の際，前もってソーシャルワーカーへ情報提供のために連絡するが，PCや電気関係の職員がいるので当日でも意思伝達装置用のPCやナースコールの調整は可能と判断し，前もって病棟にその旨を連絡するなどの対応を取らなかった。しかしC病院へ転院当日に看護師より，難病医療専門員から前もってPCやナースコールについての情報提供がなかったことを指摘された。

　今回のC病院のことがあったので，D病院への転院前々日に確認をしたとところ，病棟スタッフは把握していなかったため，これらの状況を伝えた。

　患者は現在，元のA病院へ入院している。再び転院を希望しており，こちらへ調整依頼があった。主治医はB，C，D病院へ入院中の状況を認識しており，「受け入れてくれる医療機関があれば構わないが」とあまり積極的ではない。キーパーソンである妹も乗り気ではないが，兄の意向には逆らえず仕方ないとの認識である。患者が転院を希望してから約1年経過しているが，まだ患者の希望する医療機関の転院には至っていない。これまである程度の期間，受け入れが可能であったC，D病院でも，今回のことをきっかけにALS患者の急変時以外の受け入れが難しくなっている。

事例を通してのコメント
1）医療機関の連携が難しいなかで，医療機関間の情報提供についてどこまで難病医療専門員が介入すべきかが問題。
2）対人関係のうまくいかない患者・支援者への精神的サポートの難しさがある。

事例29　患者・家族と医療者との関係構築（70歳代女性　病名：ALS）

相談支援内容

　誤嚥するようになりPEG[*17]目的で入院した病院から今まで提供していた訪問診療，訪問看護ができなくなったため，在宅療養環境の調整を依頼された。訪問診療，訪問看護を中断した理由は，家族と医療者との対人関係が悪化したため。病状の進行による入院を家族が理解できず，「看護師らが入院させたいためだ」と誤解し，入院の説得に応じないため，訪問看護師の頻回の時間外訪問が続いていた。常勤看護師が1人しかいない訪問看護ステーションだったので，時間外を看護師1人で対応していた。そこで難病医療専門員は2ヵ所目の訪問看護ステーションがあればどうかと提案した。家族には疾患の理解を得るため神経内科主治医に面談してもらった。訪問診療は協力病院外の隣町の医師に依頼した。その医師は緊急

時の対応ができないので，その対応について保健所と一緒に近隣のクリニックの医師に患者の情報を提供し，主治医からの依頼があった場合の往診協力を依頼した。消防署にも患者登録した。訪問看護ステーションも経験がないため，入院中に機器講習を計画したが，入院先が遠方のため参加できないことから実施できなかった。1ヵ所目の訪問看護ステーション看護師と同行訪問して機器の使用を教えることで在宅生活に戻ることになった。

事例を通してのコメント

　家族が疾患についてどう理解しているか，確認が必要である。介入しているサービス提供者だけでは難しい場合に，第三者的な立場の保健所や難病医療専門員が介入できることを知ってもらうことも必要である。疾患だけではなく訪問系のサービスの役割と限界についても確認していくことが大切である。

事例30　介護力に問題がある場合（60歳代女性　病名：ALS）

相談支援内容

　保健所保健師からの相談事例。ネットワークに登録後，拠点病院から在宅移行目的でA病院へ転院した。1ヵ月の入院の後，在宅療養へ移行した。その後約1年間過ごしていたが，今年8月，介護者である息子が体調を崩し介護ができなくなったため，レスパイト入院先を探してほしいと保健師より依頼があった。B病院に連絡調整し，入院した。介護ができていなかった理由は，息子が以前から対人関係が悪くうつ傾向があり，患者のケアスタッフへの不満から介護放棄になっていたとのこと。患者の夫は脳梗塞後半身麻痺のため，息子に頼るしかなく，文句も言えないらしい。このレスパイト入院も，病院を信用していない息子にとっては不満であり，1週間ほどで「退院させたい」と言い出した。ケア会議を開き対応策を考えたが，その後息子から何も言ってこなかったので，様子を見ることにした。その後1週間ほどで退院，ケアマネジャーや保健師には事後報告だったらしい。在宅ケアを頻回に入れたいが息子が拒否するため，A病院の訪問看護一つのみで，そのサービスも10月末からストップしてしまった。患者本人の意向ではなく，息子の新しいスタッフへの不満が原因らしい。11月半ば，夫からケアマネジャーに連絡があり，再び介護放棄のような状態になっているとのことである。近いうちにレスパイト入院の依頼をするかもしれないと，保健師より電話があり，現在連絡待ちである。

事例を通してのコメント

1）今回は，保健師からの依頼で調整が始まったが，本人と家族の意向を難病医療専門員が改めて確認する必要がある。入院の目的を十分に理解していただいた上で調整を行なうことが重要である。

2）レスパイト入院は，ただ家族の休息のためだけではなく，療養上の問題点はどこにあるのかを把握して調整を行なうための評価入院としても意義がある。

事例 31　介護力に問題がある場合（60歳代男性　病名：脊髄小脳変性症）
相談支援内容

　妻（60歳代）との2人暮らし。果樹を中心とした農業を自営している。平成13年10月A病院で告知された。平成14年11月拠点病院である当院へ転院した。四肢・体幹の動揺があり，歩行安定性の向上を目標とした入院となる。この時点でインテーク面接[*2]を行なった。子どもは3人とも成人しており，それぞれ職業を持ち既婚，独立している。当時，本人の指示で妻が農業に従事し，本人は軽介護状態であった。この間，介護保険サービスの利用（訪問看護，デイケア，住宅改修，訪問診療）及び当院のレスパイト入院の利用で経過していた。家族内にも問題がないようにみえた。平成16年11月に今後の対応をどうするか，何度か主治医との話し合いを持った。本人は「気切はしない」，子ども達は「どんなことをしても生きてほしい」，妻は「子どもたちの意思に任せる」と言い，最後は子ども達が本人を説得した形になった。平成17年2月胃ろう造設，気切，6月末人工呼吸器装着，10月半ば自宅へ退院となり，現在も妻と2人暮らしで自宅療養をしている。

　「困難」ケースと認識し始めたのは，本人の状態が不安定になった平成16年末からである。家族間での不協和音が目立ち始め，妻や長女の訴えが多くなり，関係者との間のトラブルがふえた。その都度調整対応していたが，今回の退院（平成17年10月）前後の面接で，妻が自宅療養の不安を訴え，自宅での看取りには消極的であることがわかった。長女を跡取りとして育てたが他所へ出ていた。次女は本人姓を名乗ってくれたがやはり他出していた。三女は介護には協力的であった。在宅人工呼吸管理（HMV）[*15]を開始したが，特に他出した長女と，訪問診療医，ケアマネジャー，訪問看護師との意思疎通がうまくいかなかった。治療方針や看護に対して納得されず，関係者の混乱を招いたが，状態悪化して入院するまでHMVを継続した。

事例を通してのコメント
1) 本人とともに家族への関わりが重要である。
2) 介護のマンパワーとして家族をみたときにどのように家族を支援していけばよいかについて，家族間の力動を理解したうえでのノウハウをもつ必要がある。

事例 32　介護力に問題がある場合（60歳代女性　病名：ALS）
相談支援内容

　気管切開・人工呼吸器が必要な状態となり，その選択をするにあたっての情報提供を行なった。夫と2人暮らしで，夫は介護に非協力的であった。数回に分けて気管切開・人工呼吸器装着後の生活についての情報提供を本人に行ない話し合いをもった。本人は「今まで夫のために尽くしてきたので自分のために人工呼吸器をつけて自宅で生活したい」と切望した。その決意を受けて，在宅人工呼吸管理（HMV）の準備を開始した。気管切開・人工呼吸器装着し，状態安定後に，まず自宅近隣のQ病院に転院させた。保健師，Q病院の医療

ソーシャルワーカー・看護師と協力して地域支援体制を構築した．本人は，自分の所有していた山を売って夫の代わりに介護をしてくれる家政婦を雇用．家族介護に頼らない体制を整備し，在宅人工呼吸管理が実現できた．

事例を通してのコメント

患者本人が中心となって行動することで在宅療養が可能となった事例である．患者自身も在宅チームの一員であるとの認識が必要．

事例33　長期の在宅療養患者の場合（男性　病名：ALS）

相談支援内容

平成11年ALSと診断され，平成16年にNIVを導入し自宅退院．NIPPV装着下での在宅介護6年目．80歳代の妻が一人で介護をしている．現在の在宅支援状況は以下のとおりである．

訪問診療　1回/週

訪問看護　9回/週（祭日は利用できない）

訪問介護　毎日

訪問リハビリ　2回/週

訪問マッサージ　3回/週

訪問入浴　1回/週

また，年に2回2〜3週間程度PEG[*17]交換を兼ねて大学病院にレスパイト[*11]入院をしている．

ケアマネジャーによると，祭日は支援が組み込めていないが，これまでは妻のみで十分対応できていた．最近は祭日明けに訪問看護師やヘルパーが訪問した際に妻の表情にひどく疲れがみられ，丸一日一人で介護することは困難になっており，持病の心臓病や高血圧の悪化も心配された．妻は祭日の支援を希望しているが，現在の支援者の変更はせず，現在の支援体制の中での対応変更を希望していた．現状ではそれは難しい事を伝えると，ケアマネジャー以外の支援者に不満をぶつけ，言葉かけが険しくなるなどの関係悪化もみられるようになった．支援者たちは患者の急変時対応の不安に加え，介護者の体調不良やそれに伴う関係悪化等，日々の在宅支援の限界をケアマネジャーに訴えていた．長期入院を視野に入れた介入が必要な時期に来ており，どのように対応すべきかとケアマネジャーより難病医療専門員に相談があった．PEG交換を兼ねたレスパイト入院中に，担当医師も介護者の高齢化に伴う在宅継続の不安を感じたため，妻に在宅介護に限界が来ている旨の説明を行ない，長期入院目的の転院を提案した．しかし妻は「今はまだその時期ではない．できれば在宅で最期を看取りたい」と転院は受け入れなかった．折しもその入院中に妻が胆石症と食欲不振，体重減少で入院したため，長期入院を目的に特殊疾患療養病床に入院調整を行った．その際再度長期入院の必要性を医師より説明され，長期入院の理解が得られていたが，妻が退院する

や否や体調が改善していないにもかかわらず,「長期入院の話は聞いていない」と言い出され,早々の自宅退院を希望された。ケアマネジャーは現状では在宅療養は無理であると考えたため,どう対応すべきか難病医療専門員に相談した。

急遽,関係支援者を集め在宅調整会議を開き,お互いの意見交換の場を設けた。そこでは妻の在宅への強い思いと支援者らの最期の看取りについての考えを話し合った。また緊急時の対応についても話し合い,支援者それぞれから,「私たちができることはやっていきたい」との声が聞かれた。少なくとも妻の体調が改善するまでは入院を継続するよう説得し,1ヵ月後妻の体調の安定を待って自宅退院した。

現在も祭日訪問は実施できず,妻の疲労感は続いている。訪問看護師より「定期的にレスパイト入院できる病院はないか?」と相談されたため,難病医療専門員は妻と面談を行なった。妻はレスパイト入院の必要性は理解されてはいるものの在宅介護と入院介護のギャップから来る不満と,入院させると帰れなくなるのではないかという不安が強く,入院先を紹介しても受け入れられない。そのため訪問看護が入らない正月等に大学病院でレスパイト入院を行なうなど対応しているが十分ではない。在宅支援者とこまめに連携をとりながら,妻の体調を案じつつの在宅療養が続いている。

事例を通してのコメント

在宅介護が長期化すると,日常的には連携したケアを行なっていても,介護者と支援者間で緊急時の対応や看取りについて直接話し合う機会は少ない。支援者達は患者や家族に何かあった時に自分はどうしたらよいのか,自分の責任になってしまうのではないかなどの不安を抱えながらケアを行なっている。しかし介護者は支援者が考えている危険な状態はいずれ来るにしても,まだまだずっと先のこと考え,あまり考えたくないこととしてタブー視している。その結果お互いが将来来る緊急時の対応について口にすることができず,その思いにもずれが起こってくる。

今回介護者が特疾患療養病床からの退院を希望した時に,全支援者が参加した調整会議を行なった。会議では普段不安に考えていることを共有でき,悪化していた人間関係の改善が図ることができた。

在宅介護が長期化した時の緊急時やレスパイトへの対応,患者の状態を把握したうえでの看取りの方法の確認等,在宅療養の支援者だけでは対応できない問題点を理解し,介入していく必要性を考えさせられた事例であった。

事例34 介護者からの虐待(40歳代女性 病名:ハンチントン病)

相談支援内容

ケアマネジャーから相談があり,支援することになった。不随意運動があり,少しの歩行なら可能で,車椅子乗車時は抑制が必要である。話す内容は理解できている様子だが,発語は単語レベルである。しかし,その発語も不明瞭で理解できないことが多い。夫・息子(高

校1年生）と3人暮らし。夫は自営業であるが，不景気のため家にいることが多い。日中はヘルパーがほとんど入っている。夫の介護休暇がほしいということで，精神科の病院を紹介し，3ヵ月入院した。しかし，本人が家に帰りたいといって食事を摂らなくなったため，退院することになった。その後介護保険・支援費を最大限利用し在宅療養していたが，家族からの暴力によると思われるあざなどがあり，また家族からも介護疲れの訴えがあり，再度入院先を探すことになった。

　家の近くの精神科・神経内科の病院は受け入れてもらえず，少し離れた一般病院を紹介する。入院時に本人が入院を拒否し，暴れるなどの行為があり，入院できなかった。精神科の病院をあたってみたが，以前入院した病院は満床と断られ，他の病院は精神科の病気ではないのでと入院を断られた。また，神経内科のある病院や一般病院では対応できないと断られており，今も病院を探している状況である。自宅訪問時には保健師・ケアマネジャーと同行するなどの連携も行なっている。

事例を通してのコメント
　1）介護者からの暴力行為があると考えられる場合は，緊急避難のための病院の確保が必要である。
　2）精神症状のある神経難病患者の精神科病院への入院可能病床の確保が望まれる。

事例35　ピアサポート[*8]（女性　病名：ALS）

相談支援内容
　これまで介護保険施設のショートステイを利用していたが，病気の進行により受け入れが困難となった。入院について介護者（娘）は長期入院になると介護への意欲が低下するとの考えから消極的であった。1泊2日のレスパイト入院を希望され，受け入れ可能な施設について保健所より相談を受けた。身体障害者療護施設で受け入れ可能か問い合わせ，2泊3日の受け入れが年間5回可能であることを確認した。また，在宅サービスについても見直し，サービスを増やしていくことを検討した。ALS患者・家族との交流会についても情報提供し，ピアサポートの場がもてるように支援した。

事例を通してのコメント
　本事例では介護者が精神的にも不安定であり，支援者たちがその訴えに翻弄され，「無力感」を感じていた。介護保険施設でのショートステイの利用が困難になったためレスパイト入院を希望された。本人・介護者のニーズをじっくり聞き取り，現状の課題を各支援者間で冷静に検討することの重要性を強く感じた。「ショートステイの受け入れ先がない」と支援者側に攻撃的であった介護者も，患者家族交流会を通じて特定の相談者を見つけたことにより，その訴えが徐々に変化してきたことが感じられた。支援チームの適切な課題評価や幅広い支援提供が必要と感じた事例である。

12.5 ネットワークの拡充

難病医療専門員の主な役割は病床の確保であるが，その過程で病院ネットワークの充実をはかることと関係する多職種全体を調整していくことが重要である。その際に難病医療専門員が専門医と地域医療機関，福祉施設との情報交換と連携においていかに介入していくかが課題となることがある。

事例36　専門医とかかりつけ医の連絡調整（30歳代男性　病名：神経ベーチェット病）
相談支援内容

　神経ベーチェット病で四肢運動障害・体幹保持困難・構語障害・知能低下がある。身体障害支援費を利用し，在宅療養中である。主介護者は70歳代の両親。運動障害と体重増加により介護は両親だけでは困難であった。たびたび起こる発熱やそれに伴う不動で，介護はより困難になってきている。かかりつけ医は車で2時間近くかかる拠点病院の神経内科であり通院も困難なため，急な発熱や体調の異常時には近くの総合病院にかかる。しかし，神経内科医は非常勤であるため，対応する内科医からは発熱に対しては入院加療の必要はなく，神経難病のことはわからないので対応できないと言われた。そのような状況で緊急受診しては家に戻るということが何回も繰り返された。患者の移動・受診だけでも大変な状態で，家族や福祉担当者だけでは対応が困難であった。

事例を通してのコメント

　ネットワークの拠点病院の専門医と地域の医療機関との間での情報交換と連携を支援する必要が考えられた。また各地域で在宅療養中の介護負担が高い重症神経難病患者が緊急時に入院できる環境の整備が不可欠である。

事例37　多職種間の連絡調整（70歳代男性　病名：ALS）
相談支援内容

　平成16年10月より右肩から両上肢にかけてのしびれ感が出現。平成17年2月構音障害が出現，左上肢も挙上不可となる。平成17年4月ALSと診断された。本人と妻に病名が告知された。次回の家族（娘・娘婿・孫）への病名説明時に保健所保健師が同席することになった。気管切開・人工呼吸器・胃ろうについては，病状が進行しても何もしてほしくないという本人の意思を尊重し，家族もそれに同意した。告知後は家族の不安などの相談には保健所保健師が対応した。平成17年7月両上肢挙上と嚥下が困難になり，歩行時にふらつき転倒するようになった。介護保険導入により，町保健師，介護支援専門員，訪問看護ステーションが介入した。それに伴い，窓口が県保健所から地域に移動することになった。ケア会議を開催し調整を図ったが，窓口が一本化されず情報が混乱し，体制の立て直しが必要に

なった。そこで，ケア会議にて，情報の共通認識，役割分担の確認などの計画を立てたが，実施前に呼吸不全にて死亡された。

事例を通してのコメント

1）病状の進行に応じて支援チーム関係者の役割分担を明確にする必要がある。
2）関係者の情報の共通認識，目標一致を確認する必要がある。
3）本人・家族から情報を発信していくことが大切であり，発信が困難な本人・家族には援助が必要である。
4）療養支援目標は，患者・家族の示す療養の方向性に沿って計画されるものである。
5）支援チームのコーディネーターを明確にし，窓口の一本化を図る必要がある。
6）早期介入のメリットを最大限に活かすためには，関係者の質の向上が必要である。

多（他）職種の連携を図る上で配慮すべき点は，お互いの職種を理解しあい尊重することである。患者・家族の療養を支援する上で必要な関係者が集まっていることをお互い認識し，関係者間でフォローしあえる関係を構築することであろう。直接支援をしていると，難病患者の抱える複雑で多様な問題に療養支援の方向性を見失うこともある。療養支援目標は患者と家族が示す療養であり，患者と家族が同じ方向性を持って療養しているかどうか，難病医療専門員は，保健師，ケアマネジャー等と連携し確認することが望ましい。

事例38　多職種間の連絡調整（70歳代女性　病名：ALS）

相談支援内容

　罹患歴7年。平成15年10月家族（息子・嫁）より相談あり。

　背景：発病により長男夫婦が介護のため東京より帰省し同居する。嫁は他県出身。孫3人と6人暮らし。長男は会社勤務で，ほとんど家にいない。嫁は腰骨部の疾患あり。

　本人の性格：好き嫌いがはっきりしている。

　本人の状況：四肢運動機能全廃，球麻痺があり，言葉が聞き取りづらい。本人の希望で常用食を全介助にて経口摂取している。排泄は全介助にてポータブルトイレへ移乗し行なう。呼吸状態は年に1，2回呼吸不全が増悪し，病院で緊急処置を行なって回復し，在宅療養へ移行することを繰り返している。

　介護状況：嫁が介護の全般を行なっている。介護保険によるサービスは本人の了解が得られず導入が進まない。

　相談内容：介護保険サービスの導入が進まず，嫁1人の介護負担が大きい状態が続くため，今後のことを考えると「もうやっていけない」との相談である。

　問題点：①介護負担が嫁1人に集中している。②本人と医師との間の意思の疎通はとれているが，介護者と医師間に誤解が生じていた。③在宅支援スタッフはケアマネジャーを中心に動いており，ケアマネジャーが負担を感じていた。④本人の好き嫌いがはっきりし

た性格から，サービスの導入がスムーズに行なえなかった。

　支援内容：(1)レスパイト入院の導入，(2)在宅療養での介護負担軽減に対して介護保険サービス導入および支援費制度導入を行なった。

　結果：定期的（在宅1ヵ月につき入院2週間）にかかりつけ病院へレスパイト入院ができるようになった。デイサービスを週2回（食事準備・介助ヘルパー）導入できるようになった。

　以上のようにして嫁の介護負担を軽減し2年が経過した。長男・嫁は介護負担のため長期入院療養を希望しているが，本人は在宅療養を希望しているため，上記支援で経過しており家族としては不満をケアマネジャーにぶつけている。

　現在に至るまでの対応回数：延べ66回（チームカンファレンス5回，家族面談4回，支援スタッフ来訪相談6回，連絡調整・情報連絡51回）。対応期間2年1ヵ月。

　上記の問題点に対して難病医療専門員として実際に以下のことを行なった。

　①・②に対して，レスパイト入院の病床確保はかかりつけ病院へ依頼しスムーズであったが，本人が入院を拒否した。医師が在宅での介護負担の状況を知らなかったこともあり，在宅での生活状況を説明した。医師の理解を得た後，医師より本人へ入院を促してもらった。

　③・④に対して，保健所保健師へ情報提供し，保健師の自宅訪問が開始されケアマネジャーとの連携がなされた。また，病棟看護師長へ情報提供したことで，在宅支援者と病院スタッフ間の連携がとれ，チームカンファレンスが開催され，ケアマネジャーの精神的負担の軽減につながった。これまでサービスの導入はケアマネジャーが一人で本人・家族へ説明していたが，チームカンファレンスでの方向性の確認の後，ケアマネジャーの補助的なアプローチを各スタッフが行なった。そのことにより，本人がサービスの受け入れを容易に行なえるようになった。

事例を通してのコメント

1）難病医療専門員として病床確保は当然の仕事ではあるが，それに至るまでの支援全体の調整役として大きく関わった。

2）家族が難病医療専門員へ相談をするまでは，各支援スタッフが個別で関わっており，スタッフ間の連携が薄かった。

3）ケアマネージャーや保健師はALSの対応事例が少なかったため，難病医療専門員は対応法などの情報を提供しアドバイザー的に関わった。

4）難病医療専門員としての役割は病床確保にあるが，この事例のようにそれに至るまでの問題解決に時間・労力を費やすことが多い。難病医療専門員は，病床確保以外に全体の調整役と疾患への対応法に関するアドバイザー役を現時点では担わざるをえない。このため業務量の増大は必至で，配置人員数や処遇に関しての検討が必要と考える。

事例39　難病医療ネットワークの拡充（64歳女性　病名：ALS）

　平成11年，他県在住中にALSと診断され，平成12年11月胃ろう造設，人工呼吸器装着となった．平成13年6月より在宅療養を開始し短期入院を定期的に繰り返しながら療養していた．平成16年3月当県に転入し，娘と孫2人といっしょに生活するようになった．転入後のサービス調整のために3ヵ月余の入院を経て，在宅療養になった．娘は幼児と学童の母であり，仕事を持っている．日中は訪問看護，訪問介護（支援費と併せ）をできる限り利用し，3ヵ月毎に定期的にレスパイト入院を行ない，在宅療養を維持していた．しかしレスパイト入院先病院から，レスパイト入院の回数を減らしてほしいといわれ，娘から近隣でのレスパイト入院先紹介の依頼があった．現状の在宅療養維持のためには，レスパイト入院は欠かせない状況である．しかし，急性期病院ではレスパイト入院を受け入れてもらえず，療養型病院は人工呼吸器装着患者に難色を示したため，受け入れ病院を見つけることが困難な状況にある．

事例を通してのコメント

　当県のネットワークは121疾患を対象にしており，神経難病に特化したネットワークではない．しかし実際の相談は神経難病が50％余を占め，そのほとんどが療養病床や短期入院病床の相談である．今年度はネットワークに疾患群ごとの診療科部会を設ける方向にあり，今後は神経難病に特化したネットワークを立ち上げ機能させていく必要がある．

　難病ネットワークの協力病院の確保のために難病ネットワーク主催の研修会を通じて神経難病についての啓発を行ない，医療機関のネットワークへの参加を働きかける必要がある．また，ネットワーク協力病院に対してはアンケート調査や訪問調査を通じて，あらかじめネットワークにおける病院の役割を明確にして，実際の事例が生じたときに速やかに対処できるようにしておくことが大切である．

事例40　居住地域での病床確保（60歳代女性　病名：三山型ALS[*9]）

相談支援内容

　在宅療養をめざしていたが，主介護者が在宅療養に自信がないという理由で長期療養目的の転院に変更になった．在宅サービスも十分提供できる地域であり近隣に同病者が在宅していることも主介護者はわかっていたが，転院の希望は変わらなかった．現在一般病院に入院しているため長期入院可能な医療機関への転院調整を希望された．6ヵ月入院という期限付きで市外の病院を確保し，長期入院できる医療機関を探した．現在入院中の一般病院への入院継続を介護者が希望し，次の病院への転院を拒み入院期間が長くなった．次の転院先は自宅から近くの，神経内科医もいる特殊疾患療養病棟であった．難病医療専門員が病院見学に同行し介護者が転院したくない理由を聞き取り，自宅近くの病院のメリットを説明し，介護者のケアの希望を紹介先病院のソーシャルワーカーに伝えるなどの調整を行なった．

事例を通してのコメント
　家族と同行しての候補病院の訪問見学は有用で，患者・家族の安心につながることが多い。その際に，患者・家族の不安や希望を病院側へ正確に伝えることが不可欠である。

12.6 社会資源の活用

　社会資源の地域格差が問題となり，難病医療専門員の調整が難航することも多い。医療過疎地域での緊急体制の整備，難病医療専門員の配置されていない都道府県とのやり取り，若年患者の在宅療養サービス不足などが事例として挙げられた。現行の社会資源をいかに有効に活用していくか，またその限界についてなど他職種を交えて検討をしていく必要がある。

事例41　医療過疎地での支援（70歳女性　病名：ALS）
相談支援内容
　平成17年6月，呼吸不全のため緊急で気管切開と人工呼吸器装着を行ない，その後ALSと診断された。現在は寝たきりで，コミュニケーションボードを使用している。ナースコールを押すことができないため，スタッフが頻回に訪室して対応している。家族は単身の息子1人のみ。当初は在宅で介護する予定だったが息子の勤めもあるため，長期入院を希望された。病院の地域支援相談室の保健師よりネットワークへ医療機関の情報提供を依頼された。現在入院中の病院は，急性期病院であるため長期入院はできない。この地域は県庁所在地から319 kmと遠く，神経内科専門医が常勤している医療機関はない。現在の病院に大学病院より神経内科専門医が月1回非常勤で派遣されている。地域に医療機関は少なく，唯一存在する脳外科病院は順番待ちの状況である。家族は県庁所在地を希望するが県内どこでもいいとの希望であった。病院の地域支援相談室保健師へ順番待ちでも受け入れの可能性がある地域の医療機関にお願いすることを勧め，現在脳外科病院で受け入れの可否について検討中である。
事例を通してのコメント
　ここから一番近い専門医のいる地域までは246 kmである。専門医は都市部に集中しており，地方の専門医は大学病院からの非常勤としての派遣か，常勤でも人事異動が頻回で地域に長くいるのは難しい状況である。このような現状から都市部だと受け入れ可能な医療機関があるのではないかと，地方から相談が寄せられる。しかし，都市部の病院では長期受け入れのみならず，レスパイト入院でもスムーズにいかないのが現状である。知り合いもなく，家族もすぐ来ることのできない遠方の病院での療養は患者本人，家族のいずれにとっても精神的，経済的な負担が大きい。神経難病ネットワークとしては，神経難病患者をその地域の医療機関で受け入れられるよう理解と協力を求めていく必要があり，今後はいかにして協力医療機関を増やしていくかが大きな課題である。地方によってはサービスステーションが

1ヵ所しかない地域もある。当県は県外からの移住者が多く、他県と比べ家族の歴史も浅く、親戚同士や知人、周囲の人との結びつきも薄い傾向にある。このような事情も在宅療養環境が厳しい一因と考えられ、地方では在宅を望んでも難しいことが多い。

事例42　医療過疎地での支援（40歳代女性　病名：ALS）

<u>相談支援内容</u>

　平成19年3月頃より顎のだるさや、嚥下困難が出現しALSと診断された。当初、兄の居住地の近くで長期入院を希望した。兄は教師で患者の居住地から車で3時間位の地域に単身赴任中。兄は人工呼吸器装着で長期入院できる医療機関を希望していた。在宅療養の話もでたが、義姉は患者を可哀相だとは思っているが、以前から折り合いが悪く良い感情を持っていない。また、うつ症状で通院中であり、何で自分が介護しなければならないのか、自分の妹なのに夫は単身赴任で手助けしてくれないと訴える。他方、インターネットでALSに関する情報を収集したり、長期受け入れ医療機関を探したりするなど積極的な一面もある。

　本人・家族、主治医と相談の結果、現在は保健師の訪問や訪問看護を受けながら独居で暮らしている。町行政により緊急システムが設置され、緊急時は一番近い救急病院に連絡が行き、受け入れ可能な体制となっている。今困っていることは、飲み込みが悪くなったこと、首を維持するのが大変になったことなどである。月1回、車を運転して3時間程かかる専門医を受診している。頭が下がって運転が辛くなってきたとネックカラー装着を検討している。食事は自分ですりつぶしたり、ミキサーにかけたりするが嚥下に時間がかかり、疲れて食べる気力がなくなっている。主治医より、胃ろう造設については説明を受けている。人工呼吸器については付けないと希望しているが、苦しくなったらどうなるかわからないとも話す。

<u>事例を通してのコメント</u>

　地区の保健所から患者宅まで2時間の距離があり、訪問は保健所保健師と町の保健師が連携を取りながら実施している。近くに医療機関はなく、1番近くの医療機関まで車で1時間程である。家族は診断直後より、家での介護は難しい、独居も心配と長期受け入れ施設を探していた。兄の近くにいたいという本人の希望があったが、長期受け入れ施設の確保は難しく、来年の兄の転勤に伴い、他地域での施設確保も必要である。当面はまだ自分で何とか暮らしたいとの希望を優先し、住み慣れた地域での療養となった。訪問看護・介護サービスの事業所も少なく、療養環境は厳しい状況だが、保健師、主治医、家族と連携を取りながら少しでも長く在宅療養が続けられるように支援したい。

事例43　県外への入院調整（50歳代男性　病名：ALS）

<u>相談支援内容</u>

　県外のA病院に入院中で付き添いなどの自己負担が大きく経済的に困っているため、家族

（妻と子ども）が居住している当県への転院の相談を受けた。家族の居住地近くのB協力病院を紹介し転院となった。転院時はNIPPV[*16]を使用していたが入院中にTIPPV[*19]に移行した。患者は意思伝達装置を使い，ケアに対する細かい要求を病院側に文章化して示していた。本人のケアへの要求がさらに高くなったため，4ヵ月後には看護介護体制の限界を理由に退院を勧められた。患者は在宅療養を希望したが，家族は対応が困難であると拒否した。患者本人は家族の状況から在宅療養が困難であることは理解していた。身体障害者療護施設入所も検討したが，人工呼吸器を管理する医療機関が調整できずに断念した。患者はキーパーソンを状況に応じて使い分けるため，医療機関もそれに振り回された。

患者は，両親が居住する県外病院への転院を希望したが，難病医療専門員が配置されていないことから，最寄りの保健所を通じて調整をはかったが入院施設を確保することはできなかった。単身での在宅療養は本人が拒否した。結果的にB協力病院に1年間入院し，それ以上入院期間を延長することができなかったため，転院先を調整する間の6ヵ月の期限付きでC基幹協力病院（一般病床・救急病院）に転院調整した。その後患者が希望する（両親が居住する）県外病院への転院が一時決定していたが，当該病院の看護部から体制が整えられないという理由で断られた。患者が希望する地域を拡大して隣県まで相談したが，転院先を確保できなかった。遠方だがALS患者の受け入れ可能な病院を紹介したところ，長期療養ができるなら遠方でもよいということで，特殊疾患療養病棟のあるD病院へ転院した。

患者の兄弟からは難病医療ネットワークに相談しなければ，当県のB病院に転院することなく，両親が居住する地域の病院に転院できたではないかと言われた。患者はD病院に転院直後からA病院や他施設に移りたいと希望したが受け入れられず，現在もD病院に入院中である。

事例を通してのコメント
1) 家族関係に問題を抱えた患者は，医療者がさまざまな家族の意見に振り回されることがあるため，キーパーソンが誰かということを定期的に確認する必要がある。
2) 家族関係に問題を抱えた患者に対しては，保健所保健師，MSW[*1]等の専門職の介入が不可欠であり，その体制づくりを検討する必要がある。
3) 県をまたいでの入院確保の問題では，まずは全ての県に難病医療専門員の配置が必須で，多職種の協力を得て地域でのネットワーク醸成が望まれる。両県の専門員が，ネットワーク間連携の調整役となり，保健所保健師やMSWなどの専門職および患者会等への連絡と調整に関与することが期待される。

事例44　社会資源の活用（20歳代男性　病名：ALS）

相談支援内容

入院3年前に自動車を運転中に事故に遭遇し受傷した。その2ヵ月後より右足に違和感が出現した。病状の進行に伴い，多くの病院を受診するが原因が分からなかった。入院3ヵ月

前に某大学病院で ALS と診断された。加療目的で当院へ入院し，気管切開・PEG*17 造設，その後人工呼吸器装着となった。

　患者・家族は病気の深刻さに戸惑いと不安感が強かったため，頻回に病室訪問を行ない，傾聴や心理面での援助を心がけた。状況によって主治医や看護師に報告相談し，不安の解消に努めた。各制度の申請や利用についての説明，在宅生活を送る場合の福祉サービスに関する情報提供，支援体制の必要性などを患者・家族に分かりやすく繰り返し説明した。

　症状が安定した頃，本人が在宅生活を希望しているということで，主治医より在宅療養に向けてのネットワークづくりの依頼があった。家族の希望に沿って，行政・福祉・在宅関係者に情報提供を行なった。各担当者が参加した在宅ケアカンファレンスを3回実施した。

　この方の場合，他の寝たきりで人工呼吸器装着の在宅支援患者と異なって困難だった点は，年齢が20歳代と若いために介護保険の利用ができなかったことである。訪問看護導入は特定疾患を利用しスムーズだったが，訪問入浴利用や福祉用具の購入・レンタル等を行なう場合，身体障害者手帳や障害者自立支援法，市町村事業の難病患者居宅生活支援事業からの利用が不可欠であった。そのために，地域の保健所や市町村役場に事情を説明し協力を求めたが，そういった事例がほとんどないことによる戸惑いも大きくサービス導入が難しかった。家族・主治医・保健所・役場の福祉課職員との話し合いを，カンファレンス以外に数回にわたって行ない，患者・家族の在宅生活への強い希望を伝え理解や協力をお願いした。その結果，この患者の在宅への思いをかなえるために，各担当者が積極的に行動し，救急時対応の連携やサービス導入などが可能となった。それぞれの立場や役割の違いはあっても，在宅ケアカンファレンスなどによって，納得いくまで話し合うことで理解や協力が得られ，連携はスムーズとなり不安の少ない在宅生活につながったと実感している。現在，この方は病状の進行はあるものの，大きな問題もなく在宅生活を送っている。

事例を通してのコメント

　若年の ALS 患者であるために，介護保険が利用できず在宅サービス導入が困難であったが，在宅ケアカンファレンスを繰り返し行なったことで，理解や協力が得られた。この事例を通して感じたのは，若年者にも介護保険が利用できるような制度の改善が望まれるということ。このような特殊な事例の場合は，在宅ケアカンファレンスなどを通しての，医療・行政・福祉関係者による地域支援ネットワークづくりが大切と考える。

事例45　老人保健施設への入所（60歳代女性　病名：パーキンソン病）

相談支援内容

患者状態：脳深部電気刺激療法（DBS）*7 植え込み術後。

療養区分：在宅（レスパイト入院を時々行ないながらの在宅生活）。

　　　　　特定疾患受給者証（重症），身体障害者手帳（1級），介護保険（要介護度1）。

　45歳頃にパーキンソン病と診断された。内服治療をしていたが，不随意運動が著明と

なったため，脳神経外科でDBS植え込み術を施行された。症状は改善し入院治療の必要性はなくなったが，家族の体調不良や家族間でのトラブルがあり在宅療養継続が困難な状況となった。

　3年程度前より患者や家族より様々な相談を受けていた。主なものはレスパイト入院依頼や心理相談であった。息子がうつ病になってからは，家族間でのトラブルが頻繁に生じており，その都度面談や電話での相談に対応していた。DBS術直後より症状が改善したため要介護度が要介護3〜4から要介護1へと見直され，かえって家族の介護負担も増加している状況であった。特定疾患受給者証に追加申請し訪問看護を導入し，在宅サービスの調整検討のために，数回にわたって病棟・在宅スタッフ，家族間での話し合いの機会を持った。家族は長期入院を希望しているが，症状改善のため当院での長期入院は難しい状況であった。介護保険を利用しての施設入所先（老人保健施設）を探したが，要介護1程度の患者の場合，申し込みから2年以上たっても100人以上の順番待ちの状態であるため受け入れ施設を見つけることはできなかった。また，パーキンソン病の場合，入所すると包括式請求（まるめ）となるにもかかわらず，薬代が高額であることから入所を断る老人保健施設も多かった。

　特定疾患を利用した医療機関入院の場合と違って，老人保健施設入所となると，経済的負担も多くなり障害年金では支払えない場合もある。その旨を家族全員に理解してもらうために面談し，今後の方向性について説明と互いの協力をお願いした。現在は在宅とレスパイト入院（2〜3ヵ月/年）を繰り返しながら，介護付きの有料老人ホームも視野に入れて，長期療養ができる施設を探している。

事例を通してのコメント

　パーキンソン病患者の介護保険を利用した施設入所の場合，高額な薬代のために入所を断られることが多い。現状としては，介護付きの有料老人ホームに入所し，医療機関での投薬を受けざるをえない。このため，パーキンソン病患者の経済的な負担が大きくなってしまうことが問題である。

12.7 おわりに

　難病医療専門員が経験した様々な相談事例を紹介した。参考になる対応事例も少なくない。その一方で，対応が困難であった例，解決の糸口を見出せていない例もそのまま記載している。このような個々の相談事例を通じて，わが国の難病患者をめぐる療養環境の具体的な問題点が浮かび上がってきている。難病医療専門員一人の力では解決できないことも多く，医療関係者，行政，福祉関係者，患者団体など皆が協力して改善に向けた努力を継続していくことが望まれる。

第13章

参考資料

13.1 全国の難病患者入院施設確保事業を実施している機関一覧（平成22年7月現在）

福岡県難病医療連絡協議会　上三垣かずえ　岩木三保

都道府県	団体名称	〒	住所	電話
北海道	北海道難病医療ネットワーク連絡協議会	063-0005	札幌市西区山の手5条7丁目1番1号 国立病院機構北海道医療センター内	011-611-5066
宮城	宮城県神経難病医療連絡協議会	982-8523	仙台市太白区長町南4-20-1 広南病院内	022-308-3316
岩手	岩手県重症難病患者入院施設連絡協議会	020-8505	盛岡市内丸19-1 岩手医科大学病院事務部医療福祉相談室	019-651-5111
山形	山形県難病医療等連絡協議会	990-0876	山形県山形市行才126-2 国立病院機構山形病院　ソーシャルワーク室	023-684-5566
群馬	群馬県神経難病医療ネットワーク	371-8511	群馬県前橋市昭和町3-39-15 群馬大学医学部附属病院神経内科外来	027-220-8536
東京	東京都神経難病医療ネットワーク	183-8001	東京都新宿区西新宿2-8-1	03-5320-4471
栃木	栃木県神経難病医療ネットワーク推進事業	321-0293	栃木県下都賀郡壬生町北小林880番地 獨協医科大学病院　医療相談部	0282-87-2051
栃木	栃木県神経難病医療ネットワーク推進事業	329-0498	栃木県下野市薬師寺3311-1 自治医科大学附属病院　地域医療連携部	0285-58-7107
栃木	栃木県神経難病医療ネットワーク推進事業	329-2763	栃木県那須塩原市井口537-3 国際医療福祉大学病院　医療相談室	0287-37-2221
岐阜	岐阜県難病医療連絡協議会	501-1194	岐阜市柳戸1-1 岐阜大学病院　医療福祉支援センター	058-230-7100
新潟	新潟県難病医療ネットワーク	951-8585	新潟市中央区旭町通一番町757	025-227-0495
福井	福井県難病支援センター	910-8526	福井市四ツ井2-8-1 福井県立病院3階	0776-52-1135

第13章 参考資料

愛 知	愛知県難病医療ネットワーク	480-1195	愛知県愛知郡長久手町大字岩作字雁又21 愛知医科大学附属病院　医療連携センター　医療福祉相談室	0561-62-3311
静 岡	浜松医科大学医学部附属病院難病相談支援センター	431-3192	浜松市東区半田山1丁目20-1 浜松医科大学医学部附属病院 医療福祉支援センター内	053-435-2477
三 重	三重県難病医療連絡協議会	514-8507	三重県津市江戸橋2-174 三重大学医学部附属病院　医療福祉支援センター内	059-231-5432
滋 賀	滋賀県難病医療ネットワーク協議会	520-0804	滋賀県大津市本宮2-9-9 大津市民病院　地域医療課内	077-526-8351
和歌山	和歌山神経難病医療ネットワーク連絡協議会	641-0012	和歌山市紀三井寺811-1 和歌山県立医科大学神経内科内	073-447-1006
大 阪	大阪神経難病医療推進協議会	558-8558	大阪市住吉区万代東3-1-56	06-6694-8816
兵 庫	兵庫県難病患者医療ネットワーク推進事業	660-0828	兵庫県尼崎市東大物町1-1-1 県立尼崎病院8階	06-6482-7205
山 口	山口県難病医療ネットワーク協議会	753-8501	山口市滝町1-1 健康福祉部　健康増進課　母子保健・難病班	083-933-2958
岡 山	岡山県難病医療連絡協議会	700-8558	岡山市鹿田町2丁目5番1号 岡山大学医学部附属病院第3内科	086-221-6101
島 根	島根県難病医療連絡協議会	693-0021	島根県出雲市塩冶町223-7 島根難病研究所内	0853-24-8510
鳥 取	鳥取県難病医療連絡協議会	683-8504	米子市西町36-1 鳥取大学医学部附属病院神経難病相談室	0859-38-6986
広 島	難病対策センター	734-0037	広島市南区霞1-2-3 広島大学病院外来棟2階	082-257-5072
香 川	香川県難病相談支援ネットワーク	760-8570	高松市番町4-1-10 香川県健康福祉部　健康福祉総務課	087-832-3260
愛 媛	愛媛県難病医療連絡協議会	791-0281	愛媛県東温市横河原366 国立病院機構愛媛病院内	089-964-2611
福 岡	福岡県難病医療連絡協議会 （福岡県重症神経難病ネットワーク・拠点病院）	812-8582	福岡市東区馬出3-1-1 九州大学医学部神経内科内	092-643-1379
	福岡県難病医療連絡協議会 （福岡県重症神経難病ネットワーク・準拠点病院）	807-8555	北九州市八幡西区医生ヶ丘1-1 産業医科大学神経内科内	093-603-1617
熊 本	熊本県難病医療連絡協議会	861-1196	熊本県合志市須屋2659番地 国立病院機構熊本再春荘病院内	096-242-1000
		860-8556	熊本市本荘1丁目1番1号 熊本大学医学部附属病院内	096-373-5690

大 分	大分県難病医療連絡協議会（大分県重症難病患者医療ネットワーク）	879-5593	大分県由布市挾間町医大ヶ丘1丁目1番地 大分大学医学部附属病院内	097-535-8070
長 崎	長崎県難病医療連絡協議会	859-3615	長崎県東彼杵郡川棚町下組郷 2005-1 長崎神経医療センター内	0956-20-6226
宮 崎	宮崎県難病医療連絡協議会	880-0911	宮崎市大字田吉 4374-1 独立行政法人国立病院機構宮崎東病院内	0985-56-8159
鹿児島	鹿児島県重症難病医療ネットワーク連絡協議会	899-5293	鹿児島県姶良郡加治木町木田 1882 国立療養所南九州病院　地域医療連携室	0995-62-2125

13.2　難病医療専門員の自己評価シート

福岡県難病医療連絡協議会　岩木三保

　難病医療専門員の評価基準は，現在のところ明確に示されていない。その専門性に関する具体的な評価方法もいまだ示されていない。本ガイドブックの作成にあたり，日常の業務の中で意識しておくことが大切と思われる項目を示した。本自己評価は決して確立されたものとはいえないが，一つの目安としていただければ幸いである。

① 専門的技能
- ☐ 十分に情報を収集し，その内容を吟味できている。
- ☐ ニーズの緊急性について判断することができている。
- ☐ 問題解決の方法について創造的・効果的に工夫できている。
- ☐ 支援に一貫性や継続性を持たせることができている。

② 倫理
- ☐ 患者・家族の意思を常に確認しながら業務をしている。
- ☐ 患者・家族の尊厳を守ることを念頭においている。
- ☐ 中立・公正な立場で業務を行なっている。

③ 協働
- ☐ 他医療職が，その専門性を発揮できるように心がけている。
- ☐ 関わる支援チームと共に自身の業務内容の評価を行なっている。
- ☐ 患者家族や支援チームの変化，困難が解決できるように共に努めている。
- ☐ 必要に応じて支援チームを主導することができている。

④ 知識
- ☐ 保健・医療・福祉等の面から包括的に幅広く，かつ最新の情報を有している。
- ☐ 対象となる領域に関する幅広い知識を身につけている。
- ☐ 大学や図書館の利用，書店の利用，インターネットの活用などにより，自己の持つ情報の更新に努めている。

⑤ 自律
- ☐ 必要に応じて他者の指示によらず自分自身の判断で仕事を進めていくことができる。

□ 協力病院の開拓や，社会資源の発掘に努めている。
　　□ 自都道府県における難病医療専門員の役割について認識している。
　　□ 必要に応じて社会に向けて行動や発言ができる。

⑥　自己研鑽
　　□ 講演会や研修会，関連学会などにできるだけ参加するようにしている。
　　□ 専門誌や専門書を定期的に購読している。
　　□ 様々なスーパービジョンの機会を活用している。
　　□ 実践をもとにして，学会発表や論文発表を行なっている。

⑦　自己管理
　　□ 県職員，協力病院，他県の難病医療専門員などに相談相手がいる。
　　□ ストレスに対して自分なりの対処方法を持っている。
　　□ 代休・有休が取れる環境を自分で工夫している。

参考資料

1）南彩子，武田加代子．ソーシャルワーク専門職性自己評価．相川書房．2004年．pp. 12-128.
2）岡本玲子．対応困難な事例に学ぶケアマネジメント．質評価の視点と共に．医学書院．2003年．pp. 8-15.

13.3 平成21年度実施難病医療専門員アンケート調査結果

九州大学神経内科　吉良潤一・立石貴久
福岡県難病医療連絡協議会　岩木三保・上三垣かずえ
熊本大学大学院生命科学研究部　柊中智恵子
東京大学医科学研究所公共政策研究分野　武藤香織

研究要旨

　我々は平成18年度に「難病医療専門員による難病患者のための難病相談ガイドブック」（以下，難病相談ガイドブックと略す）作成プロジェクトの一環として，難病医療専門員の実態調査を行なった。今回，難病相談ガイドブックの改訂を行なうことに伴い，18年度の追跡調査を実施した。全国30都道府県40名の難病医療専門員に自記式質問表を配布し，回答のあった28名（回収率70％）の調査票を分析した。難病相談ガイドブックは，85％の難病医療専門員により活用されていることが明らかとなった。また85％が看護職だったが，21％の者は複数の国家資格を所有していた。難病医療専門員は数年毎に交代しており，経験年数は二峰性の分布を示していた。業務にやりがいを見出すまでには，1年半程度の継続が必要と考えられた。今後は，制度改正や難病医療専門員の業務実態をより反映させ，内容を充実させることが必要である。また全国の難病医療専門員の情報交換の活発化を図り，継続して勤務し専門性をより高めるよう連携することが重要である。

A．研究背景と研究目的

　我々は，平成18年度，「難病医療専門員による難病患者のための難病相談ガイドブック」作成プロジェクトの一環として，難病医療専門員の実態調査を実施した。難病医療専門員は病床確保とそれに伴う協力病院の拡充，困難事例の調整が主たる業務である。その業務環境や雇用待遇は一様でないため，モチベーションの格差が現れることがないようサポートしていく必要性を提言してきた。

　本調査では，全国の難病医療専門員の追跡調査を行ない，活動実態と課題を把握する。結果は，難病相談ガイドブックの活用と改訂に役立てると共に，難病医療専門員の資質向上と支援の検討資料とする。

B．研究方法

　① 対象：全国の難病医療専門員30都道府県40名
　② 方法：自記式質問紙郵送法
　　1）「活動の実態調査」と「遺伝相談に関する調査」の2部構成

2）平成18年度実施調査と対比できるよう質問項目を設定
③　調査内容
1）実態調査（勤務地・勤務年数・就労のきっかけ・雇用形態・勤務時間・スーパーバイスの有無とその職種・必要な知識と情報収集の手段・業務内容・問題点・やりがい）
2）遺伝相談に関する調査（難病相談ガイドブックの参考状況・遺伝相談経験の有無・遺伝相談の具体的事例）

C．研究結果

調査票は，30都道府県40名の難病医療専門員に配布した。28名より返信があり，回収率は70％であった。

(1) 活動の実態調査

常勤と非常勤がほぼ同割合で，週5日・1日8.5時間勤務の者が多かった。雇用のきっかけは，新規雇用13名，当該施設からの任命11名であった。配置場所は53％が大学病院で29％が大学以外の病院であり，平成18年度に比べると大学病院配置が増えていた。資格は，看護職を有する者が85％で，21％は複数の看護職や，看護職と重複して社会福祉士など別の国家資格を所有していた。

力を入れている業務として挙げられたのは，医療相談や困難事例に対する情報交換が多く，前回とこの傾向は変わらなかった。

スーパーバイザー有22名，無5名，助言・援助者有17名，無6名，メンタルサポート有21名，無6名であった。24名（85％）が難病相談ガイドブックを情報収集の手段としていた。この業務についてやりがいや達成感を感じたことがある者は，ある57％，ない7％，わからない32％であった。やりがいを目的変数として決定木分析を実施した結果，勤務月

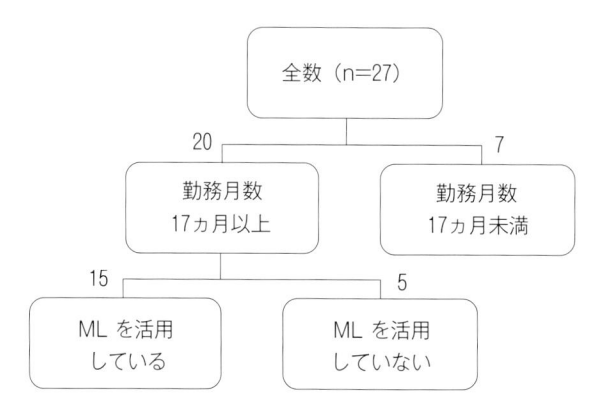

図13-1　難病医療専門員のやりがいと関連していた項目（n=27）

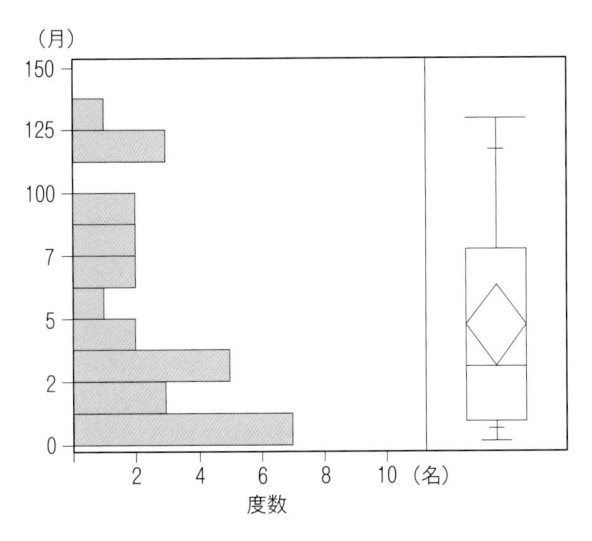

図13-2 難病医療専門員の勤務月数（n＝28）

数17ヵ月以上（20名）で，難病医療専門員メーリングリストを活用している（15名）ことがやりがいと関連していた（図13-1）。

また難病医療専門員の平均勤務月数は47ヵ月（レンジ1～130，標準偏差40）であった（図13-2）。

(2) **遺伝相談に関する調査**

過去3年以内に遺伝に関する相談を受けたことがある者は14名（50％，前回調査時約60％）であった。また，遺伝相談に際し，12名（37％）は難病相談ガイドブックを参考にしていた。患者・家族だけでなく，医療関係者からの相談も7件あった。相談内容は，確定診断，発症前診断，結婚や出産にまつわる相談など多岐にわたっており，遺伝医療部門や主治医と連携を図りながら対応していたが，その対応への不安を抱えている者が多かった。

D. 考　察

困難事例への対応，入院施設の確保や協力病院拡充などに加え，情報提供業務など，より業務が多岐にわたっていた。相談者を持たない難病医療専門員も多く，難病相談ガイドブックは有用と思われた。

難病医療専門員は数年毎に交代しており，経験年数は二峰性の分布を示していた。また難病医療専門員が業務にやりがいを見出すまでには，1年半程度の継続が必要と考えられた。

難病相談ガイドブックについては，協力病院の拡充や入院先紹介を充実させ，遺伝子検査・診断のガイドラインの改訂状況を反映させることが必要である。また難病相談ガイドブックには，経験年数の浅い専門員の意見も反映していくことが重要であると考えられた。

さらに他職種と連携するため，多くの関係機関へガイドブックの周知が必要である。
　全国の難病医療専門員の情報交換の活発化が必要で，特に年数の短い者の参加を促すことが重要であると考える。

E. 結　論

　難病相談ガイドブックの改訂のため，全国の難病医療専門員の実態調査を行なった。
　難病相談ガイドブックは，難病医療専門員により活用されていることが明らかとなった。今後は，制度改正や難病医療専門員の業務実態をより反映させ，内容を充実させることが必要である。また全国の難病医療専門員の情報交換を活性化させ，継続して勤務し専門性をより高めることができるよう，より連携を図ることが望まれる。

13.4 重症難病患者入院施設確保等事業報告書の全国調査とネットワーク拡充に向けたマニュアル作成の検討

九州大学神経内科　吉良潤一・立石貴久
福岡県難病医療連絡協議会　岩木三保
三重大学医学部看護学科　成田有吾

研究要旨

　厚生労働省の難病特別対策事業の一環である重症難病患者入院施設確保等事業において，各都道府県の難病医療専門員の果たす役割は大きいが，その業務実態は自治体によって様々である。今回，難病医療専門員の医療相談マニュアル作成プロジェクトの一環として，全国の難病医療専門員の業務の実態を把握するために，過去5年間の全国の年次報告書を調査した。医療相談業務と医療従事者研修はほとんどの自治体にて行なわれていたが，入院施設確保は65％程度の自治体でしか行なわれていなかった。入院施設確保事業の有無で難病医療専門員の職種，配置場所，雇用形態などについて比較したところ，入院施設確保が実施されている自治体では難病医療専門員の職種は看護師が多く，配置は大学病院が多い傾向であった。その他に入院施設確保が困難な理由の一つとしてネットワーク拡充の難しさによるものがあると考えられた。この結果に基づいてネットワーク拡充に向けたマニュアルの方向性について検討した。

A．背景と研究目的

　難病医療専門員による医療相談の実態を調査し，その望ましいあり方をガイドライン化することで，医療相談業務の標準化，円滑化を図る。

B．研究方法

　各都道府県の重症難病患者入院施設確保等事業の年次報告書を医療相談マニュアル作成プロジェクトの難病医療専門員メーリングリストを通じて収集した。そのうち平成13〜17年度の過去5年度分（72冊）を調査し，難病医療専門員の業務内容を解析した。そしてその結果に基づいて「ネットワーク拡充に向けたマニュアル」の内容の方向性についての検討を行なった。

C．研究結果

　難病医療専門員を配置している29都道府県のうち，過去5年（平成13年度〜平成17年度）で報告書を作成していた自治体は22自治体であった。過去5年間の報告書作成冊数は2自治体で5冊，5自治体で4冊，6自治体で3冊，5自治体で2冊，4自治体で1冊であった

（図13-3，p.174）。報告書作成自治体数を年度毎に比較すると平成13年度は10件に対して平成16年度は19件，平成17年度は15件と増加傾向にあったが，難病医療専門員配置自治体数と比較すると増加は緩やかであった（図13-4）。

報告書を作成していた22自治体のうち，医療相談業務を行なっていたのは21件（95％），医療従事者研修を行なっていたのは22件（100％）であったが，入院施設確保を行なっていたのは14件（64％）であった（図13-5）。

医療相談の過去5年間の平均のべ対応回数は平成13年度平均545回に対して，平成16年度は1,048回，平成17年度は856回と約2倍程度にまで増加していた（図13-6）。医療相談では，病院情報，病気・治療，介護・福祉制度，在宅療養についての相談はほとんどの自治体で行なわれていた。その他には心理面，ネットワーク事業について，経済面，患者会情報，災害時の対応，機器（意思伝達装置，人工呼吸器）についての相談が一部の自治体で記載されていた。

入院施設確保件数（平均依頼件数，平均達成率）は平成13年度平均10件（15件，65％），平成17年度平均15件（21件，73％）とそれぞれ増加傾向にあった（図13-7）。入院施設確保の有無について難病医療専門員を職種，配置，雇用形態で比較すると，実施されている自治体では職種は看護師が多く，配置は大学病院が多い傾向であった（表13-1）。

D. 考　察

難病医療専門員の活動を比較すると，療養相談と医療従事者を対象とした研修会はほとんどの自治体で行なわれている。療養相談に関しては相談員のスキルアップを図るために，今後マニュアルの中で困難事例の集積とその解析を行なうことが必要と思われる。また研修会を通して医療従事者への啓発のみならず，さらなるネットワーク拡充を図ることが大切である。

しかし入院施設確保については難病医療ネットワーク事業の中心的な仕事として位置づけられているが，療養相談で入転院に関する相談を受けても，実際に入院施設確保を行なうまでには至っていないネットワークも存在していた。岩木らも「病床確保やそれに伴う協力病院の拡充は難病医療専門員が必要性を感じているものの達成できていない業務の一つである」[1]と報告している。入院施設確保が実施されている自治体では，難病医療専門員の職種は看護師が多く，配置は大学病院が多い傾向であったが，より実際の医療現場に近い立場である看護師という立場や医師との連携のとり易さが関係しているのかもしれない。

その他の入院施設確保が困難な理由として，ネットワーク業務の中での位置付けの問題，コーディネーターの資質に関わる問題，家族内，家族と関係者間などの人間関係の調整の難しさ，病院に関する情報確保のノウハウの有無，実質的に機能している協力病院の数の問題，病院の特性を生かせる患者紹介ができているかという問題などが挙げられる。以上の問題を踏まえて，入院交渉などを通して，ネットワークと協力病院との間で信頼関係を形成し

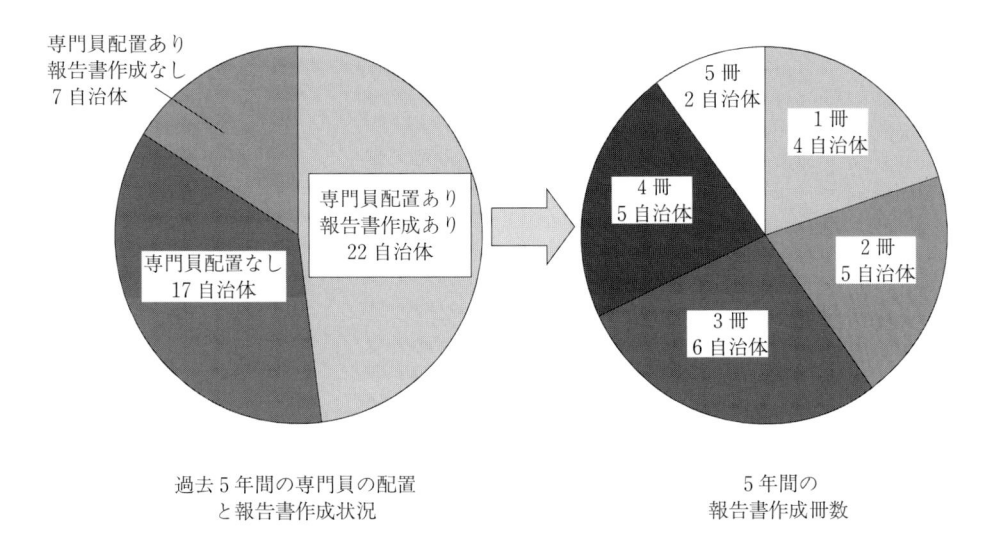

過去5年間の専門員の配置　　　　　5年間の
と報告書作成状況　　　　　　　報告書作成冊数

図13-3　過去5年間の報告書作成状況（平成13年度～平成17年度）

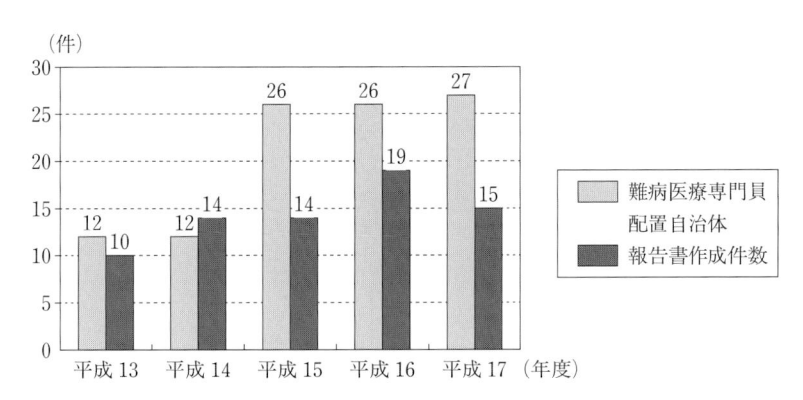

図13-4　過去5年間の難病医療専門員配置自治体数と報告書作成件数の推移

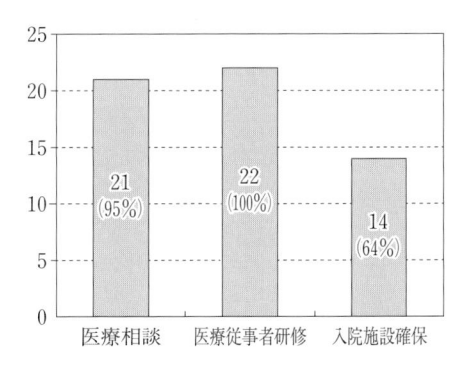

図13-5　過去5年間で報告書を作成していた22自治体の業務

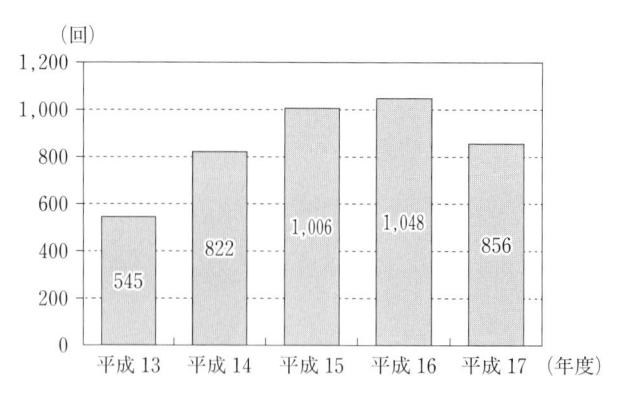

図13-6　過去5年間の医療相談の平均のべ対応回数の推移

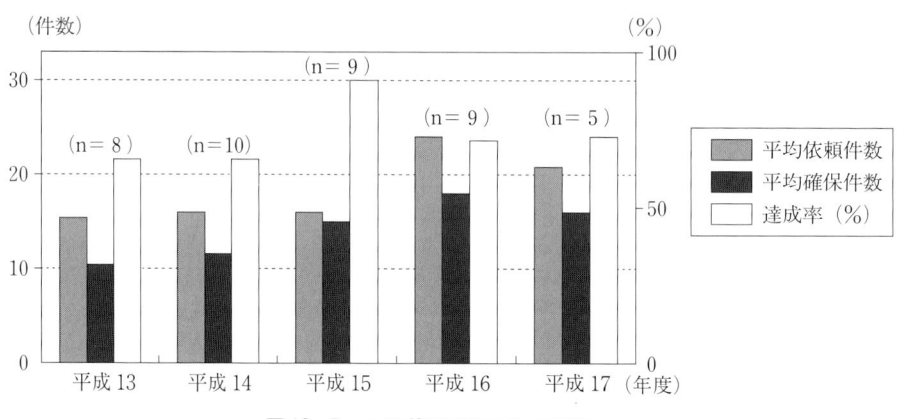

図13-7　入院施設確保件数の推移

表13-1　入院施設確保事業の有無からみた難病医療専門員の比較

入院施設確保		あり（14）	なし（8）
職種	看護師	10（72%）	2（25%）
	保健師	4（29%）	4（60%）
	社会福祉士	0（ 0%）	2（25%）
	なし	0（ 0%）	0（ 0%）
配置場所	大学病院	7（60%）	2（25%）
	病院（大学病院以外）	6（43%）	4（50%）
	県庁	0（ 0%）	2（25%）
	その他	1（ 7%）	0（ 0%）
雇用形態	常勤	3（22%）	3（38%）
	非常勤（社保あり）	7（50%）	2（25%）
	非常勤（社保なし）	2（14%）	1（13%）
	嘱託	2（14%）	1（13%）
	兼務	0（ 0%）	1（13%）

つつ，ネットワークを拡充していくノウハウをマニュアルに盛り込んでいくことが大切であると考えられた。

最後に，今回収集した報告書の比較検討は困難であったが，その理由として各自治体の難病ネットワークのシステムの違いによるものと，統計の算出方法とその分類が様々であることが考えられた。今回の難病医療専門員のマニュアル作成に際し，難病医療専門員の評価指針の作成が求められているので，報告書の統計方法や記載項目の統一化がその一端を担えるのではないかと考えられた。

参考文献
1) 重症難病患者の地域支援体制の構築に関する研究班　平成18年度報告書．2007年3月31日．pp. 118-120より引用．一部改変．

13.5 用語解説（五十音順，アルファベット順）

＊1．医療ソーシャルワーカー（MSW）

MSW とは Medical Social Worker（医療ソーシャルワーカー）の略で，病院等の保健医療の場において社会福祉の立場から患者の抱える経済的，心理・社会的問題の解決，調整を援助し，社会復帰の促進を図るソーシャルワーカーである。

厚生労働省保健局長通達によると，業務の範囲は以下のようになっている。①療養中の心理的・社会的問題の解決，調整援助，②退院援助，③社会復帰援助，④受診・受療援助，⑤経済的問題の解決・調整援助，⑥地域活動。

近年難病ソーシャルワークに関わる者も増加傾向にあり，保健・医療・福祉連携の要の役割も担っている。MSW は国家資格でも任用資格でもないが，半数を超える者が社会福祉士や精神保健福祉士の国家資格を取得している。

＊2．インテーク面接

最初に行なわれる面接のことで，予備面接，受理面接ともいう。臨床心理面接の場面などでよく使われる言葉である。難病医療専門員が行なうインテーク面接は，紹介者は誰か，相談内容は何かなどを明確にする目的で行なわれる。そして難病医療専門員が対応できる相談であるかなど，方針を決定する。また相談者にとっては継続して相談を受けたいかなどを吟味する面接にもなっている。

＊3．クライエント

相談者のこと。生活上に何らかの困難や不安，生きづらさを抱え，専門家による援助を求めてきた人のこと。心理カウンセリングでは，「患者」ではなく「クライエント」という呼称が一般的。治療する人間，治療される人間というとらえ方でなく，お互いに人間として仲間であり同格であるという思想が「患者」と言わず「クライエント」と言わしめている。

＊4．スーパービジョン

専門職者が援助を行なっていくうえで必要な知識や技術，倫理観を獲得し，現場の実践で質の高い支援を提供していけるように側面的に援助していく方法。方法や技法，スキルに関する自己盲点に気づかせることがねらい。スーパービジョンを提供する人を「スーパーバイザー」，受ける人を「スーパーバイジー」とよぶ。

次の3つの機能がある。
- 管理機能：スーパーバイジーが所属する組織の目的，機能や仕事の内容を理解し，組織の期待する役割を適切に遂行できるように指導・援助する。
- 教育的機能：スーパーバイジーが専門的な知識や技術，専門職としての必要な価値観を身につけ，実践に生かした援助ができるように指導・教育する。
- 支持的機能：スーパーバイザーが，援助の過程で抱えるスーパーバイジーの悩みや問題，ストレス等の話を聞き，助言することでスーパーバイジーを精神的に支持する。

＊5．難病医療連絡協議会

難病医療連絡協議会の設置に関しては，次のように定められている。

都道府県は，地域における重症難病患者の受入を円滑に行なうための基本となる拠点病院及び

協力病院の連携協力関係の構築を図るため，拠点病院，協力病院，保健所，関係市区町村等の関係者によって構成される難病医療連絡協議会を設置するものとする。ただし，すでに地域において同様の組織がある場合には，これを活用して差し支えない。
【平成10年4月9日　健医疾発第635号　各都道府県知事，政令市長，特別区長宛　保健医療局長通知別紙第3-3(1)】
　難病医療連絡協議会の役割は下記の4点が挙げられている。
　　ア．難病医療の確保に関する関係機関との連絡調整を行なうこと
　　イ．患者等からの各種相談（診療，医療費，在宅ケア，心理ケア等）に応じると共に，必要に応じて保健所への適切な紹介や支援要請を行なうこと
　　ウ．患者等からの要請に応じて拠点病院及び協力病院へ入院患者の紹介を行なうなど，難病医療確保のための連絡調整を行なうこと
　　エ．拠点病院および協力病院等の医療従事者向けに難病研修会を開催すること
【平成10年4月9日　健医疾発第635号　各都道府県知事，政令市長，特別区長宛　保健医療局長通知別紙第3-3(2)】

＊6．二次医療圏
　医療法第30条の3第2項に基づく医療圏。特殊な医療（先進的な技術を必要とするもの等）を除く入院治療を主体とした一般の医療需要に対応するために設定する区域であり，主として病院の一般病床及び療養病床（診療所の療養病床を含む）の整備を図る地域的単位として設定するよう規定されている。都道府県を数地区に分割した保険医療の基本的単位。

＊7．脳深部電気刺激療法（DBS）
　Deep Brain Stimulationの略で，薬のみで十分な効果が得られないパーキンソン病やジストニアなどの不随意運動に対して，脳の中心付近に直径1ミリ程度の細くて柔らかい電極を挿入し，淡蒼球や視床下核などの部位を電気刺激することによって，症状の改善を図る治療法である。脳内の電極は信号線を通じて胸部の皮下に埋め込まれた刺激装置に接続されている。パーキンソン病ではこの手術により振戦，無動，固縮，歩行障害などの運動症状の改善，オフ時間の短縮，日内変動の軽減が期待できる。また，抗パーキンソン病薬の内服量を減量することができる。しかし，この装置は強力な電磁波などによって誤作動する可能性が指摘されており，この治療を受けている人は心臓ペースメーカー使用者と同様に電波の発信源に近づかないようにする必要がある。

＊8．ピアサポート
　「ピアサポート」とは「ピア」＝仲間と，「サポート」＝支える，という意味である。同じ悩みや課題をかかえている仲間同士がお互い支えあうピアサポートは，メンタルサポートのひとつとして効果が期待されている。患者・家族の気持ちを同じ立場の患者・家族が理解して，その気持ちを受け止め，共感することはカウンセリング効果も大きいと考えられる。

＊9．三山型ALS
　湯浅・三山型ALSともいう。ALSでは一般的に症状が進行しても，知的機能の障害を認めないが，いわゆるALSの神経学的所見に加えて知的機能の低下を認めるものをいう。1964年に湯浅らが筋萎縮と知的機能低下を呈した症例を最初に報告し，現在では臨床・病理学的にも一つの疾患単位として認められている。知的機能のうち記銘力，計算力，見当識の障害は比較的軽いのに対して，自制心の欠如，自分や周囲に対する無頓着・無関心，易怒的あるいは多幸的，情動失禁，病識欠如などの症状が目立つ傾向がある。頭部MRIでは脳萎縮を認め，脳血流SPECTでは前頭葉・側

頭葉の血流低下を認める。病気の理解や意思決定が困難な場合，方針の決定や療養体制の整備が進まないことが問題となりうる。

* 10．ラポール
　クライエントとの信頼関係。一般には，2人の人間の間で心が通じ合い，温かい共感があり，感情交流がうまくいくこと。フランス語の「信頼と親愛のきずな」を語源とする。心理カウンセリングにおいては，クライエントの防衛を緩和し，自己開示を自然に促し，共感性や受容性を相互に抱くことができる関係を示す。医療面接における，医師および看護師と患者の基本的な信頼・友好関係の意味も持つ。

* 11．レスパイト（ケア）
　レスパイト＝Respite（延期・猶予・一時的中止）という語源から，臨時的介護休息，休息一時ケアと訳される。障害児（者）を持つ親や家族を，一時的に，一定の期間，障害児（者）の面倒をみることから解放し，それによって日頃の身体的・精神的な疲れなどから回復できるようにする援助として始まった。現在は難病の在宅介護でも，介護の質的向上を図り，在宅生活が継続できるようにする目的から，一時的に一定の期間，療養者の介護を病院や施設などで行なうレスパイト入院が導入されている。

* 12．ADL
　ADLとは Activities of Daily Living の略で，食事，排泄，着脱衣，入浴，移動，寝起きなど，日常の生活を送るために必要な基本動作すべてを指す。日常生活動作とも呼ばれる。それぞれについて自立／一部介助／全介助のいずれであるか評価することで障害者や高齢者の生活自立度を表現する。最近は，日常生活活動と言われることが増えてきている。

* 13．ALS
　Amyotrophic Lateral Sclerosis（筋萎縮性側索硬化症）の略である。運動神経の変性により全身の筋肉の萎縮と筋力低下をきたす疾患である。有病率は人口10万人当たり2〜7人で，男女比は約2：1と男性に多い。発症ピークは50〜60歳代である。症状は四肢の脱力，構音障害，嚥下障害，呼吸障害などである。一般に感覚障害や排尿障害，眼球運動障害はみられない。全体の5〜10％は家族性であるが，大多数の症例は原因不明である。現在，グルタミン酸拮抗剤リルゾールが生存期間を僅かであるが有意に延長させるため，治療薬として用いられている。対症的に嚥下困難に対しては胃ろうを用いた経管栄養が，呼吸不全に対しては人工呼吸器の装着が検討される。平均3〜5年程度で呼吸不全に至ると言われているが，進行の速さは様々である。ALSにおいて人工呼吸器を装着するかどうかは生死を左右する問題であるため，慎重に検討する必要がある。

* 14．BiPAP
　Bi-level Positive Airway Pressure の略である。そもそも特定のメーカーの商品名であるが，換気様式として使用することも多い。その場合 IPAP（Inspiratory Positive Airway Pressure）と EPAP（Expiratory Positive Airway Pressure）の2つのPAPという意味で，「吸気時の陽圧」と「呼気時の陽圧」により換気を援助するものである。実際の臨床の現場ではNIPPVと同義で用いることが多い。

* 15．HMV
　Home Mechanical Ventilation（在宅人工呼吸療法）の略であり，自宅などでNIPPVや

TIPPVなどの人工呼吸器を使いながら療養することをいう。近年の医療提供体制の改革による入院日数の短縮化や高度医療の進展とともに、在宅で人工呼吸器を装着する患者が増えてきている。最近の在宅用人工呼吸器は小型・簡便・安全に設計されており、在宅用人工呼吸器に関わる医療費には医療保険が適用されている。しかし在宅人工呼吸療法を始める際には患者の生命の危険や介護量の多さによる家族の身体的、精神的負担を極力少なくすべく、病院から家族に対する退院指導と在宅療養の十分な支援体制の構築をすることが大切である。

＊16. NIPPV

Non-invasive Intermittent Positive Pressure Ventilation（非侵襲的間欠的陽圧換気療法）の略で、気管内挿管や気管切開をせず鼻マスクやフェイスマスクを通して陽圧をかけて人工呼吸を行なう手法である。英文表記やその略語は統一されておらず、NIPPVの他にはNon-invasive Positive Pressure Ventilation（NPPV）やNon-invasive Ventilation（NIV）などの用語が用いられている。NIPPV専用機の代表としてBiPAPが存在する。さまざまな原因による高二酸化炭素血症を伴う慢性呼吸不全が一般的な適応となり、ALSを含めた神経筋疾患の呼吸機能障害に対しても用いられる。ALS患者に対しては%FVCが50%以下に低下したときや呼吸困難が出現したときに導入を検討する。ALS患者に対してNIPPVを導入する長所としては、導入・離脱が簡便であること、会話が可能であること、呼吸障害の初期では日常生活動作や疲労感が改善すること、TIPPVの導入について考える時間を確保できることなどがあげられる。

＊17. PEG

Percutaneous Endoscopic Gastrostomy（経皮的内視鏡的胃ろう造設術）の略で、球麻痺などにより経口摂取が困難になった際に、流動食などを胃に直接注入するためのろう孔を造設する手法をいう。適応は十分な栄養を摂取できない、正常の消化器機能を有する、長期の経管栄養が必要な状態である場合に検討される。胃ろうによる経管栄養は経鼻胃管と比較して、チューブの誤挿入、チューブの違和感の問題がないため、進行性の神経難病では長期的には導入されることが多い。現在は胃ろうは内視鏡的に造設されることが多く、手技そのものは15分程度で終了し、比較的安全な手技と言われている。しかし患者の全身状態や呼吸状態が悪化していると重篤な合併症を生じる場合があるので、患者の状態を前もって評価しておくことが必要である。

＊18. QOL

Quality of Lifeの略で、一般に「生活の質」と訳され、人が日常生活を送る中で感じる充実感や満足感などを示す概念である。一般的には患者が自らの理想とする生き方、もしくは社会的にみて人間らしい生活が実現できない状態を「QOLが低下した状態」という。「QOLを向上させる」ためには、患者自身がより尊厳を保った生活を実現することができるよう患者を支援することが必要である。しかし、何を最も大切に考えているかは患者個人によって異なるため、QOLを尊重するためには個々の患者がどういったことを最も大切と考えているか評価することが不可欠である。

＊19. TIPPV

Tracheostomy Intermittent Positive Pressure Ventilation（気管切開下間欠的陽圧換気）の略であり、気管切開をしたうえで人工呼吸器を装着することをいう。Tracheostomy Positive Pressure Ventilation（TPPV）ともいう。NIPPVでは死腔が多く、閉鎖式でないため、換気能力には限界があるが、TIPPVでは完全呼吸管理することが可能である。ALSではTIPPV装着・非装着の選択は生死を左右する問題であるため、時間をかけて慎重に決定することが大切である。

あとがき

　平成20年1月に本書の初版を出版して，早や3年が過ぎました。おかげ様で初版は難病医療専門員に好評であるばかりでなく，難病患者さんの療養に関わっている方に広く読んでいただいているようです。ただ，この間に，難病をめぐる医療・介護・福祉の状況は刻々と変化していっています。難病医療専門員にとって有用なガイドブックであり続けるためには，絶えず内容を更新して現状にマッチしたものにすることが不可欠です。今回，そのような目的で本改訂2版が刊行されることになりましたのは，大変意義があることと考えています。この改訂に際しては，糸山泰人先生が班長を務める厚生労働省研究班「重症難病患者の地域医療体制の構築に関する研究班」において，ワーキンググループが新たに結成されました。初版の利用状況などのアンケート調査を実施し，その結果も踏まえて今回の改訂に至りました。新たな執筆者も加わり，より内容が充実したものになったと感じています。引き続き，難病医療専門員のみならず医療・介護・福祉の様々な面で難病患者さん・ご家族に関わる方に利用していただきたいと思っています。難病で悩んでおられる患者さん・ご家族のために本ガイドブックがいくらかでもお役にたつことを願ってやみません。わが国における難病医療のさらなる充実を期待しています。

平成23年1月吉日

吉良潤一

索　引

〈ア行〉

意思決定……………………………………63, 156
意思伝達装置…………………………………62
遺伝……………………………………………25
遺伝カウンセリング………………………74, 80
遺伝学的検査…………………………………78
遺伝学的情報…………………………………73
遺伝子カウンセリング………………………165
遺伝子診療部門………………………………74
遺伝性疾患…………………………………72, 80
遺伝性神経難病……………………………91, 95
　——ケア研究会……………………………95
遺伝的関与……………………………………73
遺伝の確率……………………………………78
医療過疎地域…………………………………181
医療相談…………………………………195, 196
医療に関する相談……………………………123
胃ろう…………………………………………62
インフォームド・コンセント……………51, 68
ALS患者への病名・病期の告知……………52
ALSの緩和ケア………………………………61
嚥下障害………………………………………62
オピオイド……………………………………61

〈カ行〉

介護者の負担…………………………………60
介護負担………………………………………60
介護保険法……………………………………28
確定診断のための検査………………………79
確定診断をするための遺伝子診断…………92
家系図………………………………………73, 83
家族以外の者による痰の吸引………………60
患者情報………………………………………13
気管切開………………………………………59
気分プロフィール検査（POMS）……………48
虐待……………………………………………175
協力病院………………………………………10
拠点病院………………………………………10
筋萎縮性側索硬化症（ALS）………………1, 52
緊急時医療体制の整備………………………39
ケアコーディネーション……………………34

経管栄養………………………………………62
携帯用会話補助装置…………………………62
経内視鏡的胃ろう造設（PEG）……………62
公費負担医療制度……………………………143
呼吸カフマシーン……………………………59
呼吸障害………………………………………58
　——に関わる療養の選択の流れ…………58
告知………………………………………52, 67
個人情報の保護………………………………83
個別支援………………………………………95
コミュニケーションの障害…………………62

〈サ行〉

在宅人工呼吸療法（HMV）…………………24
在宅療養………………………………16, 23, 129
在宅療養生活相談……………………………30
在宅療養中の患者・家族への心理的
　サポートのあり方について………………44
在宅療養破綻時の支援………………………40
支援チーム形成のポイント…………………34
事前指示………………………………………62
事前指示書……………………………………63
疾患の受容……………………………………156
指定医療機関…………………………………145
疾病理解………………………………………51
社会資源………………………………………60
社会保障制度の利用…………………………32
重症難病患者入院施設確保事業
　…………………………………1, 6, 10, 27, 195
重度障害者意思伝達装置の給付……………27
就労……………………………………………11
　——に関する相談の連携…………………102
出生前検査……………………………………79
障害者自律支援法……………………………28
情報共有………………………………………54
情報収集……………………………………13, 54
情報提供…………………………………21, 52, 58
知らないでいる権利…………………………79
知る権利………………………………………79
神経難病………………………………………1
人工呼吸器装着………………………………59

身体障害者手帳……………………………146
身体障害者養護施設 ALS 等居室整備事業………27
心理アセスメント…………………………48
心理検査……………………………………48
心理的サポート…………………………48, 49
心理面接…………………………………48, 49
精神的支援…………………………………57
セカンドオピニオン………………………54
全国難病センター研究会…………………100
専門医療機関の紹介………………………102
挿管…………………………………………66
相談会………………………………………95

〈タ行〉
多職種連携…………………………………53
痰の吸引……………………………………60
痰の自動吸引装置…………………………60
治験…………………………………………55
チーム医療…………………………………129
当事者団体…………………………………81
特定疾患………………………………142, 145
匿名性の確保………………………………83

〈ナ行〉
難治性疾患克服研究事業……………………2
難病……………………………………………1
難病医療専門員
　………………1, 3, 4, 6, 7, 10, 27, 195, 196
　――アンケート…………………189, 191
　――自己評価……………………………189
　――のメンタルヘルス…………………132
　――メーリングリスト…………………135
　――名簿…………………………………184
難病医療ネットワーク………………………11
難病医療連絡協議会……………………1, 10
難病患者等居宅支援事業…………………146
難病告知……………………………………53
難病相談……………………………………72
難病相談・支援員…………………………97
難病相談・支援センター………11, 25, 97, 99
　――のイメージ図………………………95
　　全国の設置状況………………………99

日本 ALS 協会……………………………27
日本神経学会治療ガイドライン…………52
日本難病医療ネットワーク研究会………135
日本難病看護学会…………………………135
入院施設確保………………………………195
入院目的……………………………………17
入転院紹介…………………………………12
認定遺伝カウンセラー……………………74
ネットワークの拡充…………………117, 177
脳深部電気刺激療法………………………184

〈ハ行〉
肺内パーカッションベンチレーター……59
発症前検査…………………………………79
発症リスク……………………………74, 80, 93
ハンチントン病……………………………91
ピアサポート………………………………102
非侵襲的補助呼吸装置…………………58, 60
非侵襲的陽圧呼吸（NIV）………………58
病名告知………………………………51, 156

〈マ行〉
民間病院……………………………………129
メンタルサポート……………52, 54, 57, 58
モルヒネ……………………………………61

〈ヤ・ラ行〉
優生思想……………………………………83
療養環境の整備……………………………148
療養相談……………………………………196
臨床遺伝専門医……………………………74
臨床心理士…………………………………48
レスパイト…………………………………60
連絡票………………………………………14
老人保健施設…………………………120, 184

at risk ……………………………………93
CP：clinical psychologist …………48, 49
DRPLA ……………………………………94
QOL …………………………………………27

難病医療専門員による
難病患者のための　難病相談ガイドブック
なんびょうそうだん

2008年1月25日　初版発行
2011年1月25日　改訂2版発行

編　者　吉　良　潤　一

発行者　五十川　直　行

発行所　(財)九州大学出版会
　　　　〒812-0053　福岡市東区箱崎7-1-146
　　　　　　　　　　九州大学構内
　　　　電話　092-641-0515(直通)
　　　　振替　01710-6-3677
　　　　　　印刷・製本／大同印刷㈱

© 2011 Printed in Japan　　ISBN 978-4-7985-0039-3